■ PRESSES POCKET
8, rue Garancière 75006 Paris

Les langues pour tous

Collection dirigée par Jean-Pierre Berman,
Michel Marcheteau et Michel Savio

Série Initiation en 40 leçons :
Anglais - Allemand - Arabe - Espagnol - Italien -
Néerlandais - Portugais - Russe

Série Perfectionnement :
Pratiquer l'américain   Pratiquer l'italien
Pratiquer l'espagnol   Pratiquer l'allemand

Série Score (100 tests d'autoévaluation)
Score anglais   Score italien
Score allemand   Score portugais
Score espagnol

Série économique et commerciale :
L'anglais économique et commercial
L'allemand économique et commercial
L'espagnol économique et commercial
La correspondance commerciale en anglais
La correspondance commerciale en espagnol
Le français commercial

Série Dictionnaires (Garnier) :
Dictionnaire de l'anglais d'aujourd'hui
Dictionnaire de l'allemand d'aujourd'hui
Dictionnaire de l'anglais commercial et économique
Dictionnaire de l'allemand commercial et économique
Dictionnaire de l'informatique

Série « Ouvrages de référence » :
Grammaire de l'anglais d'aujourd'hui (O.U.P.)
La correspondance générale en anglais (Garnier)

Série "Bilingue" :
Nouvelle GB/US d'aujourd'hui (I et II)
Conan Doyle : Sherlock Holmes enquête
Oscar Wilde : Il importe d'être constant
D.H. Lawrence : Nouvelles
Nouvelles allemandes d'aujourd'hui
Nouvelles portugaises d'aujourd'hui
Nouvelles russes classiques
Nouvelles hispano-américaines (I et II)
Somerset Maugham : Nouvelles
Hugo Claus : Le Chagrin des Belges (extraits)
Rudyard Kipling : Le Livre de la Jungle (extraits)
Le grands maîtres de l'insolite

■ COLLECTION DIRIGÉE PAR
JEAN-PIERRE BERMAN
MICHEL MARCHETEAU
MICHEL SAVIO

L'ALLEMAND POUR TOUS

par Wolfram Klatt
et Jean-Paul Vernon

ISBN : 2-266-00614-2

Sommaire

Les auteurs de cette méthode sont partis de constatations simples :

■ La plupart des personnes ayant étudié l'allemand pendant 3 ou 4 ans (voire 6 ou 7 ans) ne disposent pas des moyens leur permettant de communiquer utilement dans cette langue.

■ Leurs connaissances vagues et diffuses sont mal maîtrisées ou peu mobilisables et donc non opérationnelles.

■ De plus elles ne constituent pas une base assez solide pour permettre des progrès ultérieurs ; il est bien connu qu'il est malaisé de « construire sur du sable ».

Pour réagir contre ce flou, cette absence de netteté des connaissances — et donc cette inutilité pratique — les auteurs de la présente méthode ont choisi :

■ d'assurer la **connaissance claire et nette des bases principales de la langue** plutôt que de vouloir en décrire tous les mécanismes sans se soucier de leur véritable acquisition.

■ de veiller à ce que tous les éléments présentés (grammaire, prononciation, vocabulaire) soient

définitivement assimilés et donc utilisables pratiquement.

Dans le domaine des langues, il ne sert à rien d'avoir des notions de tout si elles ne débouchent pas sur la capacité à s'exprimer.

■ d'illustrer les mécanismes décrits par des phrases et des tournures **constituant un moyen concret de communication.** Les exemples donnés sont toujours des formules de **grande fréquence** et d'une utilisation courante dans la vie de tous les jours.

Pour ce faire, l'ouvrage comporte :

■ des **unités simples** et **facilement assimilables,** ne cumulant pas plusieurs difficultés mais assurant la maîtrise de tel ou tel mécanisme pris isolément.

■ des *remarques et explications* qui, ajoutées aux traductions en français, permettent à chacun de trouver réponse aux questions qu'il se pose.

■ des exercices de contrôle qui, joints à la répétition systématique des points étudiés, assurent une assimilation complète.

■ La simplicité des unités, la progressivité des difficultés, la répétition, le contrôle systématique de toutes les acquisitions, la valeur pratique des structures et des tournures enseignées permettent au lecteur d'acquérir un moyen de communication efficace.

■ En résumé, les auteurs ont voulu privilégier l'apprentissage de la langue plutôt que son enseignement.

0 ■ Présentation et conseils

La description et les conseils qui suivent vont vous permettre d'utiliser votre méthode et d'organiser votre travail de façon efficace.
L'ouvrage comprend :
— 40 leçons de 6 pages
— 1 précis grammatical
Vous retrouverez dans toutes les leçons une **organisation identique** destinée à faciliter l'auto-apprentissage : elles comportent 3 parties, **A, B,** et **C,** de 2 pages chacune.
Ainsi vous pourrez travailler au rythme qui vous conviendra. Même si vous n'avez pas le temps d'apprendre l'ensemble d'une leçon, vous pourrez l'aborder et en étudier une partie seulement, sans perdre pied ou avoir le sentiment de vous disperser.

Plan des leçons

Partie A : elle se subdivise en 4 sections, A 1, A 2, A 3, A 4.

A 1 PRÉSENTATION

Cette 1re section vous apporte les matériaux de base nouveaux (grammaire, vocabulaire, prononciation) qu'il vous faudra connaître et savoir utiliser pour construire des phrases.

A 2 APPLICATION

A partir des éléments présentés en A, vous est proposée une série de phrases modèles (qu'il faudra par la suite vous entraîner à reconstruire par vous-même).

A 3 REMARQUES

Diverses remarques portant sur les phrases de A 2 précisent tel ou tel point de grammaire, vocabulaire ou prononciation.

A 4 TRADUCTION

Cette dernière section apporte la traduction intégrale de A 2.

Partie B : également subdivisée en 4 sections B 1, B 2, B 3, B 4, elle suit un schéma identique à la partie A, en approfondissant et en complétant les mêmes notions grammaticales, avec un nouvel apport de vocabulaire.

Partie C : ses 4 sections, C 1, C 2, C 3, C 4, sont consacrées aux exercices et aux informations pratiques.

C 1 EXERCICES

Ils servent à contrôler l'acquisition des mécanismes appris en A et B.

C 3 CORRIGÉ

On y trouve la solution complète des exercices de C 1, ce qui permet une **auto-correction.**

C 2 et C 4 INFORMATIONS PRATIQUES

Phrases usuelles de la vie quotidienne et informations complémentaires accompagnées d'une traduction intégrale ou d'explications.

Précis grammatical

Le précis vous donnera un résumé d'ensemble des problèmes grammaticaux de base.

Conseils généraux

■ Travaillez régulièrement

Il est plus utile de travailler avec régularité, même pendant une durée limitée, que de vouloir absorber plusieurs leçons à la fois de façon discontinue.
Ainsi étudier une demi-heure tous les jours, même sur une seule des trois parties d'une leçon, est plus profitable que de survoler plusieurs leçons pendant trois heures tous les dix jours.

■ Programmez l'effort

Vous devez travailler chaque leçon selon ses subdivisions : ainsi il ne faut pas passer en B sans avoir bien compris, appris et retenu A.
Il en va naturellement de même pour les leçons : n'abordez pas une leçon nouvelle sans avoir maîtrisé celle qui la précède.

■ Revenez en arrière

N'hésitez pas à reprendre les leçons déjà vues, à refaire plusieurs fois les exercices.
Encore une fois, assurez-vous bien que tout a été compris et retenu.

Pour les parties A et B

1. Après avoir pris connaissance de A 1 (ou B 1), lire plusieurs fois la série de phrases A 2 (ou B 2).
2. Reportez-vous aux remarques A 3 (ou B 3).
3. Revenez à A 2 (ou B 2) en essayant de traduire en français (sans regarder A 4 (ou B 4)).
4. Vérifiez votre traduction en lisant A 4 (ou B 4).
5. Essayez de reconstituer les phrases de A 2 (ou B 2) en partant de A 4 (ou B 4) (sans regarder A 2 (ou B 2)...). Vérifiez ensuite ; etc.

Pour la partie C

1. Chaque fois que cela est possible, faites les exercices C 1 par écrit avant de les comparer au corrigé C 3.
2. Apprendre régulièrement par cœur le contenu de C 2.
3. Une leçon ne doit être considérée comme assimilée :
— que si l'on peut traduire en allemand A 4 et B 4 sans l'aide de A 2 et B 2.
— que lorsque l'on peut faire, sans fautes, la totalité des exercices C 1 et traduire C 4 en allemand.

Version sonore

Un ensemble de **3 cassettes** constitue le complément audio-oral naturel de votre méthode.
La totalité des leçons et la plupart des exercices ont été enregistrés.

SIGNES ET ABRÉVIATIONS

acc. = accusatif	m. à m. = mot à mot
adj. = adjectif	nom. = nominatif
all. = allemand	p. ex. = par exemple
c.-à-d. = c'est-à-dire	pers. = personne
cf. = se reporter à	P.C. = passé composé
C.O.D. = compl. d'objet direct	phr. = phrase
dat. = datif	P.P. = participe passé
fém. = féminin	prét. = prétérit
fr. = français	sing. = singulier
litt. = littéralement	v. = voir

→ = 1. « correspond en français à », 2. « se transforme /devient »
   ex. : **ein** → **eine** → un(e). L'article all. **ein** devient eine au féminin et correspond en français à *un* ou *une*.

/ (barre oblique) signifie « ou » : ex. : « il/elle » = « il ou elle ».

1 ■ Hier ist Kiel

A 1 PRÉSENTATION

Hier ist...   [hi:r″ist]   *Voici...*

Kiel	[ki:l]	*(la ville de) Kiel*
Wien	[vi:-n]	*(la ville de) Vienne*
Schmitt	[s^{ch}mit]	*(Monsieur) Schmitt*

■ L'allemand oppose des voyelles longues et brèves. Les deux points notés après une voyelle indiquent qu'elle est longue : [i:] = « i » long

A 2 APPLICATION

1. Hier ist Kiel.

2. Hier ist Wien.

3. Schmitt!

4. Hier Schmitt!

5. Hier ist Schmitt!

Ce sont là trois façons de se présenter au téléphone. On n'emploie pas Monsieur, Madame, etc.

1 ■ Voici Kiel

A 3 REMARQUES

Prononciation :

■ L'orthographe permet le plus souvent de distinguer les voyelles longues des voyelles brèves : une voyelle longue est suivie d'une seule consonne, une voyelle brève d'au moins deux consonnes. Le **i** de **ist** est donc bref : [ist], comme le **i** de **Schmitt** [s^{ch}mit].

N.B. : Le nom propre **Schmitt** peut s'écrire **Schmidt, Schmid,** etc.

■ Le **e** après **i** est un indice supplémentaire pour noter, dans l'orthographe, la voyelle longue. Le **e** de **hier, Kiel, Wien** ne se prononce pas, il est « muet » : [hiːr], [kiːl], [viː-n].

■ ["] : ce signe note le **« coup de glotte »,** c'est-à-dire l'absence de liaison entre deux mots, entre une consonne et une voyelle un peu comme le « h » muet, en français pour « cette hache » (cf. p. 256, 8e).

■ [h] : **h** à l'initiale d'un mot est prononcé avec une forte expiration (cf. p. 256, 8^d).

■ [v] : **w** se prononce comme en français le « v » de « ville » : [vil].

■ [s^{ch}] : **sch** transcrit le son unique [s^{ch}], identique au « ch » du français « chat » [s^{ch}a] ou chaud [s^{ch}ô].

A 4 TRADUCTION

1. Voici Kiel.

2. Voici Vienne.

3. Schmitt!

4. Ici Schmitt!

5. C'est (monsieur) Schmitt!
(Monsieur) Schmitt à l'appareil!

1 ■ Kiel ist hier

B 1 PRÉSENTATION

Hier ist Kiel.　*Voici Kiel.*
Kiel ist hier.　*Kiel est ici.*

■ **Ist** est la troisième personne du singulier du verbe allemand qui correspond au verbe français « être »

all. **ist** = fr. « *est* »

■ **hier** correspond au fr. *ici*.

■ **Hier ist...** se rend le plus souvent en fr. *par Voici...*

Frau [frao]　*Madame*
Herr [hèr]　*Monsieur*

B 2 APPLICATION

1. Hier ist Kiel.
2. Kiel ist hier.
3. Hier ist Wien.
4. Wien ist hier.
5. Hier ist Herr Schmitt.
6. Herr Schmitt ist hier.
7. Hier ist Frau Schmitt.
8. Frau Schmitt ist hier.

1 ■ Kiel est ici

B 3 REMARQUES

Prononciation :

[k] : k est prononcé comme le « c » ou le « qu » du français « car » [kar] ou « qui » [ki], avec cependant plus de force (cf. p. 256).

[l]-[m]-[n]-[r] : l, m, n, r se prononcent à peu près comme les consonnes correspondantes en français (cf. p. 254).

[ao] : les lettres **au** notent la diphtongue **[ao]** (cf. p. 255); il faut éviter de la prononcer comme deux voyelles « a + o ».

[è] : le **e** de **Herr** est très ouvert, proche du **[è]** du fr. « mer » [mèr] ou du « e » de « direct » [dirèkt].

Les lettres redoublées, **rr** ou **tt** par exemple, indiquent que la voyelle précédente est brève. Ces deux lettres se prononcent comme une consonne simple :

$$\textbf{Herr} \rightarrow [\text{hèr}] \qquad \textbf{Schmitt} \rightarrow [\text{s}^{\text{ch}}\text{mit}]$$

B 4 TRADUCTION

1. Voici Kiel.
2. Kiel est ici.
3. Voici Vienne.
4. Vienne est ici.
5. Voici Monsieur Schmitt.
6. M. Schmitt est ici.
7. Voici Mme Schmitt.
8. Madame Schmitt est ici.

1. Traduire en allemand :

a) Voici Schmitt.
b) Vienne est ici, Kiel est ici.
c) Voici Mme Schmitt.
d) Voici Vienne, voici Kiel.
e) M. Schmitt est ici.
f) Mme Schmitt est ici.
g) Voici Mme Schmitt.

2. Transformer selon l'exemple :

Hier ist Kiel → Kiel ist hier.
a) Hier ist Wien, hier ist Kiel.
b) Hier ist Frau Schmitt.
c) Hier ist Herr Schmitt.

3. Compléter :

a) .... ist Kiel, hier .... Wien.
b) Hier .... Herr Schmitt.
c) Frau Schmitt ist .....
d) Kiel .... hier, Wien ..... hier.

4. Prononcer :

a) Wien, Kiel, hier, ist, Schmitt.
b) Hier ist Wien. Hier ist Schmitt.
c) Herr Schmitt. Frau Schmitt.
d) Hier ist Herr Schmitt. Hier ist Frau Schmitt.

C 2 VOCABULAIRE

hier	ici
ist	est
Hier ist...	Voici...
Herr Schmitt	Monsieur Schmitt
Frau Schmitt	Madame Schmitt

1. Traduire en allemand :

    a) Hier ist Schmitt.
    b) Wien ist hier, Kiel ist hier.
    c) Hier ist Frau Schmitt.
    d) Hier ist Wien, hier ist Kiel.
    e) Herr Schmitt ist hier.
    f) Frau Schmitt ist hier.
    g) Hier ist Frau Schmitt.

2. Transformer selon l'exemple :

    Voici Kiel. → Kiel est ici.
    a) Wien ist hier, Kiel ist hier.
    b) Frau Schmitt ist hier.
    c) Herr Schmitt ist hier.

3. Compléter :

    a) Hier ist Kiel, hier ist Wien.
    b) Hier ist Herr Schmitt.
    c) Frau Schmitt ist hier.
    d) Kiel ist hier, Wien ist hier.

4. Prononcer :

    a) [vi:-n - ki:l - hi:r - ist - s^ch mit]
    c) [hi:r"ist vi:-n - hi:r"ist s^ch mit]
    c) [hèr s^ch mit - frao s^ch mit]
    d) [hi:r"ist hèr s^ch mit - hi:r"ist frao s^ch mit]

C 4 REMARQUES

● **au** de **Frau** est une diphtongue.
● **ie** de **hier, Kiel, Wien** est un **i** long.
● Attention au « coup de glotte » : pas de liaison entre **hier** et **ist**.

2 ■ Da ist Karl

da   [da:]   *là*
Da ist... [da:"ist]   *Voilà...*

■ **da** correspond au fr. « *là* », mais **Da ist...** se rend le plus
souvent en français par *Voilà...* (cf. 1 B 1 pour **hier**) :

               da *là*   **Da ist...**   *Voilà...*

Karl [karl]   *Charles*
Hans [ha-ns] *Jean*

A 2 APPLICATION

1. Da!
2. Da ist Hans.
3. Hans ist da.
4. Da ist Karl.
5. Karl ist da.
6. Frau Schmitt ist da.
7. Da ist Herr Schmitt.
8. Hier ist Hans, da ist Karl.
9. Hier ist Kiel, da ist Wien.
10. Kiel ist hier, Wien ist da.
11. Hier ist Frau Schmitt, da ist Herr Schmitt.
12. Frau Schmitt ist hier, Herr Schmitt ist da.

2 ■ Voilà Charles

A 3 REMARQUES

Prononciation :

■ Rappel : pas de liaison entre une consonne finale et une voyelle initiale.

■ Le **s** de **Hans** se prononce comme le « s » du français « seau » ou « os ».

■ La voyelle **a** et la consonne **n** de **Hans** sont deux sons distincts, ils ne s'associent pas pour former la voyelle dite « nasale » du français « an » p. ex. : le **a** et le **n** de **Hans** se prononcent comme en français « âne » [a-n]. Pour faire ressortir chacun de ces deux sons, on les séparera par un trait : [ha-ns].

■ Les voyelles sont longues ou brèves : [da:], [ha-ns]. Le **a** de **da** en fin de mot, non suivi de consonne(s), est long : [da:].

■ Le **a** de **Karl** et de **Hans,** devant deux consonnes est bref. Il ressemble au « a » du fr. « papa » [papa] par exemple.

A 4 TRADUCTION

1. Là!

2. Voilà Jean.

3. Jean est là.

4. Voilà Charles.

5. Charles est là.

6. Mme Schmitt est là.

7. Voilà M. Schmitt.

8. Voici Jean, voilà Charles.

9. Voici Kiel, voilà Vienne.

10. Kiel est ici, Vienne est là.

11. Voici Mme Schmitt, voilà M. Schmitt.

12. Mme Schmitt est ici, M. Schmitt est là.

2 ■ Dort ist Bonn

B 1 PRÉSENTATION

dort   [dort]   *là-bas*
Dort ist... [dort"ist]   *Voilà* (là-bas)...

■ **hier-da-dort** correspondent respectivement en français à
ici - là - là-bas.
L'opposition en français entre *Voilà...* et *Voilà* (là-bas) n'est
que formelle alors que l'opposition entre **Da ist...** et **Dort ist...**
est très vivante en allemand. On se contentera donc de traduire
Dort ist... par **Voilà...**

Rom   [rô:m]   *((la ville de) Rome*
Bonn [bo-n]   *(la ville de) Bonn*

B 2 APPLICATION

1. Dort!

2. Dort ist Bonn.

3. Dort ist Rom.

4. Hans ist da, Karl ist dort.

5. Hans ist dort.

6. Dort ist Karl.

7. Dort ist Herr Schmitt.

8. Hier ist Wien, da ist Rom, dort ist Kiel.

9. Frau Schmitt ist hier, Hans ist da, Karl ist dort.

10. Hier ist Frau Schmitt, da ist Hans, dort ist Karl.

B 3 REMARQUES

Prononciation :

■ Rappel : Attention au « coup de glotte » : [''] pas de liaison entre **dort** et **ist.**

■ Rappel : Opposition entre voyelles longues et brèves :

[**ô:**] : le **o** de **Rom** devant une seule consonne est long, il est très fermé (cf. p. 254) et proche de celui du français « beau » ou « Beaune ».

[**o**] : le **o** de **Bonn** et **dort,** suivi de deux consonnes, est bref et très ouvert comme celui du français « bonne ».

> Prononcez le **o** de **Bonn** comme le « o » du fr. « bonne » mais le **o** de **Rom** comme celui du fr. « Beaune ».

B 4 TRADUCTION

1. Là-bas!
2. Voilà (là-bas) Bonn.
3. Voilà (là-bas) Rome.
4. Jean est là, Charles est là-bas.
5. Jean est là-bas.
6. Voilà (là-bas) Charles.
7. Voilà (là-bas) M. Schmitt.
8. Voici Vienne, voilà Rome, voilà (là-bas) Kiel.
9. Mme Schmitt est ici, Hans est là, Charles est là-bas.
10. Voici Mme Schmitt, voilà Jean, voilà (là-bas) Charles.

1. Traduire en allemand :

a) Charles est ici, Jean est là, Mme Schmitt est là-bas.
b) Voici Rome, voilà Vienne, voilà (là-bas) Kiel.
c) Kiel est ici, Bonn est là, Rome est là-bas.
d) Voici M. Schmitt, voilà Mme Schmitt, voilà (là-bas) Jean !

2. Transformer selon l'exemple :

Karl ist hier. Hier ist Karl

a) Rom ist hier, Kiel ist da, Wien ist dort.
b) Herr Schmitt ist dort, Frau Schmitt ist da, Hans ist hier.
c) Kiel ist dort, Wien ist da, Rom ist hier.
d) Hans ist hier, Karl ist da, Frau Schmitt ist dort.

3. Transformer selon l'exemple :

Da ist Karl. Karl ist da.

a) Dort ist Karl, da ist Herr Schmitt, hier ist Frau Schmitt.
b) Hier ist Bonn, da ist Kiel, dort ist Rom.
c) Hier ist Herr Schmitt, da ist Frau Schmitt, dort ist Hans.
d) Dort ist Rom, da ist Wien, hier ist Kiel.

4. Prononcer :

a) Hier, da, Rom ; Schmitt, Karl, dort.
b) Hier ist Hans. Da ist Karl. Dort ist Rom.
c) Da ist Frau Schmitt. Dort ist Herr Schmitt.

C 2 VOCABULAIRE

da	là	**Karl**	Charles
dort	là-bas	**Hans**	Jean
Da ist...	Voilà	**Rom**	(la ville de) Rome
Dort ist...	Voilà (là-bas)...	**Bonn**	(la ville de) Bonn

1- **Traduire en allemand :**

a) Karl ist hier, Hans ist da, Frau Schmitt ist dort.
b) Hier ist Rom, da ist Wien, dort ist Kiel.
c) Kiel ist hier, Bonn ist da, Rom ist dort.
d) Hier ist Herr Schmitt, da ist Frau Schmitt, dort ist Hans.

2. **Transformer solon l'exemple :**

Charles est ici. → Voici Charles!
a) Hier ist Rom, da ist Kiel, dort ist Wien.
b) Dort ist Herr Schmitt, da ist Frau Schmitt, hier ist Hans.
c) Dort ist Kiel, da ist Wien, hier ist Rom.
d) Hier ist Hans, da ist Karl, dort ist Frau Schmitt.

3. **Transformer solon l'exemple :**

Voilà Charles. → Charles est là.
a) Karl ist dort, Herr Schmitt ist da, Frau Schmitt ist hier.
b) Bonn ist hier, Kiel ist da, Rom ist dort.
c) Herr Schmitt ist hier, Frau Schmitt ist da, Hans ist dort.
d) Rom ist dort, Wien ist da, Kiel ist hier.

4. **Prononcer :**

a) [hi:r - da: - rô:-m - s^{ch}mit - karl - dort]
b) [hi:r''ist ha-ns - da:''ist karl - dort''ist rô:-m]
c) [da:''ist frao s^{ch}mit - dort''ist hèr s^{ch}mit]

C 4 REMARQUES

■ Bien prononcer les voyelles longues.
■ Réaliser deux sons distincts pour -**an**- : **Hans** = [ha-ns]
■ Pas de liaison entre **da** et **ist** ni entre **hier** et **ist**.

3 ■ Herr Schmitt ist in Bremen

A 1 PRÉSENTATION

in [i-n]   à *(en /dans)*

■ La préposition **in** exprime l'intérieur d'un espace quelconque. **In Bremen** signifie « dans (la ville de) Brême » et se traduit en français, dans ce cas particulier par « à Brême ».

■ L'allemand présente des syllabes accentuées prononcées avec une intensité beaucoup plus forte que les syllabes inaccentuées. Dans la transcription phonétique, la voyelle accentuée est notée en gras :

Bremen = [br**é**:men].

Attention ! C'est en général la première syllabe qui porte l'accent en allemand, et non la dernière comme en français.

Peter	[pé:ter]	*Pierre*
Anna	[ana]	*Anna*
Bremen	[bré:men]	*(la ville de) Brême*
Essen	[èsen]	*(la ville de) Essen*

A 2 APPLICATION

1. Hier ist Bremen.
2. Herr Schmitt ist in Bremen.
3. Frau Schmitt ist in Kiel.
4. Hier ist Peter, da ist Anna.
5. Anna ist in Rom, Peter ist in Essen.
6. Hans ist in Bonn.
7. Karl ist in Wien.
8. Karl ist hier in Wien.
9. Anna ist da in Rom.
10. Peter ist dort in Essen.

3 ■ Monsieur Schmitt est à Brême

A 3 REMARQUES

Prononciation :

■ Voyelles longues et voyelles brèves :
[**é:**] : le **e** de **Bremen** est un [**é:**] long, très fermé, comme le
[é] de « pépé » en français.

> Prononcez **Bremen** avec un [**é:**] : [bré:men]
> et non un [è] comme en fr. pour « Brême »

■ Les voyelles inaccentuées sont brèves : le 2e **a** de **Anna** est
bref (le 1er **a**, accentué, est également bref devant deux
consonnes) : [ana].

■ [**e**] : cette voyelle (appelée **schwa** [s^(ch)va:] en allemand) est
la transcription de la voyelle **e** en syllabe inaccentuée. Elle
est plus proche du « é » que du « e » du français. Elle est prononcée très faiblement ; en conséquence, en fin de mot :
  ● [**-en**] ne doit pas être prononcé comme la lettre « n » en
  français, mais avec un **n** très assourdi.
  ● [**-er**] n'est pas prononcé comme « air » ou la lettre « r » en
  français, mais comme une sorte de [a].

A 4 TRADUCTION

1. Voici Brême.

2. M. Schmitt est à Brême.

3. M^(me) Schmitt est à Kiel.

4. Voici Pierre, voilà Anna.

5. Anna est à Bonn, Pierre est à Essen.

6. Jean est à Bonn.

7. Charles est à Vienne.

8. Charles est ici, à Vienne.

9. Anna est là, à Rome.

10. Pierre est là-bas, à Essen.

3 ■ Frau Schmitt ist charmant

B 1 PRÉSENTATION

nett	[nèt]	*gentil(le), aimable*
charmant	[s^{ch}arma-nt]	*charmant(e)*
nervös	[nèrvö:s]	*nerveux/nerveuse*
schön	[s^{ch}ö:-n]	*beau/belle*
interessant	[i-ntérèsa-nt]	*intéressant(e)*
intelligent	[i-ntèligè-nt]	*intelligent(e)*

■ En allemand, l'adjectif **attribut** (cf. p. 261, 262) est invariable en **genre** et en **nombre** alors qu'en français il s'accorde :

Peter ist nervös   *Pierre est nerveux.*
Anna ist nervös   *Anna est nerveuse.*

B 2 APPLICATION

1. Herr Schmitt ist nett.
2. Frau Schmitt ist charmant.
3. Anna ist charmant.
4. Peter ist nett.
5. Karl ist nervös.
6. Hans ist intelligent.
7. Rom ist schön.
8. Rom ist interessant.
9. Wien ist schön.
10. Wien ist interessant.

B 3 REMARQUES

■ La lettre o avec un **tréma** (« Umlaut » en allemand, cf. p. 277) se prononce comme le « eu » du français dans « eux » ou « peu ». La voyelle de **schön** est longue devant une seule consonne. Il en est de même pour **nervös**, dont le **s** final se prononce.

■ **Les faux amis**

Il faut veiller aux faux-amis, aux mots empruntés au français dont ils diffèrent souvent par :
1) **la prononciation** : ils sont en général prononcés comme ils s'écrivent : **toutes les lettres sont prononcées :**
français charmant   allemand **charmant** [s^{ch}arma-nt]
(Prononcer **-an** comme « âne » en français ; cf. 2 A 3).
Le **g** de **intelligent** se prononce comme le « g » du français « gai » et non comme le « j » de « Jean » en français.
2) **l'accentuation** : les emprunts au français sont le plus souvent accentués sur la dernière syllabe :
        nervös   charmant   intelligent   etc.
3) **le sens** : le mot allemand peut avoir une autre signification qu'en français : **nett** (veiller à l'orthographe!) prononcé comme le français « net(te) », signifie « gentil », « aimable » et non « net », « propre ».

B 4 TRADUCTION

1. M. Schmitt est (très) aimable.

2. Mme Schmitt est charmante.

3. Anna est charmante.

4. Pierre est (très) gentil.

5. Charles est nerveux.

6. Jean est intelligent.

7. Rome est (une) belle (ville).

8. Rome est (une ville) intéressante.

9. Vienne est (une) belle (ville).

10. Vienne est (une ville) intéressante.

1. Traduire en allemand :

a) Voilà Brême ! Anna est là, à Brême.
b) Anna est charmante. Charles est gentil.
c) Monsieur Schmitt est ici à Bonn.
d) Voilà Vienne. Vienne est (une) belle (ville).
e) Voici Kiel. Kiel est (une ville) intéressante.
f) Voilà (là-bas) Jean. Jean est nerveux.

2. Former deux phrases, selon l'exemple :

Hier ist Anna. (charmant, Wien) :
Anna ist charmant. Anna ist in Wien.

a) Da ist Peter. (intelligent, Bonn)
b) Dort ist Karl. (nett, Rom)
c) Hier ist Herr Schmitt. (nervös, Essen)
d) Da ist Frau Schmitt. (nett, Bremen)
e) Dort ist Hans. (intelligent, Wien)

3. Prononcer :

a) Hier ist Wien, da ist Anna, dort ist Rom.
b) Peter ist in Essen, Anna ist in Bremen.
c) Peter, Essen, Bremen ; schön, nervös.
d) Intelligent, charmant, interessant.

4. Déterminer la syllabe accentuée :

Anna, Peter, nervös, Essen, Bremen.
intelligent, interessant, charmant.

C 2 VOCABULAIRE

in	en, à	nett	gentil, aimable
	dans	charmant	charmant
Bremen	Brême	nervös	nerveux
Essen	Essen	schön	beau
Peter	Pierre	interessant	interessant
Anna	Anna	intelligent	intelligent

1. Traduire en allemand :

a) Da ist Bremen! Anna ist da in Bremen.
b) Anna ist charmant. Karl ist nett.
c) Herr Schmitt ist hier in Bonn.
d) Da ist Wien. Wien ist schön.
e) Hier ist Kiel. Kiel ist interessant.
f) Dort ist Hans. Hans ist nervös.

2. Former deux phrases, selon l'exemple :

Voici Anna. (charmant, Vienne) :
Anna est charmante. Anna est à Vienne.

a) Peter ist intelligent. Peter ist in Bonn.
b) Karl ist nett. Karl ist in Rom.
c) Herr Schmitt ist nervös. Herr Schmitt ist in Essen.
d) Frau Schmitt ist nett. Frau Schmitt ist in Bremen.
e) Hans ist intelligent. Hans ist in Wien.

3. Prononcer :

a' [hi :r"ist vi :-n - da :"ist "ana - dort"ist rô :-m]

b' [pé :ter"ist"i-n"èsen - ana"ist "i-n bré :men]

c' [pé :ter - èsen - bré :men - s^chö :-n - nèrvö :s]

d' [i-ntèligè-nt - i-ntérèsa-nt - s^charma-nt]

4. Déterminer la voyelle accentuée :

Anna, Peter, nervös, Essen, Bremen.
intelligent, interessant, charmant.

C 4 REMARQUES

L'allemand oppose des voyelles longues et brèves.
Le ö de **schön** et de **nervös** est long.
Attention à la prononciation du **-er** et du **-en**.
Réaliser deux sons distincts pour **in** = [i-n].
Prononcer correctement la voyelle accentuée.

4 ■ Sie ist nett. Er ist auch nett

A 1 PRÉSENTATION

er [é:r]   *il*
sie [zi:]   *elle*

■ **er** et **sie** sont les deux pronoms personnels qui correspondent en français à « *il* » et « *elle* » :

Peter ist da.   **Er ist da.**   **Anna ist da.**   **Sie ist da.**
Pierre est là.   *Il est là.*   *Anna est là.*   *Elle est là.*

■ Tous les noms, propres ou communs, s'écrivent en allemand avec une majuscule : **Peter ist Student.**

auch	[aoh^r]	*aussi, également*
Student	[s^chtoudè-nt]	*étudiant*
Berlin	[bèrli:-n]	*Berlin*

A 2 APPLICATION

1. Peter ist Student.
2. Er ist Student in Berlin.
3. Da ist Karl. Er ist auch Student.
4. Er ist Student in Wien.
5. Da ist Anna. Sie ist charmant.
6. Da ist Frau Schmitt. Sie ist nett.
7. Da ist Herr Schmitt. Er ist auch nett.

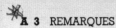

A 3 REMARQUES

Prononciation :

◼ **[hʳ] :** les lettres **ch** de **auch** transcrivent un seul son noté [hʳ] qui est un râclement au fond de la gorge. Ce son n'existe pas en français, il ressemble seulement à la prononciation de « cr » dans « âcre » ou « ocre ».

◼ **Student** est accentué sur la dernière syllabe, le **u,** inaccentué est donc bref : [sᶜʰtoudè-nt].

◼ **Berlin** est accentué sur la deuxième syllabe, le **i** devant une seule consonne est long : [bèrli:-n].
Prononcer le nom de cette ville comme le français « berline », (véhicule originaire de cette ville), mais avec une voyelle longue.

◼ **Prononciation de la lettre s:**
— **s** se prononce **[z]** à l'initiale d'un mot comme le « z » de « zoo » : **sie** [zi:].
— **s** se prononce **[sᶜʰ]** devant une consonne en début de mot, comme le [sᶜʰ] de **schön : Student** [sᶜʰtoudè-nt].
— **s** se prononce **[s]** à l'intérieur d'un mot devant une consonne : **ist** = [ist] ou en fin de mot : **Hans** [ha-ns].

◼ **u** se prononce toujours **[ou]** comme le français « où » ou « tout » et **non** comme le « u » du français « tu ». Il est transcrit par [ou].

A 4 TRADUCTION

1. Pierre est étudiant.
2. Il est étudiant à Berlin.
3. Voilà Charles. Il est également étudiant.
4. Il est étudiant à Vienne.
5. Voilà Anna. Elle est charmante.
6. Voilà Mᵐᵉ Schmitt. Elle est gentille.
7. Voilà M. Schmitt. Il est également gentil.

■ Ist sie Studentin?

1 PRÉSENTATION

: er...? [ist"é:r]   Est-il...? Est-ce qu'il est...?

L'interrogation (1) :
ıns une phrase **interrogative** qui porte sur toute la phrase
à laquelle on ne peut répondre que par *oui* ou *non* (ces
ırases sont dites **interrogatives totales**), le verbe est tou-
urs en tête :

Ist er da?

ɔmme dans la traduction, possible, de cette phrase en français
vec un pronom personnel : *Est-il là?*
ıa reprise du sujet par le pronom *(Anna est-elle là?)* ou l'em-
ɔloi de *Est-ce que...* sont des formulations propres au français
dites **gallicismes**), sans équivalent en allemand.

ja	[ya:]	*oui*
nein	[naï-n]	*non*
Studentin	[s^{ch}toudè-nti-n]	*étudiante*
Sekretärin	[zékrétè:ri-n]	*secrétaire*

B 2 APPLICATION

1. — Ist er in Berlin?
2. — Peter? Ja, er ist in Berlin.
3. — Ist er Student?
4. — Ja, er ist Student in Berlin.
5. — Ist Anna da?
6. — Ja, Anna ist da. Dort ist sie.
7. — Ist sie Studentin?
8. — Nein, sie ist Sekretärin.
9. — Ist sie in Wien?
10. — Nein, sie ist in Berlin.

B 3 REMARQUES

Prononciation :

■ **[y] :** le j allemand se prononce comme le [y] du français
« yoyo » :
ja = [ya :] (avec une voyelle longue en fin de mot, cf. 2 A 1).
■ **[aï] :** la deuxième diphtongue de l'allemand ressemble au
français « ail », mais sans trop appuyer sur le second élément
de la diphtongue.
■ **[è] :** ä, a avec un tréma « (Umlaut » en all.) se prononce
comme le [è] de **Herr** (cf. 1 B 3).
■ **Le suffixe -in**
Un « suffixe » est une terminaison de dérivation qui s'ajoute à
un mot pour indiquer par exemple, le féminin, ainsi « **-esse** »
en français pour « **maîtresse** », dérivé de « **maître** ».
En allemand le suffixe **-in** est toujours inaccentué, la voyelle
est donc brève (cf. 3 A 3), comme la préposition **in** [i-n].
On opposera ainsi ce suffixe **-in** à la terminaison **-in,** de **Berlin**
avec une voyelle longue (accentuée) devant une seule consonne :

suffixe **-in** [i-n]	terminaison **-in** [-i:-n]
Studentin [s^{ch}toudè-nti-n]	**Berlin** [bèrli:-n]

B 4 TRADUCTION

1. — Est-il à Berlin?

2. — Pierre? Oui, il est à Berlin.

3. — Est-il étudiant?

4. — Oui, il est étudiant à Berlin.

5. — Anna est-elle là?

6. — Oui, Anna est là. La voilà.

7. — Est-ce qu'elle est étudiante?

8. — Non, elle est secrétaire.

9. — Est-ce qu'elle est à Vienne?

10. — Non, elle est à Berlin.

1. Traduire :

a) Anna est-elle là? Non, elle est à Vienne.
b) Voici M. Schmitt. Il est également gentil.
c) Il est à Berlin. Est-elle également à Berlin?
d) Est-elle étudiante? Oui, elle est étudiante.

2. Répondre :

Ist Peter da? — Ja, er ist da.

a) Ist Herr Schmitt dort in Essen?
b) Ist Anna Sekretärin in Berlin?
c) Ist Frau Schmitt Sekretärin in Wien?
d) Ist Peter auch intelligent?

3. Transformer :

Hier ist Frau Schmitt, da ist Herr Schmitt. (nett)
— Sie ist nett, er ist auch nett.

a) Hier ist Anna, da ist Peter. (Studentin)
b) Da ist Herr Schmitt, da ist Frau Schmitt. (in Berlin)
c) Da ist Peter, dort ist Anna. (intelligent)
d) Hier ist Hans, da ist Anna. (Student in Wien)

4. Prononcer :

a) Sie ist Studentin. Sie ist Sekretärin.
b) Hans ist auch Student in Essen.
c) Sie ist auch Studentin in Berlin.

5. Déterminer la syllabe accentuée :

Bremen, Berlin, Essen, Paris.
Student, Studentin, Sekretärin.
charmant, interessant, intelligent.

C 2 VOCABULAIRE

er	il	**Ist er/sie...?**	Est-il/elle...?
sie	elle	**Student**	étudiant
auch	également, aussi	**Studentin**	étudiante
ja	oui	**Sekretärin**	secrétaire
nein	non	**Berlin**	Berlin

1. Traduire :

a) Ist Anna da? Nein, sie ist in Wien.
b) Hier ist Herr Schmitt. Er ist auch nett.
c) Er ist in Berlin. Ist sie auch in Berlin?
d) Ist sie Studentin? Ja, sie ist Studentin.

2. Répondre :

Pierre, est-il là? — Oui, il est là.

a) Ja, er ist dort in Essen.
b) Ja, sie ist Sekretärin in Berlin.
c) Ja, sie ist Sekretärin in Wien.
d) Ja, er ist auch intelligent.

3. Transformer :

Voici Mme Schmitt, voilà M. Schmitt. (gentil).
— Elle est gentille, il est également gentil.

a) Sie ist Studentin, er ist auch Student.
b) Er ist in Berlin, sie ist auch in Berlin.
c) Er ist intelligent, sie ist auch intelligent.
d) Er ist Student in Wien, sie ist auch Studentin in Wien.

4. Prononcer :

a) [zi:"ist s^{ch}toudè-nti-n — zi:"ist zékrétè:ri-n]
b) [ha-ns"ist "aoh^r s^{ch}toudè-nt "i-n "èsen]
c) [zi:"ist "aoh^r s^{ch}toudè-nti-n "i-n bèrli:-n]

5. Déterminer la voyelle accentuée :

Bremen, Berlin, Essen, Paris.
Student, Studentin, Sekretärin.
charmant, interessant, intelligent.

C 4 REMARQUES

■ Le féminin de **Student** est **Studentin** (avec le suffixe **-in**).

■ Dans une phrase interrogative **totale** (à laquelle on répond nécessairement par **oui** ou **non**), le verbe est toujours en tête en allemand.

5 ■ Es ist schön

A 1 PRESENTATION

es   [ès]   *il* (neutre, cf. ci-dessous)
Es ist... [ès"ist]   *Le temps est... /Il fait...*

■ Outre le masculin et le féminin, l'allemand possède un troisième genre : le neutre. Le pronom neutre est **es**. Il a plusieurs sens. Nous nous bornons pour le moment à son sens « météorologique », correspondant à « il » impersonnel en français, il ne s'agit pas d'une personne déterminée :

                Es ist schön, *Il fait beau.*

kalt	[kalt]	*froid*	kühl	[kü:l]	*frais*
warm	[varm]	*chaud*	heiß	[haïs]	*très chaud*
Paris	[pari:s]	*Paris*			

■ L'allemand possède deux adjectifs qui recouvrent le seul adjectif français « *chaud* » : **warm** et **heiß.** On traduira le plus souvent **heiß** par « *très chaud* ».

A 2 APPLICATION

1. Es ist kalt.

2. Es ist kalt in Kiel.

3. Es ist kühl.

4. Es ist kühl in Berlin.

5. Es ist warm in Paris.

6. Es ist heiß in Rom.

7. Ist es kalt?

8. Ja, es ist kalt.

9. Ist es in Berlin warm?

10. Nein, es ist kühl in Berlin.

5 ■ Il fait beau

Prononciation :

■ **ü** : la lettre **u** avec **Umlaut** (tréma) se prononce comme le « u » du pronom français « tu ».

■ **[ü :]** : la voyelle **ü** de **kühl** est longue devant **h** (cf. ci-dessous).

■ **h** : la lettre **h** après une voyelle ne se prononce pas, elle indique que la voyelle précédente est longue (cf. p. 255, 3. N.B.2).

■ **ß** : cette lettre appelée en allemand **Eszett** [èstsèt] se prononce [s] :

$$\text{heiß} = \text{[haïs]}.$$

■ Rappel : un **w** se prononce [v] (cf. 1 A 3) : **warm** = [varm].

■ Le **s** final de **Paris** se prononce en allemand :
fr. « Paris » [pari]   all. **Paris** [pari:s]

A 4 TRADUCTION

1. Il fait froid.
2. Il fait froid à Kiel.
3. Il fait frais.
4. Il fait frais à Berlin.
5. Il fait chaud à Paris.
6. Il fait très chaud à Rome.
7. Est-ce qu'il fait froid?
8. Oui, il fait froid.
9. Est-ce qu'il fait chaud à Berlin?
10. Non, il fait frais à Berlin.

5 ■ Heute ist es warm

B 1 PRÉSENTATION

oft	[oft]	*souvent*	**sehr**	[zé:r]	*très*
zu	[tsu:]	*trop*	**heute**	['hoöte]	*aujourd'hui*
			jetzt [yètst] maintenant		

■ **Peter ist oft in Berlin,** *Pierre est souvent à Berlin.*
Dans une phrase où l'on annonce, où l'on déclare quelque chose
(une telle phrase est dite **déclarative**), le verbe occupe la
deuxième place (cf. p. 271). Le sujet est en première position
ou en troisième si un « **complément** » (un élément autre que
le sujet) occupe la première place (cf. schéma et exemples
en 5.B.3).

N.B. : Après un complément placé en première position, on ne
note pas une virgule, contrairement au français :

    In Bremen ist es kalt.   *A Brême, il fait froid.*

B 2 APPLICATION

1. Heute ist es warm.
2. Heute ist es sehr warm.
3. Heute ist es zu warm.
4. Hier ist es kalt.
5. Hier in Berlin ist es kalt.
6. In Berlin ist es sehr kalt.
7. Oft ist es hier in Berlin sehr kalt.
8. Heute ist es zu kühl.
9. Es ist heute sehr kühl.
10. In Rom ist es warm.
11. In Rom ist es jetzt zu warm.
12. Jetzt ist es in Rom heiß.

B 3 REMARQUES

■ **eu** [oö] : la troisième et dernière diphtongue de l'allemand ressemble à la voyelle du français « œil », mais sans trop appuyer sur le deuxième élément de la diphtongue.

■ **Graphie : z** ou **tz** se prononce [ts] comme « tsé ». Le mot russe « tsar » s'écrit **Zar** en allemand et se prononce [tsa :r].

■ **Ordre des mots dans la phrase :** si nous désignons le « Sujet » par « S », le « Verbe » par « V » et les « Compléments » (cf. p. 274) par « C », l'ordre des mots dans la phrase **déclarative** peut se schématiser comme suit :

	1	2	3	4		1	2	3	4
	S		C	C	→	Er	ist	oft	in Berlin.
		V				Oft		er	in Berlin.
	C		S	C		In Berlin		er	oft

(Er ist oft in Berlin.   Il est souvent à Berlin.**)**

A ces trois constructions différentes correspond le plus souvent en français une même traduction.

B 4 TRADUCTION

1. Aujourd'hui, il fait chaud.
2. Aujourd'hui, il fait très chaud.
3. Aujourd'hui, il fait trop chaud.
4. Ici, il fait froid.
5. Ici, à Berlin, il fait froid.
6. A Berlin, il fait très froid.
7. Souvent, il fait très froid ici, à Berlin.
8. Aujourd'hui, il fait trop frais.
9. Il fait très frais aujourd'hui.
10. A Rome, il fait chaud.
11. A Rome, il fait maintenant trop chaud.
12. Maintenant, il fait très chaud à Rome.

1. Traduire :

a) Maintenant, Il fait très chaud à Rome.
b) Souvent, il fait très froid à Berlin.
c) Est-ce qu'il fait chaud aujourd'hui?
d) Non, il fait trop frais aujourd'hui.
e) Est-ce qu'il fait beau? Oui, maintenant il fait beau.

2. Répondre :

Ist es hier warm? — Ja, es ist hier warm.

a) Ist es heute in Wien sehr kalt?
b) Ist es in Rom oft zu warm?
c) Ist es jetzt oft kühl?
d) Ist es heute in Berlin zu kalt?
e) Ist es dort in Bremen sehr kalt?

3. Commencer par le complément indiqué :

Es ist kühl. (heute) — Heute ist es kühl.

a) Es ist oft sehr warm. (in Wien)
b) Es ist hier in Berlin kalt. (heute)
c) Es ist dort zu heiß. (jetzt)
d) Es ist jetzt sehr kühl. (in Paris)

4. Prononcer :

a) kühl, schön, Sekretärin
b) auch, heute, heiß
c) Es ist jetzt sehr heiß in Paris.

C 2 VOCABULAIRE

es	il (neutre)	**Paris**	Paris
Es ist...	Il fait...	**jetzt**	maintenant
kalt	froid	**heute**	aujourd'hui
kühl	frais	**oft**	souvent
warm	chaud	**zu**	trop
heiß	très chaud	**sehr**	très

1. Traduire :

a) Jetzt ist es heiß (sehr warm) in Rom.
b) Oft ist es sehr kalt in Berlin.
c) Ist es heute warm?
d) Nein, es ist heute zu kühl.
e) Ist es schön? Ja, jetzt ist es schön.

2. Répondre :

Est-ce qu'il fait chaud ici? — Oui, il fait chaud ici.

a) Ja, es ist heute in Wien sehr kalt.
b) Ja, es ist in Rom oft zu warm.
c) Ja, es ist jetzt oft kühl.
d) Ja, es ist heute in Berlin zu kalt.
e) Ja, es ist dort in Bremen sehr kalt.

3. Commencer par le complément indiqué :

Il fait frais. (aujourd'hui) — Aujourd'hui, il fait frais.

a) In Wien ist es oft sehr warm.
b) Heute ist es hier in Berlin kalt.
c) Jetzt ist es dort zu heiß.
d) In Paris ist es jetzt sehr kühl.

4. Prononcer :

a) [kü:l - s^{ch}ö:-n - zékrétè:ri-n]
b) [aoh^r - hoöte - haïs]
c) [ès "ist yètzt zé:r haïs "in Pari:s]

C 4 REMARQUES

■ La lettre ß se prononce [s].

■ La lettre z se prononce toujours [ts].

■ Bien prononcer un [é :] long fermé pour **sehr**: [zé :r].

6 ■ Guten Tag! Ich bin Peter Schmitt

A 1 PRÉSENTATION

ich bin [iç^h bi-n]   *je suis*

■ **ich** est le pronom personnel de la première personne du singulier.

■ **bin** est la forme verbale qui correspond à « **suis** » en français.

gut	[gou:t]	*bon*
Tag	[ta:k]	*jour*
Guten Tag !		*Bonjour*
Herr Weiß	[vaïs]	*M. Weiss* (weiß, blanc)
		(*ss* : transcription française de ß
Herr Braun	[brao-n]	*M. Braun* (braun, *brun*)
Architekt	[arç^hitèkt]	*architecte*
Mechaniker	[méç^ha:niker]	*mécanicien*
Techniker	[tèc^hniker]	*technicien*

A 2 APPLICATION

Peter Schmitt. Hans Weiß. Karl Braun.

1. — Guten Tag! Guten Tag!
2. — Ich bin Peter Schmitt.
3. — Ich bin Architekt.
4. — Guten Tag, Herr Schmitt!
5. — Ich bin Weiß, Hans Weiß.
6. — Ich bin Mechaniker.
7. — Guten Tag, Herr Schmitt!
8. — Guten Tag, Herr Weiß!
9. — Ich bin Karl Braun.
10. — Ich bin Techniker.

A 3 REMARQUES.

■ Prononciation du « g »

■ g- = [g] : en début de mot, la lettre **g** se prononce (à peu près) comme le « g » du français « goutte ».

■ -g = [k] : en fin de mot, la lettre **g** se prononce [k] comme (à peu près) le « c » du français « (le) tac ».

■ [çʰ] : ce son n'existe pas en français. **Apparemment** proche de [sᶜʰ] pour une oreille non avertie, il en est très différent : il se prononce avec les lèvres rétractées, tirées vers l'arrière, alors qu'elles sont arrondies, projetées en avant pour [sᶜʰ] (cf. p. 256, 8, 2, a).

■ Le i de **bin** est bref bien que suivi d'une seule consonne.

■ Veiller à la prononciation de « -ch- » dans les mots d'emprunt qui n'est ni un [sᶜʰ] ni un [k] comme en français mais, un [çʰ].

■ Les mots terminés en **-iker** sont accentués sur l'avant-avant-dernière syllabe : **Mechaniker, Techniker.**

A 4 TRADUCTION

Pierre Schmitt. Jean Weiss. Charles Braun.

1. Bonjour! Bonjour!

2. Je suis Pierre Schmitt.

3. Je suis architecte.

4. Bonjour, monsieur Schmitt!

5. Je suis Weiss, Jean Weiss.

6. Je suis mécanicien.

7. Bonjour, monsieur Schmitt!

8. Bonjour, monsieur Weiss.

9. Je suis Charles Braun.

10. Je suis technicien.

6 ■ Sind Sie Herr Schmitt?

B 1 PRÉSENTATION

Sie [zi:] *vous* **sind** [zi-nt] *êtes*
Sie sind... *vous êtes...* **sind Sie...?** *êtes-vous...?*

■ **sind** est la forme verbale qui correspond à « *êtes* » en français.

■ **sie** est le pronom féminin = « *elle* » (cf. 4.A.1).

■ **Sie, AVEC UNE MAJUSCULE,** est le pronom personnel qui correspond en français au pronom « *vous* » de la forme de politesse :

Ist sie in Paris? *Est-elle à Paris?*
Sind Sie in Berlin? *Etes-vous à Berlin?*

und [ou-nt] *et*
Abend [a:bent] *soir*
Guten Abend [gou:ten" a:bent] *bonsoir*
heute abend *ce soir*

B 2 APPLICATION

(Die Sekretärin :) Telefon, Herr Schmitt!

1. — Ja? Hallo!

2. — Guten Abend! Hier Braun!

3. Sind Sie Herr Schmitt?

4. — Ja, hier ist Schmitt.

5. Sind Sie Karl Braun?

6. — Ja, hier ist Karl Braun.

7. Sind Sie heute abend da, Herr Schmitt?

8. — Ja, ich bin da. Und Sie?

9. Sind Sie jetzt in Berlin?

10. — Ja, ich bin heute in Berlin.

44

B 3 REMARQUES

■ **Prononciation de « d »**

● **d-** = [d] : en début de mot, la lettre **d** se prononce (à peu près) comme le « d » du français « dada » (cf. 2 A 1).
● **-d** = [t] : en fin de mot, la lettre **d** se prononce [t] : **sind** = [zint], **Abend** = [a:bent], **und** = [ou-nt].

■ **Rappel :** Ne pas prononcer la (deuxième) syllabe inaccentuée de **Abend** avec un [è] mais avec un [n] très assourdi (cf. 3 A 3).

■ **heute abend :** « ce soir » se dit en allemand **heute abend** que l'on pourrait traduire par « aujourd'hui dans la soirée ». N.B. : **abend** s'écrit dans ce cas avec un **a** minuscule.

B 4 TRADUCTION

(La secrétaire :) Le téléphone, monsieur Schmitt!

1. — Oui? Allô!
2. — Bonsoir! Ici Braun!
3. Êtes-vous M. Schmitt?
4. — Oui, ici Schmitt.
5. Êtes-vous Charles Braun?
6. — Oui, ici Charles Braun.
7. Êtes-vous là ce soir, monsieur Schmitt?
8. — Oui, je suis là. Et vous?
9. Êtes-vous à Berlin en ce moment?
10. — Oui, je suis à Berlin aujourd'hui.

1. Traduire :

   a) Je suis architecte. Etes-vous aussi architecte?
   b) Bonjour! Ici (M.) Braun. Est-ce que M. Weiss est là?
   c) Etes-vous là ce soir, monsieur Schmitt?
   d) Oui, je suis là ce soir. Et vous?
   e) Je suis souvent à Berlin. Vous aussi?

2. Répondre :

Sind Sie da? — Ja, ich bin da. Sind Sie auch da?

   a) Guten Tag, Herr Schmitt! Sind Sie nervös?
   b) Guten Abend, Frau Braun! Sind Sie oft in Wien?
   c) Guten Tag, Peter! Sind Sie Student?
   d) Guten Tag, Anna! Sind Sie Sekretärin?
   e) Guten Tag! Sind Sie heute abend da?

3. Commencer par le complément indiqué :

Ex. : Er ist oft nervös. (oft) : Oft ist er nervös.

   a) Herr Weiß ist jetzt oft nervös. (jetzt)
   b) Ich bin jetzt oft sehr nervös. (oft)
   c) Es ist heute in Berlin zu warm. (heute)
   d) Heute ist es in Wien zu kalt. (in Wien)
   e) Er ist heute abend in Berlin. (heute abend)

4. Prononcer :

   a) Guten Abend! Guten Tag!
   b) Sind Sie heute abend da?
   c) Ja, heute abend bin ich da.
   d) Ich bin Mechaniker. Techniker. Architekt.

C 2 VOCABULAIRE

ich bin...	je suis...	**Guten Tag!**	Bonjour!
Sie sind...	vous êtes...	**Guten Abend!**	Bonsoir!
Tag	jour	**heute abend**	ce soit
Abend	soir	**Architekt**	architecte
gut	bon	**Mechaniker**	mécanicien
und	et	**Techniker**	technicien

1. Traduire :

a) Ich bin Architekt. Sind Sie auch Architekt?
b) Guten Tag! Hier Braun! Ist Herr Weiß da?
c) Sind Sie heute abend da, Herr Schmitt?
d) Ja, ich bin heute abend da. Und Sie?
e) Ich bin oft in Berlin. Sie auch?

2. Répondre :

Êtes-vous là? — Oui, je suis là. Êtes-vous là aussi?

a) Ja, ich bin nervös. Sind Sie auch nervös?
b) Ja, ich bin oft in Wien. Sind Sie auch oft in Wien?
c) Ja, ich bin Student. Sind Sie auch Student?
d) Ja, ich bin Sekretärin. Sind Sie auch Sekretärin?
e) Ja, ich bin heute abend da. Sind Sie heute abend auch da?

3. Commencer par le complément indiqué :

Ex. : Il est souvent nerveux. (souvent) : Souvent, il est nerveux.

a) Jetzt ist Herr Weiß oft nervös.
b) Oft bin ich jetzt sehr nervös.
c) Heute ist es in Berlin zu warm.
d) In Wien ist es heute zu kalt.
e) Heute abend ist er in Berlin.

4. Prononcer :

a) [gou:ten ”a:bent - gou:ten ta:k]
b) [zint zi: hoöte ”a:bent da:]
c) [ya: hoöte ”a:bent bin ”içh da:]
d) [içh bin méçha:niker - tèçhniker - arçhitèkt]

C 4 REMARQUES

● La lettre ß se transcrit parfois **ss**, c'est l'habitude adoptée
pour le français : **Herr Weiß — M. Weiss.**

● Pas de virgule en allemand après un complément en tête
de phrase.

● Veiller à la prononciation de [çh] pour **Architekt, Mechaniker** et **Techniker**

● **d** - et **-g** se prononcent [-t, -k] en fin de mot.

7 ■ Ich habe heute Zeit

haben [ha:ben] *avoir*
ich habe [iç^h ha:be] *j'ai*

■ La première personne du singulier du présent du verbe **haben**, « *avoir* » se forme en ôtant la terminaison -**en** de l'infinitif et en ajoutant -**e**:

$$\text{ich hab}+\text{e} \rightarrow \text{ich habe, } j'ai$$

Post [**post**]	*courrier*
Zeit [tsaït]	*temps*
Geld [gèlt]	*argent*
Arbeit [arbaït]	*travail*
Urlaub [**ou**:rlaop]	*congé/vacances*

A 2 APPLICATION

1. Ich habe Urlaub.
2. Ich habe oft Zeit.
3. Ich habe Geld.
4. Jetzt habe ich Arbeit.
5. Habe ich Post?
6. Habe ich heute Post?
7. Heute habe ich Zeit.
8. Und Zeit ist Geld!
9. Ich habe Urlaub und ich habe Zeit.
10. Ich habe Arbeit und Geld.
11. Ich bin Architekt und habe Arbeit.
12. Ich habe Arbeit und bin nervös.

A 3 REMARQUES

Prononciation :

■ Prononciation de « **b** »

● **b-** = [b] : au début d'un mot, la lettre **b** se prononce (à peu près) comme le **b** du français « bonne » : **Bonn** = [bo-n] (cf. 2 B 1).

● **-b** = [p] : en fin de mot, la lettre **-b** se prononce [p] : **Urlaub** = [ou:rlaop]

■ Comme la majorité des mots allemands, les deux mots **Arbeit** et **Urlaub** sont accentués sur la première syllabe. Il faut bien y veiller.

Grammaire

■ A l'absence d'article en allemand peut correspondre en français :

1) aucun article :   **Ich habe Urlaub,**   J'ai congé.
2) un article défini : **Ich habe Zeit,**   J'ai **le** temps.
3) le « partitif » :   **Ich habe Geld,**   J'ai **de l'**argent.

Rappelons que l'article « partitif », « du, de la, des », désigne la partie d'un tout ; ex. : du tabac, de la confiture, des gens.

■ Le sujet de deux verbes coordonnés (reliés) par **und** n'est pas répété, le plus souvent en allemand (cf. phrase 11 et 12 de 7 A 2).

■ L'ordre des mots n'est pas toujours le même en allemand et en français :

1	2	3	4
Ich	**habe**	**heute**	**Urlaub.**
1 2		4	3
J'ai		congé	aujourd'hui.

A 4 TRADUCTION

1. J'ai congé.
2. J'ai souvent le temps.
3. J'ai de l'argent.
4. Maintenant, j'ai du travail.
5. Est-ce que j'ai du courrier?
6. Ai-je du courrier aujourd'hui?
7. Aujourd'hui, j'ai le temps.
8. Et le temps, c'est de l'argent.
9. J'ai congé (= je suis en congé) et j'ai le temps.
10. J'ai du travail et de l'argent.
11. Je suis architecte et (j') ai du travail.
12. J'ai du travail et je suis nerveux.

7 ■ Ich habe ein Problem

B 1 PRÉSENTATION

ein [aïn], *un*   **eine** [aïne] *une*

■ Le *genre* des mots allemands peut correspondre au sexe : **ein Herr,** *un monsieur,* **eine Sekretärin** *une secrétaire,* **eine Frau** *une femme,* mais le genre est rarement le même en allemand et en français : cf. les exemples ci-dessous : **ein Haus** *une maison* p. ex.

■ L'article féminin indéfini (cf. p. 259) se caractérise par un **-e** final.

ein Auto [aoto]   *une auto, une voiture*
ein Haus [haos]   *une maison*
ein Problem [prôblé:m]   *un problème*
eine Wohnung [vô:nuŋ]   *un appartement*
eine Frage [fra:ge]   *une question*
eine Idee [idé:]   *une idée*
eine Konferenz [ko-nférè-nts] *une conférence*

B 2 APPLICATION

1. Ich habe ein Problem.
2. Hier habe ich ein Problem.
3. Ich habe ein Auto.
4. Ja, ich habe auch ein Auto.
5. Hier in Berlin habe ich ein Haus.
6. In Wien habe ich auch ein Haus.
7. Und in Bonn habe ich eine Wohnung.
8. Heute habe ich eine Konferenz in Rom.
9. Ich habe eine Frage.
10. Ich bin Student und habe eine Frage.
11. Ich habe eine Idee.
12. Ich bin intelligent und habe eine Idee.

B 3 REMARQUES

Prononciation :

■ Le f allemand se prononce comme le « f » de « femme ».
■ Les lettres **ng** transcrivent un seul son [ŋ] qu'il faut éviter de prononcer [ng] ou [nk] (cf. p. 256, 8 2-c) : **Wohnung** = [vô:nuŋ].
■ Veiller aux voyelles longues : **Frage, Wohnung, Idee** (cf. 7 B 1).
■ Le **e** de **Problem** est un [é:] long (devant une seule consonne) et non un [è] comme en français : allemand **Problem** [prôblé:m] et français « problème ».
■ Le mot **Auto** est accentué sur la première syllabe : [**ao**to].

Grammaire :

■ Un complément peut être plus ou moins complexe (cf. p. 273) : le premier élément de la phrase peut ainsi rassembler plusieurs mots :

1	2	3	4
Hier in Bremen Ici à Brême			
Hier und dort Ici et là-bas	**habe** j'ai	**ich**	**eine**	**Wohnung** un appartement
In Bremen und in Kiel A Brême et à Kiel			

■ La conjonction de coordination **und** n'est pas un complément et ne compte pas comme premier élément : on dit que **und** est « hors construction » (cf. phrase 7 de 7 B 2).

B 4 TRADUCTION

1. J'ai un problème.
2. Ici, j'ai un problème.
3. J'ai une voiture.
4. Oui, j'ai aussi une voiture.
5. Ici, à Berlin, j'ai une maison.
6. J'ai également une maison à Vienne.
7. Et à Bonn j'ai un appartement.
8. Aujourd'hui, j'ai une conférence à Rome.
9. J'ai une question.
10. Je suis étudiant et (j')ai une question.
11. J'ai une idée.
12. Je suis intelligent et j'ai une idée.

1. Traduire :

a) Ai-je du courrier aujourd'hui?
b) J'ai congé et j'ai le temps.
c) J'ai du travail et je suis nerveux.
d) Je suis étudiant et j'ai une question.
e) Je suis intelligent et j'ai une idée.

2. Répondre :

Sind Sie Student? (Zeit)
—Ja, ich bin Student und habe Zeit.

a) Sind Sie Sekretärin? (Arbeit)
b) Sind Sie Architekt? (Haus)
c) Sind Sie Mechaniker? (Auto)
d) Sind Sie Techniker? (Problem)
e) Sind Sie Studentin? (Frage)

3. Commencer par le complément indiqué :

Ich habe ein Problem. (da) Da habe ich ein Problem.

a) Ich habe ein Haus. (hier in Berlin)
b) Ich habe eine Konferenz. (heute abend)
c) Ich habe eine Wohnung. (dort in Kiel)
d) Ich habe eine Frage. (jetzt)

4. Prononcer :

a) Tag, Abend, Urlaub.
b) Frage, Student, Arbeit.
c) Zeit und Geld, Arbeit und Urlaub.
d) Problem, Konferenz, Idee, Auto.

C 2 VOCABULAIRE

haben	avoir	ein Auto	une auto
ich habe...	j'ai...	ein Haus	une maison
Post	courrier	ein Problem	un problème
Zeit	temps	eine Wohnung	un appartement
Geld	argent	eine Frage	une question
Arbeit	travail	eine Idee	une idée
Urlaub	congé	eine Konferenz	une conférence

8 ■ Avez-vous une carte postale, s'il vous plaît?

A 3 REMARQUES

■ Ne pas omettre de prononcer le -e final = [-e]:

eine Mark un mark **eine Marke** une vignette

■ **Les mots composés.**

● En français, les mots composés se forment par expansion du mot de base vers la droite : le premier mot est « **déterminé** » par le second qu'on appelle le « **déterminant** » :

bleu ciel → bleu (comme) le ciel
siège arrière → siège (situé) à l'arrière

● En allemand, la composition est **inverse** : le **déterminant** précède le **déterminé**:

```
    1     2    3      4
une vignette pour lettre
    1     4         2
    eine Briefmarke
```

N.B. : 1.) Le mot composé allemand s'écrit en un seul mot.
2.) Le genre du mot est celui du déterminé, du dernier composant.
3.) Un composé allemand peut correspondre à un mot simple en français :
eine Briefmarke (« vignette pour lettre ») un timbre.

A 4 TRADUCTION

1. — Avez-vous une carte?
2. — Une carte postale?
3. — Oui, une carte postale, s'il vous plaît!
4. — Voici une carte postale.
5. — Avez-vous aussi un timbre?
6. — Oui, voici!
7. Une carte postale et un timbre :
8. Un mark, s'il vous plaît!
9. — Voilà!
10. — Merci beaucoup!
11. — Je vous en prie!
12. — Au revoir!

8 ■ Fünf Zigarren : Zwei Mark fünfzig

B 1 PRÉSENTATION

eins	[aïns]	*un*	**sechs**	[zèks]	*six*
zwei	[tsvaï]	*deux*	**sieben**	[zi:ben]	*sept*
drei	[draï]	*trois*	**acht**	[ah^{r}t]	*huit*
vier	[fi:r]	*quatre*	**neun**	[noön]	*neuf*
fünf	[fünf]	*cinq*	**zehn**	[tsé:n]	*dix*
zwanzig	[tsvantsiç^h]	*vingt*	**fünfzig**	[fünftsiç^h]	*cinquante*

eine Zigarette [tsigarète] *une cigarette*
zwanzig Zigaretten *vingt cigarettes*
eine Zigarre [tsigare] *un cigare*
fünf Zigarren *cinq cigares*
ein Pfennig [pfèniç^h] *un « centime »*
  (1 mark = 100 pfennigs)
zurück [tsourük] *« en retour »*

■ Mark et Pfennig sont invariables : ils n'ont pas de pluriel :
eine Mark zwei Mark *un mark, deux marks*
ein Pfennig fünfzig Pfennig *un pfennig, cinquante pfennigs*

■ Le pluriel des mots féminins se forme (le plus souvent)
en ajoutant **-n** au **-e** final du singulier :

eine Zigarette → zwei Zigaretten

B 2 APPLICATION

1. — Zwanzig Zigaretten, bitte. « Lord Extra ».
2. — Zwanzig Zigaretten : Drei Mark!
3. — Haben Sie auch Zigarren?
4. — Ja, hier. Eine Zigarre : 50 Pfennig.
5. — Gut, fünf Zigarren, bitte!
6. — Eins, zwei, drei, vier, fünf.
7. Fünf Zigarren : Zwei Mark fünfzig.
8. 20 Zigaretten : Drei Mark.
9. Fünf Mark und fünfzig Pfennig, bitte!
10. — Hier haben Sie zehn Mark.
11. — Und vier Mark fünfzig zurück, danke!
12. — Auf Wiedersehen!

1. Traduire :

a) Eine Briefmarke : fünfzig Pfennig, bitte.
b) Haben Sie eine Postkarte, bitte?
c) Haben Sie auch Zigarren?
d) Eine Postkarte und eine Briefmarke, bitte.
e) Danke schön (sehr). Auf Wiedersehen!

2. Poser une question :

J'ai une voiture ici. → Avez-vous aussi une voiture?
a) Haben Sie auch eine Briefmarke?
b) Haben Sie auch eine Postkarte?
c) Haben Sie auch fünfzig Mark?
d) Haben Sie auch ein Haus in Wien?
e) Haben Sie auch eine Wohnung in Bonn?

3. Apprendre l'article indéfini :

Auto, carte, conférence. → Une auto, une carte, une conférence.
a) Ein Student, eine Frau, ein Herr, eine Studentin.
b) Eine Sekretärin, ein Mechaniker, ein Techniker, ein Architekt.
c) Ein Haus, eine Wohnung, ein Auto, eine Frage, eine Idee.
d) Eine Mark, ein Pfennig, eine Marke, ein Brief.
c) Eine Arbeit, ein Abend, ein Tag.

4. Lire :

a) fünf, sieben, vier, acht, eins.
b) neun, zwei, sechs, drei, zehn.
c) zwanzig, fünfzig, eine Mark fünfzig.
d) zwei Mark zwanzig, fünf Mark fünfzig.

C 4 REMARQUES

● Ne pas confondre l'article indéfini **ein, eine** avec le nombre 1 = **eins** (avec un -s final).

● Attention à la prononciation de **zwei** et de **zwanzig :** [tsvaï, tsvantsi^h].

9 ■ Ich habe kein Telefon

A 1 PRÉSENTATION

kein [kaïn] *aucun* **keine** [kaïne] *aucune*
kein(e)... und auch kein(e)   cf. 9.A.3

■ La forme négative de l'article indéfini **ein**/**eine** est **kein**/
keine → *aucun(e)/pas de...* :

Ich habe kein Haus $\left\{ \begin{array}{l} \text{« Je n'ai pas une maison ».} \\ \text{Je n'ai aucune maison.} \\ \text{Je n'ai pas de maison.} \end{array} \right.$

Cette dernière traduction sera la plus courante.

■ N.B. : A l'absence d'article à la forme affirmative correspond
la négation **kein(e)** à la forme négative :

Ich habe kein Zeit   **Ich habe keine Zeit.**
J'ai le temps   *Je n'ai pas le temps.*

ein Telefon [téléfô:-n]	un téléphone
ein Buch [bou:hʳ]	un livre
ein Telefonbuch	un annuaire téléphonique
eine Garage [gara:je]	un garage

A 2 APPLICATION

1. Ich habe kein Buch.
2. Ich habe keine Karte.
3. Ich habe keine Zigaretten.
4. Ich habe keine Zeit und kein Geld.
5. — Haben Sie eine Zigarette?
6. — Nein, ich habe keine Zigarette.
7. — Haben Sie eine Postkarte und eine Briefmarke?
8. — Nein, ich habe keine Postkarte
9. und auch keine Briefmarke.
10. — Haben Sie ein Telefonbuch?
11. — Nein, ich habe kein Telefon.
12. und auch kein Telefonbuch.
13. — Haben Sie eine Garage?
14. — Ich habe kein Auto und auch keine Garage.

9 ■ Je n'ai pas le téléphone

A 3 REMARQUES

Prononciation

■ — Le deuxième **a**, accentué, de **Garage** est long : [gara:je].
Ne pas omettre de prononcer le **e** final.
— La syllabe finale **-ge** se prononce avec un [j] comme celle
du français « garage » [garaj].

■ **ch** après la voyelle **u** (= [ou:] ou [ou]) se prononce toujours
[hʳ] :

ein Buch → [bou:hʳ]

N.B. : Le **u** de **Buch** est long.

■ Veiller à bien prononcer un [ô:] long et fermé pour **Telefon**
comme pour « Beaune » en français (cf. 2 B 3) et non avec un
[o] ouvert comme en français pour « téléphone ».

Grammaire

■ Deux négations peuvent être coordonnées par **auch** →
« également ». On pourra traduire en français de façon différente :

Ich habe kein Geld und auch keine Arbeit.

litt. : « Je n'ai pas d'argent et également pas de travail »
soit : Je n'ai pas d'argent et pas de travail non plus.
ou bien : Je n'ai pas d'argent et pas davantage de travail.
Je n'ai ni argent ni travail.
Je n'ai pas d'argent ni de travail.

A 4 TRADUCTION

1. Je n'ai pas de livre.
2. Je n'ai pas de carte.
3. Je n'ai pas de cigarettes.
4. Je n'ai pas le temps et pas d'argent.
5. — Avez-vous une cigarette?
6. — Non, je n'ai pas de cigarette.
7. — Avez-vous une carte postale et un timbre?
8. — Non, je n'ai ni carte postale /pas de carte postale
9. ni timbre /et pas davantage de timbre.
10. — Avez-vous un annuaire téléphonique?
11. — Non, je n'ai ni téléphone
12. ni annuaire téléphonique.
13. — Avez-vous un garage?
14. — Je n'ai ni auto ni garage.

9 ■ Ich habe Urlaub, aber leider kein Geld

B 1 PRÉSENTATION

aber	[aːber]	*mais*
vielleicht	[filaïçʰt]	*peut-être*
viel	[fiːl]	*beaucoup de...*
leider	[laïder]	*malheureusement*
morgen	[morgen]	*demain*
teuer	[toöer]	*cher, coûteux*
nur	[nouːr]	*seulement, ne... que...*
wenig	[véːniçʰ]	*(un) peu de...*

■ **viel** s'emploie sans article :

viel Geld $\Big\}$ → *beaucoup* $\Big\{$ *d'argent*
viel Arbeit $\quad$ *de travail*

B 2 APPLICATION

1. — Haben Sie Geld?

2. — Ja, aber leider nur wenig.

3. — Haben Sie heute Zeit?

4. — Nein, heute habe ich keine Zeit,

5.   aber vielleicht morgen.

6. — Haben Sie ein Auto?

7. — Ja, aber leider keine Garage.

8. — Haben Sie ein Haus?

9. — Nein, aber eine Wohnung.

10. — Haben Sie morgen Zeit?

11. — Ja, ich habe jetzt viel Zeit.

12.   Ich habe Urlaub, aber leider kein Geld.

13. — Ja, Urlaub ist schön, aber teuer.

1. **Traduire :**

a) Ich habe keine Zeit und kein Geld.
b) Ich habe kein Auto und auch keine Garage.
c) Leider habe ich keine Zigaretten.
d) Ich habe Urlaub, aber (ich habe) kein Geld.
e) Ja, Urlaub ist schön, aber teuer.

2. **Répondre :**

Avez-vous le temps et de l'argent?
— Je n'ai pas le temps et pas d'argent non plus.

a) Ich habe keine Zigaretten und auch keine Zigarren.
b) Ich habe keine Briefmarke und auch keine Postkarte.
e) Ich habe kein Auto und auch keine Garage.
d) Ich habe kein Telefon und auch kein Telefonbuch.
e) Ich habe kein Problem und auch keine Frage.

3. **Répondre :**

Avez-vous une maison ici? (un appartement)
— Non, ici, je n'ai pas de maison, mais (j'ai) un appartement.

a) Nein, heute habe ich keine Konferenz, aber morgen.
b) Nein, heute habe ich keine Zeit, aber vielleicht morgen.
c) Nein, jetzt habe ich keine Arbeit, aber auch kein Geld.
d) Nein, ich habe keine Garage, aber auch kein Auto.
e) Nein, ich habe keine Frage, aber eine Idee.

4. **Transformer :**

Vous avez de l'argent. → Je n'ai pas d'argent.

a) Ich habe kein Geld. Ich habe keine Zeit.
b) Ich habe kein Haus. Ich habe kein Auto.
c) Ich habe keine Konferenz. Ich habe keine Arbeit.
d) Ich habe keine Zigaretten. Ich habe keine Briefmarken.
e) Ich habe keine Ferien. Ich habe keine Zeit.

C 4 REMARQUES

● A l'absence d'article à la forme affirmative correspond **kein** ou **keine** à la forme négative.

10 ■ Was ist das?

der [dé:r], **das** [das] *le* **die** [di:] *la*
was? [vas] *quoi*
Was ist das? [vas? ist das] *Qu'est-ce (que c'est)*

der Tag	*le jour, la journée*	die Frage	*la question*
der Abend	*le soir, la soirée*	die Antwort	*la réponse*
der Wagen	*la voiture*	das Haus	*la maison*
die Wohnung	*l'appartement*	das Auto	*l'auto*

■ L'article défini singulier :

L'allemand connaît trois genres : le masculin, le neutre et le féminin (cf. 3 A et 5 A). Les lettres des pronoms personnels **er - es - sie** se retrouvent dans les articles définis :

masculin **er** = **der**
neutre **es** = **das**
féminin **sie** = **die**

■ Attention! Le genre des mots allemands correspond rarement au genre du mot français le plus proche :

der Brief *la lettre*
das Haus *la maison* (cf. exercice 10. C 1. 4)
die Wohnung *l'appartement*

A 2 APPLICATION

1. — Was ist das?
2. — Das ist ein Haus.
3. — Ist das Haus schön?
4. — Ja, das Haus ist schön.
5. Das Auto ist teuer.
6. Die Frage ist interessant. Die Antwort auch.
7. — Ist die Wohnung in Bonn?
8. — Nein, die Wohnung ist in Berlin.
9. — Ist der Wagen schön?
10. — Ja, der Wagen ist sehr schön,
11. aber er ist leider auch sehr teuer.
12. Der Tag ist schön, aber der Abend ist kühl.

A 3 REMARQUES

■ **die Antwort** est accentué sur la première syllabe comme la majorité des mots allemands : [**a**-ntvort].

■ La phrase interrogative **Was ist das?** était prononcée par les concierges allemands quand ils ouvraient autrefois la petite ouverture pratiquée dans la grande porte des maisons de maître. Les Français entendaient [vasistas] et ont donné ce nom à cette ouverture : « le vasistas ».

Cette « interprétation » rend compte de différents phénomènes phonétiques :

1) le **w** est bien un [v] : **was** = [vas] (cf. 5 A 3),

2) en français, on n' « entend » pas le « coup de glotte » entre **was** et **ist,**

3) le **d** allemand est prononcé très dur, de sorte qu'un Français « entend » un [t].

Éviter de prononcer une liaison en allemand entre **was** et **ist.** Prononcer un **d** proche de [t].

A 4 TRADUCTION

1. — Qu'est-ce que c'est?

2. — C'est une maison.

3. — Est-ce que la maison est belle?

4. — Oui, la maison est belle.

5. La voiture est chère.

6. La question est intéressante. La réponse aussi.

7. — L'appartement se trouve-t-il à Bonn?

8. — Non, l'appartement est à Berlin.

9. — Est-ce que la voiture est belle?

10. — Oui, la voiture est belle,

11. mais elle est aussi malheureusement très chère.

12. — La journée est belle, mais la soirée est fraîche.

B 1 PRÉSENTATION

die	[di:]	*les* (cf. ci-dessous), *la*
die Ferien	[fé:ryen]	*les vacances*
sie	[zi:]	*elle /ils /elles*
sie ist...	*elle est...*	**sie sind...** *ils /elles sont...*

■ L'article défini pluriel est identique à l'article défini féminin singulier. Seul le verbe permet de savoir s'il s'agit du singulier ou du pluriel :

die Karte ist schön *La carte est belle*
die Ferien sind zu kurz *Les vacances sont trop courtes*

■ Il en est de même pour les pronoms personnels :

sie ist da *Elle est là* **sie sind da** *Ils /elles sont là*

N.B. : Contrairement au français, l'allemand ne distingue pas le masculin et le féminin du pronom personnel au pluriel :

sie → *elle* sie → *ils /elles*

immer	[imer]	*toujours*
lang	[laŋ]	*long*
kurz	[kourts]	*court, bref*

B 2 APPLICATION

1. — Ist der Tag lang? — Ja, er ist lang.
2. — Ist das Telefon teuer? — Ja, es ist teuer.
3. — Ist die Karte schön? — Ja, sie ist schön.
4. — Sind die Zigaretten teuer? — Ja, sie sind teuer.
5. — Ist die Wohnung schön?
6. — Ja, sie ist schön, aber teuer.
7. — Sind die Ferien lang?
8. — Nein, sie sind sehr kurz.
9. — Die Ferien sind schön.
10. — Sie sind aber zu kurz. (Remarquer la position de « aber », après le verbe.)
11. — Leider sind sie immer zu kurz.

10 ■ Les vacances, elles sont toujours trop courtes

B 3 REMARQUES

Prononciation

■ [y] est la semi-voyelle comparable à celle du français dans « lier » [lyé] : **die Ferien** [fé:ryen]

■ Rappel : la lettre **s** se prononce [z] au début du mot :
sie sind [zi: zint]

Grammaire

■ Rappel : l'adjectif attribut est invariable
— en *genre :*
der Wagen /das Auto /die Wohnung ... ist schön
la voiture /l'auto /l'appartement ... est beau/belle
— et en *nombre :*
die Wohnung ist... /die Ferien sind ... schön
l'appartement est... /les vacances sont... beau /belles

■ Attention! **sie sind** et **Sie sind.**
— **sind** est la 3ᵉ personne du pluriel du verbe **sein,** « être ».
— Cette 3ᵉ personne du pluriel est également utilisée pour la forme de politesse (cf. 6 B 1).
Pour distinguer les deux formes, le pronom **Sie,** « vous » , s'écrit avec une MAJUSCULE
sie sind, « ils /elles sont »   **Sie sind,** « vous êtes »

B 4 TRADUCTION

1. Est-ce que la journée est longue (cf. 4 B 1)? — Oui, elle est longue.
2. Le téléphone est-il cher?   — Oui, il est cher.
3. La carte est-elle belle? — Oui, elle est belle.
4. Est-ce que les cigarettes sont chères? — Oui, elles sont chères.
5. Est-ce que l'appartement est beau?
6. Oui, il est beau, mais cher.
7. Est-ce que les vacances sont longues?
8. Non, elles sont très courtes.
9. C'est beau, les vacances (m. à m. : Les vacances sont belles).
10. Mais elles sont trop brèves.
11. Elles sont malheureusement toujours trop brèves.

1. Traduire :

a) La journée est belle, mais la soirée est fraîche.

b) La question est intéressante ; la réponse aussi.

c) Est-ce que les vacances sont longues ? Elles sont très courtes.

d) La voiture est belle, mais elle est aussi très chère.

e) Est-ce que l'appartement est beau ? Il est beau, mais cher.

2. Utiliser le pronom dans la réponse :

Ist der Abend kühl ? — Ja, er ist kühl.

a) Ist die Arbeit interessant?   Sind die Karten schön?

b) Sind die Ferien kurz?   Ist der Tag heiß?

c) Ist die Wohnung warm?   Ist der Urlaub zu kurz?

d) Ist das Auto teuer?   Ist das Haus schön?

e) Sind die Zigaretten teuer?   Ist der Brief lang?

3. Utiliser le pronom dans la réponse :

Ist Peter nervös? — Ja, er ist heute sehr nervös.

a) Ist Frau Schmitt charmant?

b) Ist die Arbeit interessant?

c) Ist die Konferenz lang?

d) Sind Peter und Anna nett?

e) Sind Herr Weiß und Herr Braun nervös?

4. Apprendre le genre :

Abend, Zeit, Geld. → der Abend, die Zeit, das Geld.

a) Herr, Frau, Student, Studentin, Urlaub.

b) Tag. Arbeit, Haus, Buch.

c) Konferenz, Problem, Wohnung, Frage.

d) Post, Karte, Brief, Mark, Marke.

e) Pfennig, Zigarette, Telefon, Ferien.

C 2 VOCABULAIRE

der, das	le (masc. + neutre)	**der Wagen**	la voiture
		das Auto	id°.
die	la, les	**die Frage**	la question
sie ist...	elle est...	**die Antwort**	la réponse
sie sind...	ils/elles sont...	**die Ferien** (pl.)	les vacances
immer	toujours	**lang/kurz**	long/court, bref

11 ■ Quel temps fait-il en Allemagne?

Grammaire

■ L'interrogation (2) :

Wie ist das Wetter?	— **Es ist schön.**
Comment est le temps?	— Il est beau.

L'interrogation qui commence par un mot interrogatif (**was?** « quoi »?, **wie?** « comment »?, etc.) porte sur un élément, une partie de la réponse : cette interrogation est dite partielle. Contrairement à l'interrogation totale (cf. 4 B 1) avec verbe en tête, dans l'interrogation partielle, le verbe est en 2e position, suivi du sujet puis des compléments éventuels :

1	2	3	4
was	**ist**	**das?**	
qu'	est	ce	
wie	**ist**	**das Wetter**	**heute?**
comment	est	le temps	aujourd'hui?

Prononciation

■ Dans les mots composés, la syllabe accentuée du 1er composant porte un accent plus fortement marqué que celle du 2e (ou du 3e s'il y a lieu) composant. C'est ainsi que le mot **deutsch** « allemand » est plus accentué que le mot **Land**, « pays », pour le composé **Deutschland**, « l'Allemagne ». On notera en gras les voyelles accentuées des deux composants et il faudra veiller à marquer plus fortement la première syllabe.

A 4 TRADUCTION

1. — Fait-il chaud en Allemagne?
2. — Pardon?
3. — Le temps est-il beau en Allemagne?
4. — Non.
5. — Quel temps fait-il alors?
6. — Il fait mauvais.
7. Il fait un temps affreux en ce moment.
8. Un temps de chien.
9. Avec (de la) pluie et (du) vent.
10. La pluie est désagréable.
11. Et le vent est froid.
12. — Et quelle est la température?
13. — Plus deux seulement.

11 ■ Wieviel kosten 100 Gramm Käse?

B 1 PRÉSENTATION

Wieviel? [vi:fi:l] Combien?
Wieviel ist... /sind...? Combien est... /sont...?
Wieviel kostet... /kosten...? Combien coûte... /coûtent...

11, elf	[èlf]	30, dreißig	[draïsiç^h]
12, zwölf	[tsvœlf]	40, vierzig	[firtsiç^h]
13, dreizehn	[draïtsé:n]	100, hundert	[houndert]
14, vierzehn	[fi:rtsè:n]	200, zwei hundert	[tsvaïhoundert]

21, einundzwanzig [ain"unt tsvantsiç^h]
32, zweiunddreißig [tsvaï"unt draïsiç^h]

der Kunde,-n	[kounde]	*le client*
die Kundin, -nen	[koundin]	*la cliente*
der Verkäufer,	[fèrkoöfer]	*le vendeur*
das Kilo	[ki:lo]	*le kilo*
der Käse	[kè:ze]	*le fromage*
die Butter	[bouter]	*le beurre*
da Ei, -er	[aï]	*l'œuf*
das Gramm	[gram]	*le gramme*

■ L'infinitif d'un verbe allemand se termine par -*en*
        haben avoir   **kosten** coûter

■ Attention : la 3e personne du pluriel est identique à la forme de l'infinitif :
sie haben *ils /elles ont*   **sie kosten** *ils /elles coûtent*

B 2 APPLICATION

Die Kundin (K) und der Verkäufer (V) :
1. — K : Wieviel kostet das Kilo?
2. — V : Ein Kilo Käse kostet einundzwanzig Mark.
3. — K : Und wieviel kosten die Eier?
4. — V : Ein Ei kostet fünfunddreißig Pfennig.
5.   Zwölf Eier kosten vier Mark zwanzig.
6. — K : Das ist teuer. Wieviel kostet die Butter?
7. — V : Ein Kilo Butter kostet elf Mark.
8. — K : Gut. Hundert Gramm Käse, bitte.
9.   Und zweihundertfünfzig Gramm Butter.
10. — V : 100 Gramm Käse kosten zwei Mark zehn.
11.   Und 250 Gramm Butter : zwei Mark fünfundsiebzig.
12.   2 Mark 10 und 2 Mark 75 ist vier Mark fünfundachtzig, bitte.
13. — K : Hier sind fünf Mark.
14. — V : Und fünfzehn Pfennig zurück, danke!

11 ■ Combien coûtent 100 grammes de fromage?

B 3 REMARQUES

■ La voyelle de **vier** est longue : [fi :r], mais, dans le dérivé **vierzig** 40, elle est brève : [firtsiç^h]

■ **ein Kilo Käse**, un kilo de fromage ; **100 Gramm Butter** → 100 grammes de beurre. **Butter** et **Käse** sont simplement apposés à l'unité de mesure : **Kilo, Gramm**, etc., sans mot de liaison.

■ **Les nombres cardinaux :**

1) on forme les dizaines en ajoutant **-zig** [-tsiç^h] aux nombres simples (cf. 8 B 3). Notons cependant que :

— 30 **dreißig** présente **-ßig** [-siç^h] au lieu de -zig.

— 60 **sechzig** [zèc^{h}tsiç^h] (sans le -s final de **sechs**) : on prononce [zèç^h.] et non [zèk-] comme pour 6 **sechs** [zèks].

— 70 **siebzig** [zi:ptsiç^h] : la finale **-en** de 7 **sieben** disparaît.

2) les noms de nombres composés jusqu'à 99 se forment « à l'envers » pour les francophones (cf. 8 A 3 sur les mots composés) :

24 = « 4 et 20 »	**vierundzwanzig**	⎫
46 = « 6 et 40 »	**sechsundvierzig**	⎬ (en un seul mot!)
55 = « 5 et 50 »	**fünfundfünfzig**	⎭

3) à partir de 100, on donne les centaines puis les dizaines :

220 = « 200 + 20 »	**zweihundertzwanzig**
332 = « 300 + 2 et 30 »	**dreihundertzweiunddreißig**
577 = « 500 + 7 et 70 »	**fünfhundertsiebenundsiebzig** etc.

B 4 TRADUCTION

La cliente (C) et le vendeur (V) :

1. — C : Combien coûte le kilo?
2. — V : Un kilo de fromage coûte 21 marks.
3. — C : Et combien coûtent les œufs?
4. — V : Un œuf coûte 35 pfennigs.
5.   Douze œufs coûtent quatre marks 20.
6. — C : C'est cher. Combien coûte le beurre?
7. — V : Un kilo de beurre coûte onze marks.
8. — C : Bien. Cent grammes de fromage, s'il vous plaît.
9.   Et 250 grammes de beurre.
10. — V : 100 grammes de fromage, ça fait (coûtent) deux marks dix.
11.   Et 250 grammes de beurre : deux marks 75.
12.   Deux marks 10 et deux marks 75 font quatre marks 85, s'il vous plaît.
13. — C : Voici cinq marks.
14. — V : Et je vous rends 15 pfennigs. Merci!

1. Traduire :

a) Deux marks 10 et deux marks 75 font quatre marks 85.
b) Douze œufs coûtent quatre marks vingt.
c) Combien coûtent 250 grammes de beurre, s'il vous plaît?
d) Quel temps fait-il en ce moment en Allemagne?
e) La pluie est désagréable et le vent est froid.

2. Utiliser Wie? dans la question :

a) Die Ferien in Deutschland sind sehr teuer.
b) Die Konferenz in Berlin ist sehr interessant.
c) Herr Schmitt ist jetzt oft sehr nervös.
d) Der Abend ist heute sehr kühl.
e) Das Wetter ist jetzt oft sehr unangenehm.
f) Der Urlaub in Wien ist sehr schön.

3. Utiliser Wieviel? dans la question :

a) 20 Zigaretten kosten in Deutschland drei Mark.
b) 100 Gramm Käse und 250 Gramm Butter kosten fünf Mark.
c) Die Wohnung in Rom kostet sehr viel Geld.
d) Zwölf Eier kosten vier Mark zwanzig.
e) Eine Postkarte und eine Briefmarke kosten eine Mark.
f) Der Urlaub in Deutschland kostet viel Geld.

4. Compter :

a) Wieviel ist fünf und sechs?
b) Wieviel ist elf und zwölf?
c) Wieviel ist dreiundzwanzig und zehn?
d) Wieviel ist dreiunddreißig und fünfzig?
e) Wieviel ist dreiundachtzig und dreißig?
f) Wieviel ist hundertdreizehn und zwölf?

C 2 VOCABULAIRE

die Mark, ø, le mark	**die Garage**, -n le garage
die Briefmarke, -n le timbre	**die Zeit**, -en le temps
die Karte, -n la carte	**die Arbeit**, -en le travail
die Postkarte, -n la carte postale	**die Wohnung**, -en l'appartement
die Zigarette, -n la cigarette	**die Antwort**, -en la réponse
die Zigarre, -n le cigare	**die Temperatur**, -en
die Frage, -n la question	la température
die Idee, -n l'idée	**die Studentin**, -nen l'étudiante
	die Sekretärin, -en la secrétaire

1. Traduire :

   a) Zwei Mark 10 und 2 Mark 75 ist vier Mark fünfundachtzig.
   b) Zwölf Eier kosten vier Mark zwanzig.
   c) Wieviel kosten 250 Gramm Butter, bitte?
   d) Wie ist jetzt das Wetter in Deutschland?
   e) Der Regen ist unangenehm und der Wind ist kalt.

2. Utiliser Wie? dans la question :

   a) Wie sind die Ferien in Deutschland?
   b) Wie ist die Konferenz in Berlin?
   c) Wie ist Herr Schmitt jetzt oft?
   d) Wie ist der Abend heute?
   e) Wie ist das Wetter jetzt oft?
   f) Wie ist der Urlaub in Wien?

3. Utiliser Wieviel? dans la question :

   a) Wieviel kosten 20 Zigaretten in Deutschland?
   b) Wieviel kosten 100 Gramm Käse und 250 Gramm Butter?
   c) Wieviel kostet die Wohnung in Rom?
   d) Wieviel kosten zwölf Eier?
   e) Wieviel kosten eine Postkarte und eine Briefmarke?
   f) Wieviel kostet der Urlaub in Deutschland?

4. Compter :

   a) Fünf und sechs ist elf.
   b) Elf und zwölf ist dreiundzwanzig.
   c) Dreiundzwanzig und zehn ist dreiunddreißig.
   d) Dreiunddreißig und fünfzig ist dreiundachtzig.
   e) Dreiundachtzig und dreißig ist hundertdreizehn.
   f) Hundertdreizehn und zwölf ist hundertfünfundzwanzig.

C 4 REMARQUES

● Les marques du pluriel des féminins sont :
1) **-n** s'ils se terminent par un **-e**,
2) **-en** s'ils se terminent par une consonne,
3) **-nen** s'ils présentent le suffixe **-in**.

N.B. : Dans les dictionnaires, on note habituellement la marque du pluriel par un tiret (qui reprend le mot) plus la terminaison :
ex. : **die Karte, -n** = pluriel : **die Karten.**
Quelques mots n'ont pas de pluriel comme **die Mark** : on note l'absence de pluriel par le signe **ø** (« ensemble vide »).

12 ■ Wo ist sie? Ist sie nicht hier?

wo? [vô:] *où*
nicht [niç^ht] *négation ne... pas*
auch nicht « *également pas* » = *(pas) non plus*

■ L'allemand présente deux négations :
kein(e) qui est la négation de l'article indéfini *ein(e)*,
nicht qui se place devant le mot sur lequel porte la négation :

hier	*ici*	**nicht hier**	*pas ici*
in Berlin	*à Berlin*	**nicht in Berlin**	*pas à Berlin*
klein	*petit*	**nicht klein**	*pas petit*

groß	[grô:s]	*grand*
klein	[klaïn]	*petit*
München	[münç^hen]	*Munich*

A 2 APPLICATION

1. Ist die Konferenz in Berlin?
2. Nein, sie ist nicht in Berlin.
3. Ist die Konferenz in Bonn?
4. Nein, sie ist nicht in Berlin und auch nicht in Bonn.
5. Wo ist die Konferenz?
6. Sie ist in München.
7. Ist Anna da?
8. Nein, sie ist nicht da.
9. Wo ist sie?
10. Sie ist in Bonn.
11. Wo ist das Haus? Wie ist es? Wieviel kostet es?
12. Ist das Haus klein?
13. Nein, es ist nicht klein,
14. aber es ist auch nicht sehr groß.

12 ■ Où est-elle? N'est-elle pas ici?

Grammaire

■ **es** est le pronom neutre et **sie** le pronom féminin (cf. 10.A.1). Veiller à respecter le genre du nom quand on emploie le pronom qui n'est pas nécessairement le même en allemand et en français :
Das Haus ist klein. → **Es ist klein.**
La maison est petite. → Elle est petite.

Prononciation

■ **-ch-** se prononce [ç] après la voyelle [i] et après la consonne **n : nicht** → [niçʰt], **München** → [münçʰen].

■ Le **o** de **groß** est long et fermé : [ô :]. Le prononcer à peu près comme le o de fr. « gros » et non comme le « o » de fr. « gosse ».
Attention : **groß** est un faux ami!
groß signifie « grand » et non « gros »!

A 4 TRADUCTION

1. La conférence a-t-elle lieu à Berlin?

2. Non, elle n'a pas lieu à Berlin.

3. Est-ce que la conférence se tient à Bonn?

4. Non, elle ne se tient ni à Berlin ni à Bonn.

5. Où a lieu la conférence?

6. Elle a lieu à Munich.

7. Est-ce que Anna est là?

8. Non, elle n'est pas là.

9. Où est-elle?

10. Elle est à Bonn.

11. Où est la maison? Comment est-elle? Combien coûte-t-elle?

12. Est-ce que la maison est petite?

13. Non, elle n'est pas petite,

14. mais elle n'est pas très grande non plus.

12 ■ Wann ist die Konferenz?

wann?	[va-n]	*quand?*
aber		*mais = cependant*
sondern	[zo-ndern]	*mais au contraire*

neu	[noö]	*neuf/nouveau*
alt	[alt]	*vieux/ancien*
das Telegramm, -e	[télégram]	*le télégramme*
morgen	[morgen]	*demain*

B 2 APPLICATION

1. Wann ist die Konferenz? Heute?
2. Nein, sie ist nicht heute, sondern morgen.
3. Wie ist das Haus? Alt?
4. Nein, es ist nicht alt, sondern neu.
5. Wieviel kostet der Wagen? Viel?
6. Nein, er kostet nicht viel, sondern wenig.
7. Wo ist Anna? In Bonn?
8. Nein, sie ist nicht in Bonn, sondern in Berlin.
9. Wo ist Herr Müller? In Rom?
10. Nein, er ist nicht in Rom, sondern in Wien.
11. Was ist das? Ein Brief?
12. Nein, das ist kein Brief, sondern ein Telegramm.

12 ■ Quand la conférence a-t-elle lieu?

B 3 REMARQUES

■ Expression du futur.

Si le contexte est suffisamment explicite, si un élément indique que l'action se situe dans le futur (**morgen** « demain » dans le cas présent), l'allemand (comme le français ici) emploie le présent avec valeur de futur :

Die Konferenz ist morgen.
La conférence a (aura) lieu demain.

■ aber et sondern

— L'allemand utilise la conjonction de coordination **sondern** pour opposer un mot (nom, adj., etc.) à un autre, le premier étant nécessairement précédé de la négation **nicht** ou **kein(e)** (cf. 12. A. 1).

Das Haus is nicht alt, sondern neu
La maison n'est pas vieille, mais (toute) neuve

— **Aber** n'introduit pas une opposition, mais une restriction ou une précision (cf. 9. B) :

Das Haus ist (nicht) alt, aber es ist groß
La maison (n')est (pas) vieille, mais elle est grande

La négation précède donc obligatoirement **sondern** alors qu'elle est facultative devant **aber.**

B 4 TRADUCTION

1. Quand la conférence a-t-elle lieu? Aujourd'hui?
2. Non, elle n'a pas lieu aujourd'hui, mais demain.
3. Comment est la maison? Vieille?
4. Non, elle n'est pas vieille, mais neuve.
5. Combien coûte la voiture? Est-elle chère (m. à m.: Beaucoup)?
6. Non, elle n'est pas chère, mais bon marché (m. à m.: Peu = peu d'argent).
7. Où est Anna? A Bonn?
8. Non, elle n'est pas à Bonn, mais à Berlin.
9. Où est M. Müller? A Rome?
10. Non, il n'est pas à Rome, mais à Vienne.
11. Qu'est-ce que c'est? Une lettre?
12. Non, ce n'est pas une lettre, c'est un télégramme.

1. Traduire :

a) La conférence ne se tient ni à Berlin ni à Bonn.
b) Où est la voiture? Comment est-elle? Combien coûte-t-elle?
c) La conférence n'a pas lieu aujourd'hui, mais demain.
d) Monsieur Müller n'est pas à Rome, mais à Vienne.
e) La maison n'est pas vieille, mais neuve.

2. Utiliser Wo? dans la question :

a) In Deutschland ist das Wetter oft schlecht.
b) Die Sekretärin ist jetzt in Ferien.
c) Herr und Frau Schmitt sind heute in Bremen.
d) In Deutschland kosten die Zigaretten viel.
e) Das Haus und die Wohnung sind in Bonn.
f) Peter und Anna sind jetzt in Rom.

3. Utiliser Was? Wo?, Wie?, etc. dans la question :

a) Er ist heute da. (Wann?)   Sie ist in Rom. (Wo?)
b) Sie ist sehr nett. (Wie?)   Er ist Architekt. (Was?)
c) Ich bin Student. (Was?)   Sie sind dort. (Wo?)
d) Sie sind morgen hier. (Wann?)   Ich bin nervös. (Wie?)
e) Es kostet viel. (Wieviel?)   Es ist kalt. (Wie?)
f) Sie sind nett. (Wie?)   Sie ist jetzt da. (Wann?)

4. Utiliser sondern dans la réponse :

a) Wann ist die Konferenz? Heute? (morgen)
b) Wie ist das Wetter? Schön? (schlecht)
c) Was ist das? Ein Telegramm? (ein Brief)
d) Wieviel kostet der Urlaub? Wenig? (viel Geld)
e) Wo sind Sie morgen? In Bonn? (in Kiel)
f) Was sind sie? Studentinnen? (Sekretärinnen)

C 2 VOCABULAIRE

der Tag, -e	le jour, la journée	**der Wagen, -**	la voiture
der Abend, -e	le soir, la soirée	**der Mechaniker, -**	le mécanicien
der Brief, -e	la lettre	**der Techniker, -**	le technicien
der Wind, -e	le vent	**der Herr, -en**	le monsieur
der Urlaub, ∅	le congé	**der Student, -en**	l'étudiant
der Regen, -	la pluie	**der Architekt, -en**	l'architecte

1. Traduire :

   a) Die Konferenz ist nicht in Berlin und auch nicht in Bonn.
   b) Wo ist der Wagen? Wie ist er? Wieviel kostet er?
   c) Die Konferenz ist nicht heute, sondern morgen.
   d) Herr Müller ist nicht in Rom, sondern in Wien.
   e) Das Haus ist nicht alt, sondern neu.

2. Utiliser Wo? dans la question :

   a) Wo ist das Wetter oft schlecht?
   b) Wo ist die Sekretärin jetzt?
   c) Wo sind Herr und Frau Schmitt heute?
   d) Wo kosten die Zigaretten viel?
   e) Wo sind das Haus und die Wohnung?
   f) Wo sind Peter und Anna jetzt?

3. Utiliser Was?, Wo?, Wie?, etc. dans la question :

   a) Wann ist er da?   Wo ist sie?
   b) Wie ist sie?   Was ist er?
   c) Was sind Sie?   Wo sind sie?
   d) Wann sind sie hier?   Wie sind Sie?
   e) Wieviel kostet es?   Wie ist es?
   f) Wie sind sie?   Wann ist sie da?

4. Utiliser sondern dans la réponse :

   a) Die Konferenz ist nicht heute, sondern morgen.
   b) Das Wetter ist nicht schön, sondern schlecht.
   c) Das ist kein Telegramm, sondern ein Brief.
   d) Der Urlaub kostet nicht wenig, sondern viel Geld.
   e) Ich bin morgen nicht in Bonn, sondern in Kiel.
   f) Sie sind nicht Studentinnen, sondern Sekretärinnen.

C 4 REMARQUES

● Les marques du pluriel des masculins sont :
1) -e en règle générale, ex. : **der Tag, die Tage,**
2) -en dans quelques cas **(die Herren, die Studenten),**
3) - pour les masc. en -er et -en (le tiret symbolise la reprise du mot sans terminaison : le sing. et le pl. sont identiques, ex. : **der Wagen — die Wagen),** on dit que la marque est « zéro ».

N.B. : Quelques mots n'ont pas de pluriel comme **der Urlaub :** on note l'absence de pluriel par le signe ø (« ensemble vide »).

13 ■ Wer ist das?

Wer? [ve:r] *Qui?*

■ Il n'y a pas d'article en allemand devant les titres :

Herr Direktor *Monsieur le directeur*

Hallo!	[halo]	*Allô!*
der Apparat, -e	[apara:t]	*l'appareil*
der Direktor, -en	[dirèktor]	*le directeur*
natürlich	[natü:rliç^h]	*naturellement*
gerade	[gera:de]	*justement, précisément*

A 2 APPLICATION

Herr Müller (M) und Herr Schmitt (S) :

1. — M : Hallo! Wer ist da bitte?
2. — S : Hier Schmitt. Wer ist am Apparat?
3. — M : Hier Müller.
4. — S : Guten Tag, Herr Direktor!
5. — M : Sind Sie heute abend in Bonn?
6. — S : Ja, ich bin jetzt in Bonn.
7.   Ich habe hier morgen eine Konferenz.
8.   Wo sind Sie jetzt?
9. — M : Ich bin jetzt gerade in Köln.
10.   Aber heute abend bin ich wieder in Bonn.
11.   : Haben Sie heute abend Zeit?
12. — S : Natürlich, Herr Direktor.
13. — M : Auf Wiedersehen, Herr Schmitt!
14. — S : Auf Wiedersehen!

13 ■ Qui est-ce?

A 3 REMARQUES

■ Bien prononcer **wer** avec un [é:], long et fermé : [vé:r] et non avec un [è] comme en français pour « vert ».

■ Accentuation des mots d'emprunt :
der Apparat est accentué sur la dernière syllabe, comme **die Natur** (« la nature ») : [natou:r] et son dérivé en -**lich** : **natürlich** :

der Apparat [apara:t]

die Natur [natou:r] → **natürlich** [natü:rliçh]

Les mots en -**or** sont en général accentués sur l'avant-dernière syllabe : **der Direktor** = [dirèktor]. La terminaison -**or** se prononce comme français « or ».

■ **L'inflexion :**
En règle générale, les neutres font leur pluriel en ajoutant -**er** au singulier, ex. : **das Ei, die Eier** (*l'œuf, les œufs*).
Si le mot présente au singulier les voyelles **a, o, u** ou la diphtongue **au**, la marque du pluriel -**er** s'accompagne de l'**Umlaut** (tréma), noté donc ⸚**er**, sur la voyelle qui change de timbre :
— **a** devient **ä** [è] : **das Land, die Länder** [lènder]
— **u** devient **ü** [ü] : **das Buch, die Bücher** [bü:çher]
(N.B. : **ch** est prononcé [hr] après **u** mais [çh] après **ü**.)
— **au** devient **äu** [oö] : **das Haus, die Häuser** [hoözer].
Quand la voyelle est ainsi transformée, on dit qu'elle est **infléchie**, qu'elle subit l'**inflexion.**

A 4 TRADUCTION

M. Müller (M) et M. Schmitt (S) :

1. — M : Allô! Qui est-ce, s'il vous plaît?
2. — S : Ici Schmitt. Qui est à l'appareil?
3. — M : Ici Müller.
4. — S : Bonjour, monsieur le directeur!
5. — M : Êtes-vous à Bonn ce soir?
6. — S : Oui, je suis à Bonn en ce moment.
7.   J'ai une conférence ici, demain.
8.   Où êtes-vous en ce moment?
9. — M : Pour le moment (litt. : En ce moment, précisément), je suis à Cologne.
10.   Mais ce soir, je serai (cf. 12 B 3) de retour à Bonn.
11.   Avez-vous le temps ce soir?
12. — S : Naturellement, monsieur le directeur.
13. — M : Au revoir, monsieur Schmitt!
14. — S : Au revoir!

13 ■ Herr Müller hat eine Fabrik

B 1 PRÉSENTATION

er/sie hat	[hat]	*il /elle a*
das Hotel, -s	[hotèl]	*l'hôtel*
die Fabrik, -en	[fabri:k]	*la fabrique, l'usine*
der Fabrikdirektor		*le directeur d'usine*
die Familie, -n	[fami:lye]	*la famille*
die Tochter, ᵜ	[toh ͬter] [tœçͪter]	*la fille*
das Fräulein, -	[froölaïn]	*la demoiselle*
oder	[ô:der]	*ou (ou bien)*

■ **-lein** est un « suffixe » diminutif (c.-à-d. une terminaison que l'on ajoute) et qui entraîne l' « inflexion » (c.-à-d. la modification) de la voyelle radicale (c.-à-d. la voyelle appartenant à la racine du mot - cf. 13 A 3).

Le diminutif ainsi formé est neutre, indépendamment du sexe réel :

> **das Fräulein,** la demoiselle (**die Frau,** la femme)

Dans ce cas particulier, le féminin réapparaît avec le pronom :

> **Fräulein Müller ist nicht da ; sie ist nicht da.**
> Mᶜˡᵉ Müller n'est pas là ; elle n'est pas là.

B 2 APPLICATION

1. — Wer ist das?
2. — Das ist Herr Müller.
3. — Was ist Herr Müller?
4. — Er ist Direktor.
5. — Hoteldirektor oder Fabrikdirektor?
6. — Er ist Fabrikdirektor.
7. — Hat er eine Fabrik?
8. — Natürlich, er hat eine Fabrik in Essen.
9. — Und da, wer ist das? Hat Herr Müller eine Tochter?
10. — Das ist Fräulein Schmitt. Herr Müller hat keine Tochter.
11. — Was ist Fräulein Schmitt?
12. — Sie ist Sekretärin.

13 ■ M. Müller possède une usine

B 3 REMARQUES

Prononciation

■ Le pluriel de **die Tochter** est **die Töchter,** avec un **ö** tréma.
Le **-ch-** après [o] se prononce [hʳ], mais après **ö** = [œ], il
devient [çʰ] (cf. p. 256, 9, 6).

■ Accentuation des mots d'emprunt :

— **das Hotel** (veiller au genre!) et **die Fabrik** sont accentués
sur la dernière syllabe.
— les mots en **-ie** sont quelquefois accentués sur l'avant-
dernière syllabe

die Familie [fami:lye]

Remarque : le **i** de **-lie** est une semi-voyelle, il se prononce
comme le « i » du français « lier » (cf. 10.B.3).

Grammaire

■ Rappel : le verbe **haben,** avoir
Au temps présent vous connaissez maintenant :

Singulier	**ich**	**habe**	j'ai
	er/es/sie	**hat**	il/elle a
Pluriel	**sie**	**haben**	ils/elles ont
	Sie	**haben**	vous avez

B 4 TRADUCTION

1. — Qui est-ce?
2. — C'est M. Müller.
3. — Que fait M. Müller?
4. — Il est directeur.
5. — Directeur d'hôtel ou directeur d'usine?
6. — Il est directeur d'usine.
7. — Est-ce qu'il possède /Possède-t-il une usine?
8. — Naturellement, il possède une usine à Essen.
9. — Et là, qui est-ce? Est-ce que M. Müller a une fille?
10. — C'est Mˡˡᵉ Schmitt. M. Müller n'a pas de fille.
11. — Que fait Mˡˡᵉ Schmitt?
12. - - Elle est secrétaire.

1. Traduire :

a) M. Müller a une conférence ici, demain.
b) Mais ce soir, il sera de retour à Bonn.
c) M. Schmitt possède une usine à Essen.
d) Est-ce que M. Braun a une fille?
e) Bonjour! Ici Weiss! Qui est à l'appareil?

2. Utiliser Wer? dans la question :

a) Frau Müller ist heute abend nicht da.
b) Herr Schmitt hat morgen eine Konferenz in Paris.
c) Fräulein Weiß ist heute sehr charmant.
d) Herr und Frau Braun sind jetzt in Ferien.
e) Sie haben ein Haus und ein Auto.
f) Ich habe kein Auto und keine Garage.

3. Utiliser auch dans la réponse :

a) Er hat immer sehr viel Arbeit. Und Sie?
b) Er hat morgen eine Konferenz in Wien. Und Sie?
c) Er hat ein Auto und keine Garage. Und Sie?
d) Er hat eine Fabrik in Essen. Und Sie?
e) Sie hat jetzt oft Urlaub. Und Sie?
f) Sie hat viel Arbeit und ist sehr nervös? Und Sie?

4. Utiliser Wer?, Wie?, Was?, etc. dans la question :

a) Er ist am Apparat. (Wer?)
b) Es ist heute schön. (Wie?)
c) Sie hat Ferien. (Was?)
d) Es kostet viel. (Wieviel?)
e) Es ist morgen. (Wann?)
f) Sie ist dort. (Wo?)
g) Er hat Urlaub. (Wer?)
h) Es ist kalt. (Wie?)
i) Er ist dort. (Wo?)
j) Sie ist nett. (Wie?)

C 2 VOCABULAIRE

das Ei, -er	l'œuf	**das Telefon, -e**	le téléphone
das Geld, -er	l'argent	**das Telegramm, -e**	le télégramme
das Haus, ⁻er	la maison	**das Problem, -e**	le problème
das Buch, ⁻er	le livre		
das Land, ⁻er	le pays	**das Fräulein, -**	la demoiselle
das Auto, -s	l'auto	**das Wetter, ∅**	le temps (qu'il fait)
der Direktor, -en	le directeur	**das Kilo, ∅**	le kilo
		das Gramm, ∅	le gramme

1. Traduire :

a) Herr Müller hat hier morgen eine Konferenz.
b) Aber heute abend ist er wieder in Bonn.
c) Herr Schmitt hat eine Fabrik in Essen.
d) Hat Herr Braun eine Tochter?
e) Guten Tag! Hier Weiß! Wer ist am Apparat?

2. Utiliser Wer? dans la question :

a) Wer ist heute abend nicht da?
b) Wer hat morgen eine Konferenz in Paris?
c) Wer ist heute sehr charmant?
d) Wer ist jetzt in Ferien?
e) Wer hat ein Haus und ein Auto?
f) Wer hat kein Auto und keine Garage?

3. Utiliser auch dans la réponse :

a) Ich habe auch immer sehr viel Arbeit.
b) Ich habe morgen auch eine Konferenz in Wien.
c) Ich habe auch ein Auto und keine Garage.
d) Ich habe auch eine Fabrik in Essen.
e) Ich habe jetzt auch oft Urlaub.
f) Ich habe auch viel Arbeit und bin auch sehr nervös.

4. Utiliser Wer?, Wie?, Was? etc. dans la question :

a) Wer ist am Apparat?
b) Wie ist es heute?
c) Was hat sie?
d) Wieviel kostet es?
e) Wann ist es?
f) Wo ist sie?
g) Wer hat Urlaub?
h) Wie ist es?
i) Wo ist er?
j) Wie ist sie?

C 4 REMARQUES

● Les marques du pluriel des neutres sont :

1) -**er** (ou ⁻**er**, cf. 13.A.3) en règle générale,
2) -**e**, le plus souvent, pour les mots d'emprunt,
3) -**s** quand le mot se termine par -**o**,
4) - (« zéro ») pour les mots présentant le suffixe -**lein**.
N.B. : 1) Quelques mots n'ont pas de pluriel (noté ∅) comme **Wetter**.
  2) Les mots en -**or** font leur pluriel en -**en** : **Direktor, -en**.

14 ■ Du bist Student und hast viel Zeit

A 1 PRÉSENTATION

du	[dou:]	*tu*
du bist	[bist]	*tu es*
du hast	[hast]	*tu as*
krank	[kraŋk]	*malade*
müde	[mü:de]	*fatigué*
zuviel	[tsoufi:l]	*trop*

■ Conjugaison de **sein** (« être ») et **haben** (« avoir ») :
La 2ᵉ personne du singulier se termine par **-st** :

du bist *tu es*   **du hast** *tu as*

■ On peut compléter le tableau de la conjugaison de ces deux verbes : cf. ci-contre (14.A.3), en ignorant encore quelques formes.

A 2 APPLICATION

Karl (K) und Peter (P) :

1. — P : Was hast du? Bist du krank?

2. — K : Nein, ich bin nicht krank.

3.   Aber ich habe zuviel Arbeit.

4.   Und ich bin sehr müde.

5.   Hast du auch viel Arbeit?

6. — P : Nein, ich habe Ferien.

7. — K : Ja, du hast es gut!

8.   Du bist Student und hast viel Zeit.

9. — P : Ja, ich habe viel Zeit.

10.   Aber ich habe kein Geld.

11.   Du hast Arbeit und keine Zeit,

12.   aber du hast viel Geld.

14 ■ Tu es étudiant et tu as beaucoup de temps

A 3 REMARQUES

■ La voyelle de **müde** est un [ü:] long devant une seule consonne.

■ Le **n** de **krank** est prononcé [ŋ] devant [k].

■ Voici les formes de **haben** et **sein** que nous connaissons déjà :

singulier	pluriel
ich bin	?
er/es ist sie	Sie/sie sind
du bist	?

singulier	pluriel
ich habe	?
er/es hat sie	Sie/sie haben
du hast	?

A 4 TRADUCTION

Charles (C) et Pierre (P) :

1. — P : Qu'est-ce que tu as? Es-tu malade?

2. — C : Non, je ne suis pas malade.

3.   Mais j'ai trop de travail.

4.   Et je suis très fatigué.

5.   As-tu aussi beaucoup de travail?

6. — P : Non, je suis en vacances.

7. — C : Oui, tu es heureux, toi!

8.   Tu es étudiant et tu as beaucoup de temps.

9. — P : Oui, j'ai beaucoup de temps.

10.   Mais je n'ai pas d'argent.

11.   Tu as du travail et tu n'as (cf. 7 A 1) pas le temps,

12.   mais tu as beaucoup d'argent.

14 ■ Das macht nichts

machen	[mah^ren]	*faire* (cf. 14 B 3)
nichts	[niçhts]	*rien*

■ **nicht et nichts** : nous avons vu (cf. 12.A) que **nicht** est la négation *(ne... pas)* devant un adjectif notamment. Il ne faut pas confondre cette négation avec l'adverbe **nichts** (avec un -*s* final) qui signifie *(ne...) rien*

> **Er macht nichts.** → *Il ne fait rien.*

das Examen, -	[èksa:men]	*l'examen*
die Reise, -n	[raïze]	*le voyage*
der Lärm, ∅	[lèrm]	*le bruit*
der Kaffee, ∅	[kafé:]	*le café*
zusammen	[tsouzamen]	*ensemble, en tout*

B 2 APPLICATION

1. Ich mache ein Examen.
2. Du machst nichts.
3. Sie macht Kaffee.
4. Er macht nicht viel.
5. Hans und Karl machen eine Reise.
6. Sie machen viel Lärm.
7. Machen Sie nicht zuviel Lärm!
8. Da ist nichts zu machen.
9. Das macht nichts.
10. Zwei und zwei macht vier.
11. Wieviel macht das zusammen?
12. Das macht zusammen acht Mark.

14 ■ Ça ne fait rien

B 3 REMARQUES

Prononciation

■ La lettre ä se prononce [è] : **der Lärm** = [lèrm].

■ **der Kaffee** est accentué (le plus souvent) sur la 2e syllabe : [kafé:]. N.B. : Une voyelle redoublée (accentuée) note une voyelle longue :

-ee = [é:] (cf. p. 255, 3, N.B. 4.)

■ Les mots **das Examen** et **zusammen** sont accentués sur la 2e syllabe (cf. 14.B.1).

Grammaire

■ **L'impératif :** A la forme de politesse, l'impératif présente le verbe en début de phrase (en 1re position) suivi du sujet **Sie** :

Sie machen... → Vous faites...   **Machen Sie...!** → Faites...!

■ **L'infinitif :** On sait que, en français, quand deux verbes se suivent, le second se met à l'infinitif ; cela signifie que le second verbe est complément du premier.

En allemand, l'infinitif complément est introduit (sauf exceptions que nous verrons plus tard) par la préposition **zu** :

Das ist nicht zu machen. Cela n'est pas à faire.
Da ist nichts zu machen. Il n'y a (là) rien à faire.

B 4 TRADUCTION

1. Je passe un examen.
2. Tu ne fais rien.
3. Elle fait du café.
4. Il ne fait pas grand-chose (m. à m. : beaucoup).
5. Jean et Charles font un voyage.
6. Ils (elles) font beaucoup de bruit.
7. Ne faites pas trop de bruit!
8. Il n'y a rien à faire (m. à m. : Là est rien à faire, cf. 14 B 3).
9. Cela /Ça ne fait rien.
10. Deux et deux font (en allemand : fait) quatre.
11. Combien cela fait-il en tout? = Combien en tout?
12. Cela /Ça fait huit marks en tout.

1. Traduire :
a) J'ai trop de travail et je suis très fatigué.
b) Tu es étudiant et tu as beaucoup de temps.
c) Tu as du travail, mais tu n'as pas le temps.
d) Ils font maintenant trop de bruit.
e) Combien en tout? Cela fait huit marks en tout.

2. Poser deux questions :
a) Ich bin Student und habe viel Zeit.
b) Ich bin Mechaniker und habe ein Auto.
c) Ich habe Probleme und bin krank.
d) Ich habe viel Arbeit und bin sehr müde.
e) Ich habe jetzt Ferien und viel Zeit.

3. Compléter, en utilisant le verbe machen :
a) Ich bin Direktor und .... morgen eine Reise.
b) Du bist nervös und .... zu viel Lärm.
c) Er ist Student und .... jetzt Ferien.
d) Sie ist Sekretärin und .... die Arbeit gut.
e) Sie sind Studenten und ...'...... morgen ein Examen.
f) Sie sind Direktor und .... heute nichts.

4. Utiliser le mot interrogatif indiqué :
a) Ich mache morgen eine Reise. (wann?)
b) Er macht das Examen gut. (wie?)
c) Das macht zusammen acht Mark. (wieviel?)
d) Sie macht in Deutschland Urlaub. (wo?)
e) Sie machen heute nichts. (was?)
f) Die Sekretärin macht Kaffee. (wer?)

C 2 GRAMMAIRE

Conjugaison :

sein - être		haben - avoir	
ich bin	je suis	ich habe	j'ai
du bist	tu es	du hast	tu as
er)	il	er)	il
sie } ist	elle } est	sie } hat	elle } a
es)	il (n.)	es)	il
sie } sind	ils/elles sont	sie } haben	ils/elles ont
Sie }	vous êtes (politesse)	Sie }	vous avez (politesse)

machen - faire	
ich mache	je fais
du machst	tu fais
er)	il
sie } macht	elle } fait
es)	il (n.)
sie } machen	ils/elles font
Sie }	vous faites (politesse)

1. Traduire :
- a) Ich habe zu viel Arbeit und bin sehr müde.
- b) Du bist Student und hast viel Zeit.
- c) Du hast Arbeit, aber (du hast) keine Zeit.
- d) Sie machen jetzt zu viel Lärm.
- e) Wieviel macht das zusammen? Das macht zusammen acht Mark.

2. Poser deux questions :
- a) Bist du auch Student? Hast du auch viel Zeit?
- b) Bist du auch Mechaniker? Hast du auch ein Auto?
- c) Hast du auch Probleme? Bist du auch krank?
- d) Hast du auch viel Arbeit? Bist du auch sehr müde?
- e) Hast du jetzt auch Ferien? Hast du auch viel Zeit?

3. Compléter, en utilisant le verbe machen :
- a) Ich bin Direktor und **mache** morgen eine Reise.
- b) Du bist nervös und **machst** zu viel Lärm.
- c) Er ist Student und **macht** jetzt Ferien.
- d) Sie ist Sekretärin und **macht** die Arbeit gut.
- e) Sie sind Studenten und **machen** morgen ein Examen.
- f) Sie sind Direktor und **machen** heute nichts.

4. Utiliser le mot interrogatif indiqué :
- a) Wann machen Sie eine Reise?
- b) Wie macht er das Examen?
- c) Wieviel macht das zusammen?
- d) Wo macht sie Urlaub?
- e) Was machen sie heute?
- f) Wer macht Kaffee?

C 4 REMARQUES

● Sauf pour le verbe **sein,** dont la conjugaison est irrégulière, un verbe se termine au présent par :

-e à la première personne du singulier,
-st à la deuxième personne du singulier,
-t à la troisième personne du singulier,
-en à la troisième personne du pluriel.

15 ■ Der Fotograf fotografiert

A 1 PRÉSENTATION

■ A la 2e personne du singulier, un verbe présente la terminaison -st :

ich mache — du machst *je fais — tu fais*

reparieren	[répari:ren]	*réparer*
fotografieren	[fotografi:ren]	*photographier*
studieren	[schtoudi:ren]	*étudier*
der Fotograf, -en	[fotogra:f]	*le photographe*
das Foto, -s	[fô:to]	*la photo*
die Mathematik (sing.)	[matemati:k]	*les mathématiques* (plur.)

A 2 APPLICATION

1. Ich bin Mechaniker.
2. Ich repariere Autos.
3. Ich habe viel Arbeit.
4. Bist du Fotograf? Machst du Fotos?
5. Ja, ich bin Fotograf,
6. und ich mache Fotos.
7. Er ist Student.
8. Er studiert in Bonn.
9. Er studiert in Bonn Mathematik.
10. Sie ist Sekretärin.
11. Sie macht Kaffee.
12. Das Telefon ist teuer. Es kostet viel.

A 3 REMARQUES

Prononciation

■ Rappel : La lettre **s-** devant une consonne et au début d'un mot se prononce [s^{ch}] : **studieren** = [s^{ch}toudi:ren].

■ Les verbes en **-ieren** sont accentués sur la voyelle **-ie-** (cf. 15 A 1).

■ Le mot **das Foto** est accentué sur la 1er syllabe : [fô:to].

Grammaire

■ **Ich mache Fotos,**   Je fais des photos.

  Il n'y a pas d'article indéfini pluriel en allemand :

      Das ist ein Foto.   **Das sind Fotos.**
      C'est une photo.   Ce sont des photos.

(Sur l'absence d'article en allemand, cf. 7 A 3).

■ Les mots terminés par **-o** font leur pluriel en **-s:**
      das Büro — die Büros   **das Foto — die Fotos**

■ Conjugaison d'un verbe au singulier :

            machen   **terminaisons**

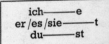

machen	terminaisons
ich mache	ich———e
er /es /sie macht	er /es /sie———t
du machst	du———st

A 4 TRADUCTION

1. Je suis mécanicien.
2. Je répare des voitures.
3. J'ai beaucoup de travail.
4. Es-tu photographe? Fais-tu des photos?
5. Oui, je suis photographe,
6. et je fais des photos.
7. Il est étudiant.
8. Il étudie à Bonn.
9. Il est étudiant en mathématiques à Bonn.
10. Elle est secrétaire.
11. Elle fait du café.
12. Le téléphone est cher. Il/Cela (cf. 5 A 1 et 10 A 1) coûte cher.

B 1 PRÉSENTATION

---

wir [viːr]   *nous*

■ **wir** est le pronom personnel de la 1re personne du pluriel :

wir   *nous*

Les formes verbales des 1re et 3e pers. du pluriel sont identiques et ne se distinguent que par les pronoms :

wir)   ) *nous faisons*
      machen
sie)   ) *ils font*

On peut dresser (cf. 15.B.3, en ignorant encore la 2e pers. du
pluriel) le tableau de la conjugaison d'un verbe au présent.

die Angst,	[aŋst]	*la peur*
der Fuß, die Füße	[fouːs]/[füːse]	*le pied, les pieds*
der Ball, ˮe	[bal]	*la balle*
der Fußball		*le football*
die Musik	[mouziːk]	*la musique*
spielen	[sᶜʰpiːlen]	*jouer*
arbeiten	[arbaïten]	*travailler*
denn	[dèn]	*car, en effet*

B 2 APPLICATION

---

1. Peter ist Student.
2. Und ich bin auch Student.
3. Wir studieren zusammen.
4. Wir studieren Mathematik.
5. Heute machen wir ein Examen.
6. Wir sind sehr nervös,
7. denn wir haben Angst.
8. Aber morgen arbeiten wir nicht.
9. Morgen spielen wir Fußball.
10. Oder vielleicht machen wir auch Musik.

15 ■ Demain, nous jouons au football

B 3 REMARQUES

Prononciation

■ Remarque : — Les lettres **-ng-** ne notent qu'un seul son :
die **Angst** = [aŋst] (cf. 7 B 3).
— **s** devant consonne à l'initiale d'un mot se
prononce [sᶜʰ] : **spielen** = [sᶜʰpiːlen].

■ Le verbe **arbeiten** est accentué sur la 1ʳᵉ syllabe.

■ La voyelle de **der Fuß** est longue : [fuːs], on écrit **Füße** au
pluriel pour noter la voyelle longue (une seule consonne
après voyelle longue).

■ Dans les mots composés, la syllabe accentuée du premier
composant porte un accent plus fort que celle du deuxième
composant (cf. 11 B 3) : accentuer plus fortement '**Fuß-** que
-ball pour **Fußball** = [fouːsbal].

Grammaire

■ Conjugaison du verbe **machen** et terminaisons d'un verbe
au présent :

singulier	pluriel
ich mache	wir machen
er/es sie macht	Sie/sie machen
du machst	?

singulier	pluriel
ich — e	wir — en
er/es — t sie	Sie/sie — en
du — st	?

B 4 TRADUCTION

1. Pierre est étudiant.
2. Et je suis également étudiant.
3. Nous étudions ensemble.
4. Nous étudions les mathématiques.
5. Aujourd'hui, nous passons un examen.
6. Nous sommes très nerveux,
7. car nous avons peur.
8. Mais demain, nous ne travaillons pas.
9. Demain, nous jouons/jouerons (cf. 12 B 3) au football.
10. Ou bien nous ferons peut-être de la musique.

1. Traduire :

a) Le téléphone est cher. Cela (Il) coûte cher.
b) Aujourd'hui, nous passons un examen.
c) Nous sommes étudiants. Nous étudions ensemble.
d) Nous sommes très nerveux, car nous avons peur.
e) Demain, nous jouerons au foot-ball.

2. Utiliser le pronom indiqué dans les deux questions :

a) Er ist Fotograf und macht Fotos. (sie)
b) Ich bin Direktor und arbeite viel. (Sie)
c) Sie ist Studentin und studiert Mathematik. (er)
d) Wir sind in Ferien und spielen Fußball. (du)
e) Er ist Mechaniker und repariert Autos. (Sie)
f) Sie ist Architektin und fotografiert das Haus. (er)

3. Compléter :

a) Ich ...... Student und .... ein Examen.
b) Du ...... in Ferien und .... Fußball.
c) Er ...... Fotograf und .... das Auto.
d) Sie ...... Sekretärin und .... viel
e) Wir ...... Studenten und .... Mathematik.
f) Sie ...... Mechaniker und .... Autos.

4. Utiliser le mot interrogatif indiqué :

a) Ich mache morgen eine Reise. (was?)
b) Er hat ein Haus in Rom. (wo?)
c) Sie arbeitet heute sehr gut. (wie?)
d) Wir arbeiten fünf Tage. (wieviel?)
e) Du spielst morgen Fußball. (wann?)
f) Herr Weiß fotografiert das Auto. (wer?)

C 2 GRAMMAIRE

Conjugaison

reparieren réparer	**spielen** jouer	**arbeiten** travailler
ich repariere	ich spiele	ich arbeite
du reparierst	du spielst	du arbeitest
er	er	er
sie } repariert	sie } spielt	sie } arbeitet
es	es	es
wir	wir	wir
sie } reparieren	sie } spielen	sie } arbeiten
Sie	Sie	Sie
ihr repariert	ihr spielt	ihr arbeitet

1. Traduire :

a) Das Telefon ist teuer. Es kostet viel.
b) Heute machen wir ein Examen.
c) Wir sind Studenten. Wir studieren zusammen.
d) Wir sind sehr nervös, denn wir haben Angst.
e) Morgen spielen wir Fußball.

2. Utiliser le pronom indiqué dans les deux questions :

a) Ist sie auch Fotografin? Macht sie auch Fotos?
b) Sind Sie auch Direktor? Arbeiten Sie auch viel?
c) Ist er auch Student? Studiert er auch Mathematik?
d) Bist du auch in Ferien? Spielst du auch Fußball?
e) Sind Sie auch Mechaniker? Reparieren Sie auch Autos?
f) Ist er auch Architekt? Fotografiert er auch das Haus?

3. Compléter :

a) Ich bin Student und mache ein Examen.
b) Du bist in Ferien und spielst Fußball.
c) Er ist Fotograf und fotografiert das Auto.
d) Sie ist Sekretärin und arbeitet viel.
e) Wir sind Studenten und studieren Mathematik.
f) Sie sind Mechaniker und reparieren Autos.

4. Utiliser le mot interrogatif indiqué :

a) Was machen Sie morgen?
b) Wo hat er ein Haus?
c) Wie arbeitet sie heute?
d) Wieviel Tage arbeiten Sie?
e) Wann spielst du Fußball?
f) Wer fotografiert das Auto?

C 4 REMARQUES

● On ajoute un -e de liaison pour les deuxième et troisième personnes du singulier quand le radical du verbe se termine par -t: arbeit- → du arbeitest, er arbeitet.

● **Was machst du, Peter? Was machst du, Anna?** Que fais-tu?
Was macht ihr (Peter und Anna)? Que faites-vous?

Le pronom de la deuxième personne du pluriel est **ihr:** « vous », (deux personnes que l'on tutoie), la terminaison verbale est **-t** :

du machst   tu fais   **ihr macht**   vous faites

16 ■ Er trinkt gern Kaffee

A 1 PRÉSENTATION

gern [gèrn]   *volontiers*

ich möchte (gern)
       [i$ç^h$ mœç^{h}te]   *je voudrais*
ich trinke gern [i$ç^h$ triηke]   *j'aime (boire)*

Möchten Sie...?   *Désirez-vous / Voulez-vous...?*
Trinken Sie gern...?   *Aimez-vous / Prendrez-vous...?*
                         (cf. les traductions en 16 A 4)

trinken [triηken]   *boire*
fragen [fra:gen]   *interroger, demander*
kommen [komen]   *venir*
der Tee [té:]   *le thé*
das Bier [bi:r]   *la bière*
die Zitrone, -n [tsitrô:ne]   *le citron*
die Tasse, -n [tase]   *la tasse*
das Glas, ¨er
     [gla:s] / [glè:zer]   *le verre*
die Flasche, -n [flas^c^{h}e]   *la bouteille*
der Ober, - [ô:ber]   *le garçon (au café, au restaurant)*

A 2 APPLICATION

Der Ober (0), Frl. Braun (B), Herr Weiß (W) und Herr Schmidt (S) :

1. — S : Herr Ober, bitte!
2.   (Der Ober kommt und fragt :)
3. — O : Was möchten Sie trinken?
4. — B : Ich möchte eine Tasse Kaffee.
5. — O : Möchten Sie auch eine Tasse Kaffee?
6. — W : Nein, danke. Ich trinke nicht gern Kaffee.
7. — O : Möchten Sie vielleicht Tee?
8. — W : Ja, gern. Ein Glas Tee mit Zitrone.
9. — O : Und Sie, was trinken Sie?
10. — S : Ich möchte ein Bier.
11. — O : Ein Glas oder eine Flasche?
12. — S : Ein Glas Bier, bitte.

16 ■ Il aime le café

A 3 REMARQUES

Grammaire

■ On traduira le plus souvent l'adverbe **gern** par le verbe aimer, sans préciser, en général, que l'on boit, mange, etc. :

Ich   trinke   gern   Kaffee

je   bois   volontiers   du café

J'aime le café

■ En français, un mot peut être apposé au déterminé avec (« place de la Gare ») ou sans (« Hôtel-Dieu, Place Poincaré », p. ex.) mot de liaison ; en allemand l'apposition se fait sans mot de liaison :

eine Tasse Kaffee   une tasse de café
ein Glas Bier   un verre de bière

Prononciation

■ Ne pas omettre de prononcer le **-e** final (cf. 8 A 3) alors qu'en français le « -e » final ne se prononce pas :

all. **die Tasse** [tase]   (fr. la tasse [tas])

A 4 TRADUCTION

Le garçon (G), M� Braun (B), M. Weiss (W) et M. Schmidt (S) :

1. — S : Garçon (m. à m. Monsieur le garçon), s'il vous plaît!
2.   (Le garçon vient et demande :)
3. — G : Que prendrez-vous (m. à m. : Que voudriez-vous boire)?
4. — B : Je voudrais un café.
5. — G : Voulez-vous aussi un café?
6. — W : Non, merci. Je n'aime pas le café.
7. — G : Voulez-vous du thé, peut-être?
8. — W : Oui, volontiers. Un thé au citron.
9. — G : Et vous, que prenez-vous (m. à m. : que buvez-vous)?
10. — S : Je voudrais une bière.
11. — G : Un demi (m. à m. : Un verre) ou une bouteille?
12. — S : Un demi, s'il vous plaît!

16 ■ Wir essen lieber Fisch

B 1 PRÉSENTATION

lieber [li:ber]	*plutôt, de préférence*
Ich esse lieber...	*Je préfère...*
Essen Sie lieber...?	*Préférez-vous...?*
essen [èsen]	*manger*
das Essen [èsen] le repas ⟩	**das Mittagessen** = le déjeuner
der Mittag [mita:k] le midi ⟨	*(m. à m. : le repas de midi)*

die Speise, -n [s^{ch}païze]	*le plat (servi à table)*
die Speisekarte	*la carte*
[s^{ch}païzekarte]	*(m. à m. : la carte des plats)*
der Fisch, -e [fis^{ch}]	*le poisson*
das Fleisch, ∅ [flaïs^{ch}]	*la viande*
das Kot(e)lett [kot(e)lèt]	*la côtelette*
das Schnitzel, — [s^{ch}nitsel]	*l'escalope*
das Wiener Schnitzel	*l'escalope « viennoise » = panée*
der Braten, — [bra:ten]	*le rôti*
das Schwein, -e [s^{ch}vaïn]	*le porc*
der Schweinebraten	*le rôti de porc*
einmal, zweimal [-ma:l]	*une fois, deux fois*
also [alsô:]	*donc, par conséquent*

B 2 APPLICATION

Das Mittagessen.
1. — Der Ober (O) fragt Herrn (HS) und Frau (FS) Schmidt :
2. — O : Was möchten Sie essen?
3. — HS : Haben Sie eine Speisekarte?
4. — O : Natürlich. Hier ist sie!
5. — FS : Ich esse sehr gern Fisch. Haben Sie Fisch?
6. — O : Ja, heute haben wir Fisch.
7. — FS : Also gut, einmal Fisch.
8. — O : Essen Sie auch Fisch?
9. — HS : Nein, ich esse lieber Fleisch.
10. — O : Möchten Sie ein Kotlett?
11.   Oder vielleicht ein Wiener Schnitzel?
12. — HS : Nein danke, einmal Schweinebraten, bitte.

B 3 REMARQUES

Grammaire

■ **Ich esse lieber Fleisch** Je préfère de la viande cf. la traduction de **ich trinke gern** (16 A 3).

■ **einmal, zweimal** = une fois, deux fois : on ajoute le suffixe **-mal** [-ma :l] au nombre : « dix fois » se dit **zehnmal**, « douze fois », **zwölfmal**, etc.

Prononciation

■ ["] : Pas de liaison entre le **-g** = [k] final (cf. 6 A 3) de **Mittag** et le **-e-** = [è] de **-essen : das Mittagessen** = [mitak " èsen].

B 4 TRADUCTION

Le déjeuner

1. — Le garçon (G) demande à M. (M.S) et à Mme (Mme) Schmidt :
2. — G : Que voudriez-vous manger?
3. — M.S : Avez-vous une carte?
4. — G : Naturellement. Voici (m. à m. : La voici)!
5. — Mme : J'aime beaucoup (m. à m.: je mange très volontiers) le poisson. Avez-vous du poisson?
6. — G : Oui, nous avons du poisson aujourd'hui.
7. — Mme : Eh bien! un poisson (m. à m. : du poisson, une fois).
8. — G Vous prenez aussi du poisson?
9. — M.S : Non, je préfère de la viande.
10. — G : Voudriez-vous une côtelette?
11. Ou bien une escalope panée, peut-être?
12. — M.S : Non merci. Un rôti de porc, s'il vous plaît.

1. Traduire :

a) Non, merci. Je n'aime pas le café.
b) J'aime beaucoup le poisson. Avez-vous du poisson?
c) Prenez-vous aussi du poisson? — Je préfère de la viande.
d) Le garçon vient et demande à M. Schmitt :
e) Que prendrez-vous? — Je voudrais une tasse de café.

2. Utiliser lieber dans la question :

a) Möchten Sie auch eine Tasse Kaffee? (Glas Tee)
b) Möchten Sie auch ein Glas Bier? (Flasche Bier)
c) Möchten Sie auch ein Wiener Schnitzel? (Kotlett)
d) Möchten Sie auch Fisch essen? (Fleisch)
e) Möchten Sie auch Kotlett? (Schweinebraten)
f) Möchten Sie auch ein Glas Whisky? (Cognac)

3. Utiliser natürlich viel lieber dans la réponse :

a) Essen Sie lieber ein Kotlett oder ein Schnitzel?
b) Trinken Sie lieber Whisky oder Cognac?
c) Kommen sie lieber heute oder morgen?
d) Fragen Sie lieber Frau Müller oder Fräulein Braun?
e) Arbeiten Sie lieber fünf Tage oder nur drei Tage?
f) Spielen Sie lieber Karten oder Fußball?

4. Utiliser le mot interrogatif indiqué :

a) Ich esse heute lieber Fisch. (was?)
b) Er kommt heute abend nicht. (wer?)
c) Wir spielen morgen vielleicht Fußball. (wann?)
d) Sie möchte zwei Tassen Kaffee. (wieviel?)
e) Er arbeitet heute sehr gut. (wie?)
f) Peter und Anna studieren in Berlin Mathematik. (wo?)

C 2 GRAMMAIRE

Retenez l'article et le pluriel :

der Wind -e	die Zitrone -n	das Ei -er
der Fisch -e	die Flasche -n	das Glas ⁻er
der Apparat -e	die Tasse -n	das Land ⁻er
der Fuß ⁻e	die Speise -n	das Schwein -e
der Ball ⁻e	die Speisekarte -n	das Telegramm -e
	die Reise -n	das Foto -s
der Kunde -en	die Familie -n	das Hotel -s
der Direktor -en	die Temperatur -en	das Examen -
der Fotograf -en	die Fabrik -en	das Essen -
der Ober -	die Kundin -nen	das Schnitzel -
der Verkäufer -	die Verkäuferin -	das Fräulein -
der Regen -	-nen	
der Braten -	die Tochter ⁻	

1. Traduire :

   a) Nein, danke! Ich trinke Kaffee nicht gern.
   b) Ich esse sehr gern Fisch. Haben Sie Fisch?
   c) Essen Sie auch Fisch? — Ich esse lieber Fleisch.
   d) Der Ober kommt und fragt Herrn Schmitt :
   e) Was möchten Sie? — Ich möchte eine Tasse Kaffee.

2. Utiliser lieber dans la question :

   a) Oder möchten Sie lieber ein Glas Tee?
   b) Oder möchten Sie lieber eine Flasche Bier?
   c) Oder möchten Sie lieber ein Kotlett?
   d) Oder möchten Sie lieber Fleisch essen?
   e) Oder möchten Sie lieber Schweinebraten?
   f) Oder möchten Sie lieber ein Glas Cognac ?

3. Utiliser natürlich viel lieber dans la réponse :

   a) Ich esse natürlich viel lieber ein Schnitzel.
   b) Ich trinke natürlich viel lieber Cognac.
   c) Ich komme natürlich viel lieber morgen.
   d) Ich frage natürlich viel lieber Fräulein Braun.
   e) Ich arbeite natürlich viel lieber nur drei Tage.
   f) Ich spiele natürlich viel lieber Fußball.

4. Utiliser le mot interrogatif indiqué :

   a) Was essen Sie heute lieber?
   b) Wer kommt heute abend nicht?
   c) Wann spielen wir vielleicht Fußball ?
   d) Wieviel Tassen Kaffee möchte sie?
   e) Wie arbeitet er heute?
   f) Wo studieren Peter und Anna Mathematik?

C 4 REMARQUES

● La traduction de la première phrase de l'exercice n° 3 :
Ich esse natürlich viel lieber ein Schnitzel.
Je préfère naturellement de beaucoup une escalope.

● Apprenez le genre et le pluriel des mots en cachant l'article
et la marque du pluriel. Lire à **haute voix** p. ex. : **der Fuß —
die Füße, der Kunde — die Kunden,** etc.

A 1 PRÉSENTATION

einen [aïnen]   *un* (article indéfini à l'accusatif)

■ Le *nominatif* est le cas du sujet.

■ L'*accusatif* est le cas du complément d'objet.

> **ein** est le nominatif
> **einen** est l'accusatif } de l'article indéfini.

Ex. : **Ein** *Plan kostet 3 Mark.*   *Un plan coûte 3 marks.*
   Ich möchte **einen** *Plan.*   *Je voudrais un plan.*

die Stadt, ⁼e [sᶜʰtat /[sᶜʰtète]	*la ville*
der Plan, ⁼e [pla:n] [plèn:e]	*le plan*
der Stadtplan	*le plan de la ville*
der Moment [mômènt]	*le moment, l'instant*
von [fon]	*de*

A 2 APPLICATION

Der Stadtplan von München — Der Kunde (K) und die Verkäuferin (V) :

1. K : Haben Sie einen Plan?
2. V : Einen Stadtplan?
3. K : Ja, einen Stadtplan, bitte!
4. V : Einen Stadtplan von München?
5. K : Natürlich! Ich bin hier in München.
6.   Ich möchte einen Stadtplan von München!
7. V : Einen Moment, bitte!
8.   Hier ist ein Stadtplan von München.
9. K : Wieviel kostet der Stadtplan?
10. V : Acht Mark fünfundsechzig.
11. K : Das ist teuer! Hier sind zehn Mark.
12. V : Und eine Mark fünfunddreißig zurück, danke!

A 3 REMARQUES

■ L'allemand possède une **déclinaison**, c'est-à-dire qu'un mot ou un article peut prendre une forme particulière selon sa fonction dans la phrase, selon qu'il est sujet ou complément d'objet (cf. p. 260).

■ Seul le masculin distingue le nominatif de l'accusatif en ajoutant **-en** à l'article indéfini; le neutre et le féminin sont identiques aux deux cas. On peut ainsi dresser le tableau suivant :

cas	masc.	neutre	féminin
nominatif	ein		
		ein	eine
acccusatif	einen		

Exemples :

ein Wagen : Haben Sie einen Wagen? Avez-vous une voiture?
ein Haus : Haben Sie ein Haus? Avez-vous une maison?
eine Tochter : Haben Sie eine Tochter? Avez-vous une fille?

(cf. exercices en 17 C 1).

A 4 TRADUCTION

Le plan de la ville de Munich — Le client (C) et la vendeuse (V) :

1. C : Avez-vous un plan?
2. V : Un plan de la ville?
3. C : Oui, un plan de la ville, s'il vous plaît!
4. V : Un plan (de la ville) de Munich?
5. C : Naturellement! Je suis ici à Munich.
6.   Je voudrais un plan de Munich!
7. V : Un instant, s'il vous plaît!
8.   Voici un plan de Munich.
9. C : Combien coûte le plan?
10. V : Huit marks soixante-cinq.
11. C : C'est cher! Voici dix marks.
12. V : Et je vous rends un mark trente-cinq, je vous remercie!

17 ■ Ich habe keinen Hunger

B 1 PRÉSENTATION

keinen [kaïnen] *aucun* (accusatif de l'article indéfini à la forme négative)

■ Nous avons vu (9.A.1) que la négation de **ein** est **kein.** La négation de l'accusatif **einen** est de la même façon **keinen :**

Er trinkt einen Schnaps	**Er trinkt keinen Schnaps.**
Il boit un alcool.	*Il ne boit pas un alcool.*
	Il ne boit pas d'alcool. (cf. 17.B.3).

der Hunger, ∅ [houŋer] *la faim*   der Durst, ∅ [dourst] *la soif*
der Appetit, ∅ [apéti:t]   *l'appétit*
der Schnaps, ⁼e [sᶜʰnaps] *l'eau-de-vie, l'alcool (le schnaps)*
das Steak, -s [sᶜʰté:k]   *le steak*
gar nicht /kein [ga:r]   *absolument pas* (devant une négation).
Ich bin in Form [form]   *Je suis en forme.*

	singulier			
cas	masculin	neutre	féminin	pluriel
nominatif	ein			
		ein	eine	∅
accusatif	einen			

B 2 APPLICATION

Fräulein Braun hat keinen Appetit — Herr Weiß (W) und Frl. Braun (B) :

1. — W : Ist das Steak schlecht?
2. — B : Nein, das Steak ist nicht schlecht.
3. — W : Aber Sie essen es nicht!
4. — B : Ich habe keinen Hunger.
5. — W : Trinken Sie einen Schnaps!
6. — B : Ich habe gar keinen Appetit.
7.   Ich habe keinen Hunger
8.   und auch keinen Durst.
9. — W : Da ist nichts zu machen.
10.   Dann essen Sie heute lieber nichts.
11.   Morgen sind Sie sicher wieder in Form.
12.   und haben auch wieder Hunger.

17 ■ Je n'ai pas faim

B 3 REMARQUES

En allemand, l'article indéfini disparaît au pluriel (cf. tableau 17 B 1 et p. 260, N.B. 3).

■ Ich habe Durst. → Ich habe keinen Durst.
J'ai soif.   → Je n'ai pas soif.

L'article, absent à la forme affirmative (cf. 9 A 1), réapparaît à la forme négative, au singulier comme au pluriel :

cas	singulier			pluriel
	masculin	neutre	féminin	
nominatif	**kein**			
accusatif	**keinen**	**kein**	**keine**	**keine**

B 4 TRADUCTION

Mademoiselle Braun n'a pas d'appétit — M. Weiss (W) et Mlle Braun (B) :

1. — W : Le steak n'est pas bon (m. à m. : mauvais)?
2. — B : Non, le steak n'est pas mauvais.
3. — W : Mais vous ne le mangez pas!
4. — B : Je n'ai pas faim.
5. — W : Prenez (m. à m. : buvez) un alcool (un schnaps)!
6. — B : Je n'ai vraiment pas (m. à m. : absolument aucun) d'appétit.
7.   Je n'ai pas faim (m. à m. : et également pas soif)
8.   et pas davantage soif.
9. — W : Dans ce cas, il n'y a rien à faire.
10.   Il vaut mieux, alors, que vous ne mangiez pas aujourd'hui.
11.   Demain, vous serez certainement de nouveau en forme
12.   et l'appétit reviendra (m. à m. : et vous aurez aussi de nouveau faim).

1. Traduire :

a) Avez-vous un plan de la ville de Munich?
b) Non, je n'ai pas de plan de la ville de Munich.
c) Je voudrais un café et un thé, s'il vous plaît.
d) Voici un café et voici un thé !
e) Je n'ai pas faim et pas davantage soif.

2. Utiliser la négation kein/keine/keinen dans la réponse :

a) Haben Sie vielleicht eine Briefmarke?
b) Haben Sie vielleicht einen Stadtplan?
c) Haben Sie vielleicht ein Auto?
d) Haben Sie vielleicht einen Moment Zeit?
e) Haben Sie vielleicht eine Zigarette?
f) Haben Sie vielleicht etwas Geld?

3. Utiliser la négation kein... dans la réponse :

a) Möchten Sie jetzt ein Glas Bier?   (Durst)
b) Möchten Sie jetzt ein Schnitzel?   (Hunger)
c) Möchten Sie jetzt eine Zigarre?   (Zeit)
d) Möchten Sie jetzt Champagner?   (Geld)
e) Möchten Sie jetzt einen Braten?   (Appetit)
f) Möchten Sie jetzt einen Schnaps?   (Durst)

4. Transformer, en utilisant la négation kein... :

a) Sie haben einen Wagen und eine Garage.
b) Sie haben Hunger und Durst.
c) Sie haben Geld und Zeit.
d) Sie haben Urlaub und Zeit.
c) Sie haben einen Telefonapparat und ein Telefonbuch.
f) Sie haben ein Examen und Angst.

C 2 GRAMMAIRE

Je n'ai pas de... En avez-vous un (e)? Je n'en ai pas non plus.

Ich habe...

keinen Stadtplan.	Haben Sie einen?	Ich habe auch keinen.
keine Briefmarke.	Haben Sie eine?	Ich habe auch keine.
kein Telefonbuch.	Haben Sie eins?	Ich habe auch keins.
keinen Fußball.	Haben Sie einen?	Ich habe auch keinen.
keine Zigarette.	Haben Sie eine?	Ich habe auch keine.
kein Auto.	Haben Sie eins?	Ich habe auch keins.
keinen Brief.	Haben Sie einen?	Ich habe auch keinen.
keine Karte.	Haben Sie eine?	Ich habe auch keine.
kein Telegramm.	Haben Sie eins?	Ich habe auch keins.

1. Traduire :

a) Haben Sie einen Stadtplan von München?
b) Nein, ich habe keinen Stadtplan von München.
c) Ich möchte einen Kaffee und einen Tee, bitte.
d) Hier ist ein Kaffee und hier ist ein Tee!
e) Ich habe keinen Hunger und auch keinen Durst.

2. Utiliser la négation kein/keine/keinen dans la réponse :

a) Nein, ich habe leider auch keine Briefmarke.
b) Nein, ich habe leider auch keinen Stadtplan.
c) Nein, ich habe leider auch kein Auto.
d) Nein, ich habe leider auch keinen Moment Zeit.
e) Nein, ich habe leider auch keine Zigarette.
f) Nein, ich habe leider auch kein Geld.

3. Utiliser la négation kein... dans la réponse :

a) Danke, ich habe jetzt keinen Durst.
b) Danke, ich habe jetzt keinen Hunger.
c) Danke, ich habe jetzt keine Zeit.
d) Danke, ich habe jetzt kein Geld.
e) Danke, ich habe jetzt keinen Appetit.
f) Danke, ich habe jetzt keinen Durst.

4. Transformer en utilisant la négation kein... :

a) Aber ich habe keinen Wagen und auch keine Garage.
b) Aber ich habe keinen Hunger und auch keinen Durst.
c) Aber ich habe kein Geld und auch keine Zeit.
d) Aber ich habe keinen Urlaub und auch keine Zeit.
e) Aber ich habe keinen Telefonapparat und auch kein Telefonbuch.
f) Aber ich habe kein Examen und auch keine Angst.

C 4 REMARQUES

● L'article indéfini et le pronom indéfini sont identiques à l'accusatif, sauf au neutre pour lequel on retrouve le **-s** final de **das**.

Er hat einen Wagen.	**Hast du auch einen?**
Il a une voiture.	En as-tu une aussi?
Er hat eine Karte.	**Hast du auch eine?**
Il a une carte.	En as-tu une aussi?
Er hat ein Auto.	**Hast du auch eins?**
Il a une auto.	En as-tu une aussi?

18 ■ Meine Frau braucht den Wagen oft

A 1 PRÉSENTATION

den [dè:n] *le / la* (accusatif de l'article défini masculin).

■ Comme pour l'article indéfini (cf. 17.A.1), l'article défini masculin présente une forme différente au nominatif et à l'accusatif :

> *Da ist **der** Wagen.*   *Voilà la voiture.*
> *Ich brauche **den** Wagen.*   *J'ai besoin de la voiture.*

■ Le -n final de l'accusatif se retrouve pour les deux articles, défini et indéfini :

der → den	ein → einen
brauchen [braoh^ren]	*avoir besoin de*

brauchen [braoh^ren]   *avoir besoin de*
nehmen [né:men]   *prendre*
mein Wagen   *ma voiture*
meine Frau   *ma femme*
der Schlüssel [s^{ch}lüsel]   *la clé*
die Tür [tü:r]   *la porte*
die Haustür   *la porte de la maison*
der Autoschlüssel   *la clé de voiture*
der Haustürschlüssel   *la clé (de la porte) de la maison*
der Bus, die Busse   *le bus → les bus (autobus / car)*
        [b**ou**s] / [b**ou**se]
das Taxi, -s [taksi]   *le taxi*
langsam [la**ŋ**za : m] *lent*
ohne [**ô** : ne] *sans*

■ **brauchen**, « avoir besoin de », est un verbe « **transitif** » (cf. p. 277) qui gouverne l'accusatif :

> **Ich brauche den Wagen.** J'ai besoin de la voiture.

A 2 APPLICATION

Braucht man einen Wagen? — Herr Weiß (W) und Herr Schmidt (S) :

1. — W : Ist das ein Autoschlüssel?
2. — S : Nein, das ist mein Haustürschlüssel.
3.   Ich habe keinen Wagen.
4.   Haben Sie einen Wagen?
5. — W : Natürlich habe ich einen Wagen!
6.   Ich brauche einen Wagen.
7.   Aber leider habe ich nur einen Wagen.
8.   Und heute hat meine Frau den Wagen.
9.   Sie braucht den Wagen oft.
10. — S : Und was machen Sie ohne Wagen?
11. — W : Ich nehme den Bus oder ein Taxi.
12.   Aber der Bus ist zu langsam und das Taxi zu teuer.

A 3 REMARQUES

■ **Déclinaison de l'article défini.**
Les articles définis neutre et féminin ainsi que celui du pluriel sont identiques au Nominatif et à l'Accusatif :

cas	singulier			pluriel
	masculin	neutre	féminin	
nominatif	der			
		das	die	die
accusatif	den			

■ **L'adjectif possessif : ich → mein**
L'adjectif possessif qui correspond à la 1re personne du singulier **ich** est **mein** (« mon/ma »). L'adjectif possessif se décline comme l'article indéfini **ein** :

Da ist ein Wagen. → **Das ist mein Wagen.**
Voilà une voiture.　　　C'est ma voiture.
Hast du einen Wagen? → **Ich brauche meinen Wagen.**
As-tu une voiture?　　　J'ai besoin de ma voiture.

A 4 TRADUCTION

A-t-on besoin d'une voiture? — M. Weiss (W) et M. Schmidt (S) :
1. — W : C'est une clé de voiture?
2. — S : Non, c'est la clé de chez moi (m. à m. : ma clé de la porte de la maison).
3. — 　　Je n'ai pas de voiture.
4. — 　　Avez-vous une voiture?
5. — W : Bien sûr que (naturellement) j'ai une voiture!
6. — 　　J'ai besoin d'une voiture.
7. — 　　Mais je n'ai malheureusement qu'une voiture.
8. — 　　Et ma femme a (pris) la voiture aujourd'hui.
9. — 　　Elle a souvent besoin de la voiture.
10. — S : Et que faites-vous quand vous n'avez pas de voiture (m. à m. : sans voiture)?
11. — W : Je prends le bus ou un taxi.
12. — 　　Mais le bus, c'est trop lent, et le taxi, trop cher.

18 ■ Peter sieht den Film

B 1 PRÉSENTATION

sehen	[zé:en]	voir	**er sieht**	[zi:t]	il voit
lesen	[lé:zen]	lire	**er liest**	[li:st]	il lit
geben	[gé:ben]	donner	**er gibt**	[gipt]	il donne

■ Les verbes forts.

L'allemand a quelques verbes irréguliers, dits « forts ». Ils présentent aux 2e et 3e personnes du singulier une voyelle différente de celle de l'infiniti, : **e → ie** p. ex. pour **sehen → du siehst → er sieht.**

es gibt (+ Acc.)...	*il y a ...* (cf. 18. B. 3)
hören [hö:ren]	*entendre*
Er hört Musik. [muzi:k]	*Il écoute de la musique.*
Er sieht... fern.	*Il regarde la télévision.*
das Fernsehen [fèrnzé:en]	*la télévision*
der Fernsehapparat [fèrnzé:apara:t]	*le poste de télévision*
das Programm, -e [prôgram]	*le programme*
das Fersehprogramm	*le programme de télévision*
der Film, -e [film]	*le film*
spannend [schpanent]	*captivant, passionnant*
uninteressant [oun"intérèsant]	*dénué d'intérêt*
der Roman, -e [rôma:n]	*le roman*

B 2 APPLICATION

Peter sieht heute abend fern.
1. — Peter hat einen Fernsehapparat.
2. — Es gibt drei Fernsehprogramme.
3. — Leider sind die Programme oft uninteressant.
4. — Peter sieht nicht oft fern.
5. — Er liest lieber einen Roman.
6. — Oder er hört Musik.
7. — Aber heute gibt es einen Film.
8. — Es gibt einen Film von Hitchcock.
9. — Hitchcock-Filme sind immer spannend.
10. — Peter sieht heute abend den Film.

B 3 REMARQUES

∎ La « conjonction de coordination » **oder** ne compte pas comme premier élément dans la phrase, on dit qu'elle est « hors construction » (cf. 7 B 3 pour und) : cf. la phrase 6 de 18 B 2.

∎ Conjugaison du verbe « fort » **sehen** :

singulier	pluriel
ich sehe **er sieht**	**wir** ⎱ **sie** ⎰ **sehen**
du siehst	**ihr seht**

(cf. 18 C, 2, 4)

∎ Le verbe **fernsehen** que nous noterons **fern=sehen** pour dégager les composants (= « voir au loin » = « regarder la télévision ») est un verbe composé, le premier composant **fern** (« loin ») se place à la fin de la phrase :

Peter sieht oft fern   Pierre regarde souvent la télévision.

∎ « Il y a... » se dit en allemand **es gibt...** (« cela donne... ») et est suivi de l'accusatif :

Da gibt es einen Plan   Il y a là un plan / projet.

∎ **un-** est un « préfixe » qui peut se placer devant certains adjectifs pour noter l' « **antonyme** » (le contraire) (il peut correspondre en français à « in- ») :

interessant, intéressant ; **uninteressant,** inintéressant

B 4 TRADUCTION

Pierre regardera (cf. 12 B 3) la télévision ce soir.

1. — Pierre a un poste de télévision.
2. — Il y a trois programmes de télévision.
3. — Les programmes sont malheureusement souvent sans intérêt.
4. — Pierre ne regarde pas souvent la télévision.
5. — Il préfère (cf. 16 B 3) lire un roman.
6. — Ou bien il écoute de la musique.
7. — Mais aujourd'hui il y a un film.
8. — Il y a un film de Hitchcock.
9. — Les films de Hitchcock sont toujours captivants.
10. — Pierre regardera le film ce soir.

1. Traduire :

a) Ma femme a souvent besoin de la voiture.
b) Malheureusement, je n'ai qu'une voiture.
c) En Allemagne, il y a trois programmes de télévision.
d) Nous ne regardons pas très souvent la télévision.
e) Il préfère lire la lettre maintenant.

2. Répondre par l'affirmative : Natürlich...

a) Brauchen Sie den Wagen jetzt oft?
b) Brauchen Sie den Autoschlüssel immer?
c) Brauchen Sie den Stadtplan von München?
d) Brauchen Sie den Haustürschlüssel?
e) Brauchen Sie den Cognac heute abend?
f) Brauchen Sie den Fernsehapparat morgen?

3. Transformer, en utilisant le pronom indiqué :

a) Ich nehme den Bus nicht sehr oft.   (er)
b) Ich lese den Roman heute abend.   (sie)
c) Ich sehe den Film natürlich sehr gern.   (du)
d) Ich esse Fisch nicht sehr gern   (sie)
e) Ich lese den Brief morgen.   (er)
f) Ich sehe leider zu oft fern.   (du)

4. Compléter :

a) Ich brauche ..... Wagen; er .... Wagen auch.
b) Er liest ..... Brief : ich .... Brief auch.
c) Du nimmst .... Schlüssel; wir .... Schlüssel auch.
d) Sie ißt ..... Braten; du .... Braten auch.
e) Wir sehen ..... Film; Sie .... Film auch.
f) Sie geben ..... Plan; er .... Plan auch.

C 2 GRAMMAIRE

Conjugaison

	essen *manger*	sehen *voir*	lesen *lire*	geben *donner*	nehmen *prendre*
ich	esse	sehe	lese	gebe	nehme
du	ißt	siehst	liest	gibst	nimmst
er sie } es	ißt	sieht	liest	gibt	nimmt
wir sie } Sie	essen	sehen	lesen	geben	nehmen
ihr	eßt	seht	lest	gebt	nehmt

1. Traduire :

 a) Meine Frau braucht den Wagen oft.
 b) Leider habe ich nur ein Auto/einen Wagen.
 c) In Deutschland gibt es drei Fernsehprogramme.
 d) Wir sehen nicht sehr oft fern.
 e) Er liest den Brief lieber jetzt.

2. Répondre :

 a) Natürlich brauche ich den Wagen jetzt oft.
 b) Natürlich brauche ich den Autoschlüssel immer.
 c) Natürlich brauche ich den Stadtplan von München.
 d) Natürlich brauche ich den Haustürschlüssel.
 e) Natürlich brauche ich den Cognac heute abend.
 f) Natürlich brauche ich den Fernsehapparat morgen.

3. Transformer en utilisant le pronom indiqué :

 a) Er nimmt den Bus auch nicht sehr oft.
 b) Sie liest den Roman auch heute abend.
 c) Du siehst den Film natürlich auch sehr gern.
 d) Sie ißt Fisch auch nicht sehr gern.
 e) Er liest den Brief auch morgen.
 f) Du siehst leider auch zu oft fern.

4. Compléter :

 a) Ich brauche den Wagen ; er braucht den Wagen auch.
 b) Er liest den Brief ; ich lese den Brief auch.
 c) Du nimmst den Schlüssel ; wir nehmen den Schlüssel auch.
 d) Sie ißt den Braten ; du ißt den Braten auch.
 e) Wir sehen den Film ; Sie sehen den Film auch.
 f) Sie geben den Plan ; er gibt den Plan auch.

C 4 REMARQUES

● La deuxième personne du pluriel se forme en remplaçant la terminaison **-en** de l'infinitif par **-t: sehen → ihr seht.**

● La plupart des verbes dits **forts** (c'est-à-dire irréguliers) présentent aux deuxième et troisième personnes du singulier une voyelle différente de celle de l'infinitif :

geben : du gibst, er gibt (cf. ci-contre).

● **-ss-** devant une consonne s'écrit **-ß-** :
essen : ich esse → du/er ißt → ihr eßt.

(Les deuxième et troisième personnes du singulier sont identiques pour ce verbe.)

19 ■ Ich tippe den Brief sofort

A 1 PRÉSENTATION

tippen	[tipen]	*taper (à la machine)*
korrigieren	[korigi:ren]	*corriger*
kontrollieren	[ko-ntroli:ren]	*contrôler, vérifier*
fotokopieren	[fôtôkopi:ren]	*photocopier*
schreiben	[s^chraïben]	*écrire*
unterschreiben	[ounters^chraïben]	*signer*
der Fehler, —	[fé:ler]	*la faute*
der Name, -n	[na:me]	*le nom*
die Adresse, -n	[adrèse]	*l'adresse*
der Scheck, -s	[s^chèk]	*le chèque*
richtig	[riç^htiç^h]	*correct, exact, juste*
dann	[da-n]	*alors, ensuite*
alles	[ales]	*tout*
sofort	[zôfort]	*tout de suite, aussitôt*
noch einmal	[noh^r"aïnma:l]	*encore une fois*

A 2 APPLICATION

Der Chef (Ch) und die Sekretärin (S) :

1. — Ch : Hier ist ein Fehler, Fräulein Braun!
2. — S : Oh, ich tippe den Brief sofort noch einmal!
3. — Ch : Nein, nein. Korrigieren Sie den Fehler.
4.   Der Name ist nicht richtig.
5.   Kontrollieren Sie bitte noch die Adresse.
6.   Fotokopieren Sie den Brief
7.   und schreiben Sie auch den Scheck.
8.   Ich unterschreibe dann den Brief
9.   und auch den Scheck.
10. — S : Ist das alles, Herr Schmitt?
11. — Ch : Ja, danke! Das ist alles.

19 ■ Je tape la lettre tout de suite

■ Les adverbes **da** et **dort** peuvent être utilisés pour montrer, indiquer du doigt :

>   **Der Brief da.**   *"La lettre là".*
>   *Cette lettre(-là).*

■ **La phrase impérative.**
Le verbe se place en tête de la phrase, suivi du sujet, à la forme de politesse, comme dans une phrase interrogative (cf. 4 B 1). Seule l'intonation permet de distinguer l'interrogation de l'ordre :

>   **Tippen Sie den Brief ?**   *Tapez-vous la lettre ?*
>   **Tippen Sie den Brief!**   *Tapez la lettre !*

Le chef (Ch) et la secrétaire (S) :

1. — Ch : Il y a une faute ici, mademoiselle Braun!
2. — S : Oh! Je retape (m. à m. : Je tape encore une fois) la lettre tout de suite!
3. — Ch : Non, non. Corrigez la faute.
4.   Le nom n'est pas correct.
5.   Vérifiez encore l'adresse, je vous prie.
6.   Faites une photocopie de la lettre
7.   et remplissez (m. à m. : écrivez) également le chèque.
8.   Je signerai (cf. 12 B 3) ensuite la lettre
9.   de même que le chèque.
10. — S : Ce sera tout, monsieur Schmitt?
11. — Ch : Oui, je vous remercie. Ce sera /C'est tout.

19 ■ Natürlich kenne ich ihn

B 1 PRÉSENTATION

er → ihn [i: -n] *il* → le (accusatif du pronom personnel masculin
                            singulier)

er → **ich kenne ihn**	*il*	→ *je le connais*
es → **ich kenne es**	*il*	→ *je le connais*
sie → **ich kenne sie**	*elle*	→ *je la connais*

kennen	[kènen]	*connaître*
heißen	[haïsen]	*s'appeler*
Süddeutschland	[zütdoöts^{ch}lant]	*l'Allemagne du sud*
auf deutsch	[doöts^{ch}]	*en allemand*
auf französisch	[frantsö:zis^{ch}]	*en français*
ein wenig	[aïn vé:niç^h]	*un peu*
der Wald, ¨er	[valt]-[vèlder]	*la forêt*
schwarz	[s^{ch}varts]	*noir*
der Schwarzwald		*la Forêt-Noire*
der See, -n	[zé:]	*le lac*
der Bodensee	[bô:denzé:]	*le lac de Constance*
Konstanz	[kons^{ch}tants]	*(la ville de) Constance*
bei	[baï]	*près de*

B 2 APPLICATION

Herr Schmitt (S) und Herr Durand (D) :

1. — S : Kennen Sie Süddeutschland, Herr Durand?
2. — D : Ich kenne es ein wenig.
3.   Der Schwarzwald ist sehr schön. Kennen Sie ihn?
4. — S : Natürlich kenne ich ihn. Ja, er ist sehr schön.
5.   Kennen Sie auch den Bodensee?
6. — D : Wo ist der Bodensee?
7. — S : In Süddeutschland, bei Konstanz. Kennen Sie
            Konstanz?
8. — D : Die Stadt Konstanz? Ja, ich kenne sie.
9.   Und der See dort ist der Bodensee?
10. — S : Ja, der See bei Konstanz heißt der Bodensee.
11. — D : Ich kenne den Namen, aber nur auf französisch
12.   und nicht auf deutsch.

B 3 REMARQUES

■ Un certain nombre de noms masculins prennent un **-n** à l'accusatif, on dit qu'ils sont **faibles**, ainsi pour **der Name** : **Der Name** ist nicht richtig. Le nom n'est pas juste.
Kennen Sie den Namen? Connaissez-vous le nom ?
■ Le pronom **ihn** est l'accusatif du pronom masculin **er** :
Er ist da. Il est là.
Ich sehe ihn. Je le vois.
Comme pour les articles (cf. 17 B 3 et 18 A 3), l'accusatif et le nominatif du neutre et du féminin comme du pluriel sont identiques :

	masculin	neutre	féminin	pluriel
nominatif	er	es	sie	sie
accusatif	ihn			

der Director :	**Er** ist da	Siehst du **ihn**!
le directeur	*il est là*	*le vois-tu?*
die Sekretärin :	**Sie** ist da	Siehst du **sie**?
la secrétaire	*elle est là*	*la vois-tu?*
das Auto :	**Es** ist da	Siehst du **es**?
la voiture	*elle est là*	*la vois-tu?*
die Autos :	**Sie** sind da	Siehst du **sie**?
les autos	*elles sont là*	*les vois-tu?*

B 4 TRADUCTION

M. Schmitt : S. — M. Durand : D.
1. — S : Connaissez-vous l'Allemagne du sud, monsieur Durand?
2. — D : Je (la) connais un peu.
3. La Forêt-Noire est très belle. Vous (la) connaissez?
4. — S : Bien sûr que je (la) connais. Oui, elle est très belle.
5. Connaissez-vous aussi le Bodensee?
6. — D : Où se trouve le Bodensee?
7. — S : En Allemagne du sud, près de Constance. Connaissez-vous Constance?
8. — D : La ville de Constance? Oui, je la connais.
9. Et le lac (qui est) là s'appelle le Bodensee?
10. — S : Oui, le lac près de Constance s'appelle le Bodensee.
11. — D : Je connais le nom, mais en français seulement
12. et pas en allemand.

1. Traduire :

   a) Corrigez la faute et signez la lettre.
   b) Nous écrivons la lettre tout de suite.
   c) Connaissez-vous l'Allemagne du sud?
   d) Je connais le lac. Il est très beau.
   e) Connaissez-vous le lac de Constance?

2. Utiliser le pronom dans la réponse :

   a) Unterschreiben Sie den Brief jetzt?
   b) Ißt sie den Fisch gern?
   c) Macht er das Foto sofort?
   d) Brauchen Sie den Wagen morgen?
   e) Kennt sie die Stadt sehr gut.
   f) Siehst du den Film heute abend?

3. Utiliser le pronom et lieber morgen dans la réponse :

   a) Schreiben Sie den Brief jetzt?
   b) Reparieren Sie den Apparat heute?
   c) Unterschreiben Sie den Scheck sofort?
   d) Fotokopieren Sie den Plan heute?
   e) Korrigieren Sie den Fehler sofort?
   f) Lesen Sie den Brief jetzt?

4. Compléter :

   a) Ich kenne .... Namen, ... du .... auch?
   b) Er kennt .... Stadt, ... Anna .... auch?
   c) Du kennst .... Programm, ... er .... auch?
   d) Wir kennen .... Plan, ... Sie .... auch?
   e) Sie kennt .... Roman, ... er .... auch?
   f) Ich kenne .... Adresse, ... Sie .... auch?

C 2 GRAMMAIRE

Répondre en remplaçant le nom par le pronom :
    Réparez-vous la voiture? Oui, je la répare.

Reparieren Sie	**den**	Wagen?	Ja, ich repariere	**ihn.**
Schreibst du	**die**	Karte?	Ja, ich schreibe	**sie.**
Macht sie	**das**	Foto?	Ja, sie macht	**es.**
Möchten Sie	**die**	Zigaretten?	Ja, ich möchte	**sie.**
Nehmen wir	**den**	Scheck?	Ja, wir nehmen	**ihn.**
Schreibt er	**die**	Adresse?	Ja, er schreibt	**sie.**
Korrigiert sie	**den**	Fehler?	Ja, sie korrigiert	**ihn.**
Sehen wir	**den**	Film?	Ja, wir sehen	**ihn.**
Liest du	**den**	Roman?	Ja, ich lese	**ihn.**

1. Traduire :

a) Korrigieren Sie den Fehler und unterschreiben Sie den Brief.
b) Wir schreiben den Brief sofort.
c) Kennen Sie Süddeutschland?
d) Ich kenne den See. Er ist sehr schön.
e) Kennen Sie den Bodensee?

2. Utiliser le pronom dans la réponse :

a) Natürlich unterschreibe ich ihn jetzt.
b) Natürlich ißt sie ihn gern.
c) Natürlich macht er es sofort.
d) Natürlich brauche ich ihn morgen.
e) Natürlich kennt sie sie sehr gut.
f) Natürlich sehe ich ihn heute abend.

3. Utiliser le pronom et lieber morgen dans la réponse :

a) Ich schreibe ihn lieber morgen.
b) ich repariere ihn lieber morgen.
c) Ich unterschreibe ihn lieber morgen.
d) Ich fotokopiere ihn lieber morgen.
e) Ich korrigiere ihn lieber morgen.
f) Ich lese ihn lieber morgen.

4. Compléter :

a) Ich kenne den Namen, kennst du ihn auch?
b) Er kennt die Stadt, kennt Anna sie auch?
c) Du kennst das Programm, kennt er es auch?
d) Wir kennen den Plan, kennen Sie ihn auch?
e) Sie kennt den Roman, kennt er ihn auch?
f) Ich kenne die Adresse, kennen Sie sie auch?

C 4 REMARQUES

● Comme pour l'article, seul le pronom masculin présente deux formes différentes au nominatif et à l'accusatif : **er** → **ihn.** Elle sont identiques pour le féminin et le neutre.

N.B. : **der Name** prend un **-n** à l'accusatif (cf. ex. 4, phrase 1).

20 ■ Wir fahren nach Amerika

A 1 PRÉSENTATION

nach	[naːhʳ]	en direction de (cf. 20 A 3) vers, en
von	[fon]	en provenance de ; de
fahren	[faːren]	rouler = aller (en voiture, train, etc.)
fliegen	[fliːgen]	voler = aller (en avion)

Deutschland		l'Allemagne
Frankreich	[fra-ŋkraïçʰ]	la France
Amerika	[améːrika]	l'Amérique
Europa	[oörôːpa]	l'Europe
Afrika	[aːfrika]	l'Afrique

das Schiff, -e	[sᶜʰif]	le bateau
das Flugzeug, -e	[flouktsoök]	l'avion
der Flug, ⸚e	[flouk]	le vol
der Charterflug	[tsᶜʰarterflouːk]	le vol charter
die Reise, -n	[raïze]	le voyage
Frankfurt	[raŋkfourt]	Francfort
dann 2	[da-n]	dans ce cas, alors
Gute Reise		Bon voyage

A 2 APPLICATION

Eine Reise nach Amerika.
1. — Wir fahren nach Amerika!
2. — Fliegen Sie?
3. — Natürlich fliegen wir!
4.   Das Schiff ist zu langsam und zu teuer.
5. — Fliegen Sie nach New York?
6. — Wir fliegen nicht direkt nach New York.
7.   Wir haben einen Charterflug.
8.   Das Flugzeug fliegt von Frankfurt nach Boston.
9.   Von Boston fahren wir dann nach New York.
10. — Dann, gute Reise!

A 3 REMARQUES

■ La préposition **nach** exprime le déplacement vers le lieu où l'on va = « vers », « à », « en » français :

Ich fahre nach Haus.	« Je vais vers la maison » Je rentre à la maison. Je rentre (chez moi).
Sie fahren nach Frankreich.	Ils vont en France.

■ **fahren** est un verbe « fort » (cf. 18 B 3) pour lequel la voyelle **a** [a :] devient **ä** [è :] avec **Umlaut** (tréma) aux 2e et 3e personnes du singulier : on dit que la voyelle est **infléchie,** qu'elle prend **l'inflexion.**

ich fahre	du fährst	er fährt	[fè : r (s)t]

■ **Traduction** : Pour exprimer l'action d'aller, l'allemand utilise trois verbes différents selon que le déplacement se fait 1) à pied (cf. 20 B), 2) en voiture, en train, etc. ou 3) en avion. « Je rentre à la maison » se traduira selon les cas par :

Ich gehe	⎫		⎧	Je rentre (à pied).
Ich fahre	⎬	**nach Haus**	⎨	Je rentre en voiture /en train.
Ich fliege	⎭		⎩	Je rentre en avion.

■ Les noms de pays (sauf quelques exceptions) n'ont pas d'article en allemand :

Deutschland ist da und Frankreich ist hier.
L'Allemagne est là et la France est ici.

A 4 TRADUCTION

Un voyage en Amérique.

1. — Nous allons en Amérique!
2. — En avion?
3. — Naturellement, nous partons en avion!
4. Le bateau est trop lent et trop cher.
5. — Allez-vous à New York?
6. — Nous n'allons pas directement à New York.
7. Nous avons un vol charter.
8. L'avion va de Francfort à Boston.
9. De Boston, nous irons ensuite à New York.
10. — Eh bien (m. à m. : Alors = Dans ce cas)! Bon voyage!

20 ■ Vielleicht gehen wir ins Kino

B 1 PRÉSENTATION

ins = in das
in den } *dans le/la* (direction) (cf. 20.B.3)
in die

gehen [gé:en] *aller (à pied)* (cf. 20.A.3)

treffen	[tréfen]	*rencontrer*
das Café, -s	[kafé:]	*le café (local)*
der Park, -s	[park]	*le parc*
der Garten, ⸚	[garten]	*le jardin*
botanisch	[bota:nis^{ch}]	*botanique*
das Kino, -s	[ki:no]	*le cinéma*
das Restaurant, -s	[rèstôrã]	*le restaurant*
das Rendez-vous	[rãdevou:]	*le rendez-vous (galant)*
der Spaß, die Späße	[s^{ch}pa:s]-[s^{ch}pè:se]	*la plaisanterie, le plaisir*
Viel Spaß!	[s^{ch}pa:s]	*Amuse-toi / Amusez-vous bien*
Karin	[ka:rin]	*Carine (prénom féminin)*
mit	[mit]	*avec*
Hallo!	[halo]	*Allo! Hello!*
zuerst	[tsouèrst]	*(tout) d'abord*

B 2 APPLICATION

Peter hat ein Rendez-vous mit Karin — Peter (P) und Hans (H) :

1. — H : Hallo! Was machst du heute?
2. — P : Heute fahre ich in die Stadt.
3. Zuerst gehe ich ins Café.
4. Da treffe ich Karin.
5. Dann gehen wir in den Park
6. oder in den Botanischen Garten
7. oder vielleicht auch ins Kino.
8. Am Abend gehe ich mit Karin ins Restaurant.
9. — H : Na, dann viel Spaß!
10. — P : Danke schön!

B 3 REMARQUES

■ Le « **directif** » : le déplacement, la direction vers le lieu où l'on va, s'expriment par :

— **nach** devant un complément **sans** article (cf. 20 A) :

Er fährt nach Deutschland	Il va en Allemagne.
Er geht nach Haus	Il rentre chez lui.

— **in**, avec un « **accusatif** » devant un complément **avec** article :

Er geht
{
in den Park.
in die Stadt.
ins Kino.
}
Il va
{
au parc.
en ville.
au cinéma.
}

● N.B. : La préposition **in** suivie de l'article neutre **das** se contracte le plus souvent en **ins** où l'on retrouve la préposition **in** et le **-s** final de l'article **das**. (Notons que cette contraction n'est pas possible pour **in** + **den/die** (cf. les exemples dans les phrases de 20 B 2).

■ **Na!** est une **interjection** fort courante dans la langue familière que l'on traduira, selon les cas, par « Allons! », « Eh bien! », « Alors! », etc.

■ **das Restaurant** et **das Rendez-vous,** empruntés directement au français, se prononcent comme en français avec le **a** « nasal » transcrit [ã].

N.B. : A l'inverse de **charmant** (cf. 3 B 1), le **-t** final de **Restaurant** ne se prononce pas en allemand.

B 4 TRADUCTION

Pierre a un rendez-vous avec Carine — Pierre (P) et Jean (J) :

1. — J : Hello! Que fais-tu aujourd'hui?
2. — P : Aujourd'hui, je vais (en voiture, en bus, etc.) en ville.
3. J'irai (cf. 12 B 3) tout d'abord au café.
4. J'y retrouve (m. à m. : Là je rencontre) Carine.
5. Nous irons ensuite au parc.
6. ou bien nous irons au Jardin botanique,
7. ou peut-être au cinéma également.
8. Dans la soirée, j'irai au restaurant avec Carine.
9. — J : Eh bien! Amuse-toi bien!
10. — P : Merci beaucoup!

1. Traduire :

a) Le bateau est trop lent et trop cher.
b) Nous n'allons pas directement à Francfort.
c) L'avion va de Francfort à New York.
d) Aujourd'hui, je vais en ville.
e) Dans la soirée, j'irai au restaurant avec Carine.

2. Utiliser le verbe indiqué pour compléter :

a) (fliegen)   Das Flugzeug . . . . nach Südamerika.
b) (gehen)   Er . . . . heute abend ins Kino.
c) (fahren)   Sie . . . . oft in die Stadt.
d) (gehen)   Wir . . . . jetzt gern in den Garten.
e) (fahren)   Ich . . . . morgen vielleicht nach Berlin.
f) (fliegen)   . . . . Sie auch nach Amerika?

3. Compléter et répondre :

a) Er fährt . . . . . Bremen.   Und Sie?
b) Wir fliegen . . . . . Amerika.   Und Sie?
c) Du bist oft . . . . . Bonn.   Und Sie?
d) Sie fährt . . . . . Rom.   Und Sie?
e) Wir fliegen . . . . . Berlin.   Und Sie?
f) Sie arbeitet . . . . . Wien.   Und Sie?

4. Compléter et répondre :

a) Wir gehen jetzt . . . . . Café.   Und Sie?
b) Er fährt . . . . Stadt.   Und Sie?
c) Sie geht oft . . . . . Kino.   Und Sie?
d) Du gehst . . . . Garten. Und Sie?
e) Sie fährt . . . . Garage. Und Sie?
f) Sie gehen . . . . . Restaurant.   Und Sie?

C 2 GRAMMAIRE

Quelques exemples pour l'emploi de **nach** et **in** :

Ich	fahre			Amerika.
Du	fährst			Deutschland.
Er, sie	fährt	**nach**		Südamerika.
Wir, Sie	fahren			Süddeutschland.
Ich	bin			Frankreich.
Du	studierst			Südfrankreich.
Er, sie	arbeitet	**in**		Afrika.
Wir, Sie	sind			Europa.

1. Traduire :

a) Das Schiff ist zu langsam und zu teuer.
b) Wir fliegen (fahren) nicht direkt nach Frankfurt.
c) Das Flugzeug fliegt von Frankfurt nach New York.
d) Heute fahre (gehe) ich in die Stadt.
e) Am Abend gehe ich mit Karin ins Restaurant.

2. Utiliser le verbe indiqué pour compléter :

a) Das Flugzeug fliegt nach Südamerika.
b) Er geht heute abend ins Kino.
c) Sie fahren oft in die Stadt.
d) Wir gehen jetzt gern in den Garten.
e) Ich fahre morgen vielleicht nach Berlin.
f) Fliegen Sie auch nach Amerika?

3. Compléter et répondre :

a) Er fährt nach Bremen.   Ich fahre auch nach Bremen.
b) Wir fliegen nach Amerika.   Ich fliege auch nach Amerika
c) Du bist oft in Bonn.   Ich bin auch oft in Bonn.
d) Sie fährt nach Rom.   Ich fahre auch nach Rom.
e) Wir fliegen nach Berlin.   Ich fliege auch nach Berlin.
f) Sie arbeitet in Wien.   Ich arbeite auch in Wien.

4. Compléter et répondre :

a) Wir gehen jetzt ins Café.   Ich gehe jetzt auch ins Café.
b) Er fährt in die Stadt.   Ich fahre auch in die Stadt.
c) Sie geht oft ins Kino.   Ich gehe auch oft ins Kino.
d) Du gehst in den Garten,   Ich gehe auch in den Garten.
e) Sie fährt in die Garage.   Ich fahre auch in die Garage.
f) Sie gehen ins Restaurant.   Ich gehe auch ins Restaurant.

C 4   REMARQUES

L'opposition entre le lieu où l'on est et le lieu où l'on va se note par l'emploi du datif ou de l'accusatif devant un article. En l'absence d'article, cette opposition se note par l'emploi de **in** ou **nach** :

● Lieu où l'on est (« locatif ») :
— article + datif :**Er ist in der Stadt**
— **in** + nom sans article : **Er ist in Bonn**

● Lieu où l'on va (« directif ») :
— article + accusatif :**Er fährt in die Stadt**
— **nach** + nom sans article :**Er fährt nach Bonn**

21 ■ Interessiert dich das?

A 1 PRÉSENTATION

ich → mich	[miçʰ]	*je*	*→ moi, me*
du → dich	[diçʰ]	*tu*	*→ toi, te*
wir → uns	[ouns]	*nous*	*→ nous*
wer → wen	[vé:n]	*qui*	*→ qui (acc.)*

interessieren	[i-ntérèsi:ren]	*intéresser*
sprechen	[sᶜʰpréçʰen]	*parler*
spielen	[sᶜʰpi:len]	*jouer*
gegen + acc.	[gé:gen]	*contre*
Wer spielt gegen wen?		*Qui joue contre qui?*

die Eintrittskarte, -n		*le billet / ticket d'entrée*
das Fußballspiel, -e		*le match de football*
der Fußballclub	[-kloup]	*le Football-Club*
der FC	[èftsé:]	*le F.C.*
sicher	[ziçʰer]	*certain / certainement*
besonders	[bezonders]	*particulièrement*
Köln	[kœln]	*Cologne*
Nürnberg	[nürnbèrk]	*Nuremberg*

■ La préposition *gegen* est toujours suivie de l'accusatif :
on dit qu'elle « gouverne l'accusatif » :

      Er spielt gegen mich.   *Il joue contre moi.*
      Sie spielt gegen ihn.   *Elle joue contre lui.*

A 2 APPLICATION

Peter (P) spricht mit Anna (A) :
1. — P : Ich habe hier zwei Eintrittskarten.
2.   Interessiert dich das?
3. — A : Fußball? Nein, danke! Das interessiert mich nicht besonders.
4. — P : Vielleicht interessiert das Karin?
5. — A : Das interessiert sie sicher nicht.
6.   Wir interessieren uns nicht für Fußball.
7.   Aber das interessiert vielleicht Karl.
8.   Fußball interessiert ihn sehr.
9.   Wer spielt denn morgen?
10. — P : Morgen spielt der Fußballclub Köln.
11. — A : Und gegen wen spielt Köln?
12. — P : Der FC Köln spielt gegen den FC Nürnberg.

21 ■ Est-ce que cela t'intéresse?

A 3 REMARQUES

■ Les pronoms personnels sujets **ich, du, wir** sont des « nominatifs ».

Les pronoms compléments correspondants, appelés « accusatifs » sont **mich, dich, uns**.

Nous connaissons déjà les « nominatifs » et « accusatifs » des pronoms de la 3ᵉ personne du singulier et du pluriel. Nous pouvons donc dresser le tableau suivant :

nominatif	ich	du	er	es	sie	wir	sie /Sie
accusatif	mich	dich	ihn			uns	

La phrase **Peter spielt gegen ...** avec les divers pronoms serait :

| **Peter spielt gegen** | mich
dich
ihn
es
sie /Sie
uns | Pierre joue contre | moi
toi
lui
lui (neutre)
eux, elle
elles, vous
nous |

■ Bien veiller à la prononciation du [çʰ] (cf. 6 A 3), différent de [sᶜʰ] (cf. p. 256) pour les pronoms **mich, dich**.

■ **sprechen** est un verbe fort, la voyelle **e** de l'infinitif devient **i** aux 2ᵉ et 3ᵉ personnes du singulier :

ich spreche → du sprichst → er spricht

A 4 TRADUCTION

Pierre (P) parle avec Anna (A) :
1. — P : J'ai là deux tickets (d'entrée).
2.   Est-ce que cela t'intéresse?
3. — A : Le football? Non, merci! Cela ne m'intéresse pas particulièrement.
4. — P : Ça intéressera peut-être Carine?
5. — A : Ça ne l'intéressera certainement pas.
6.   Nous ne nous intéressons pas au foot.
7.   Mais ça intéresse peut-être Charles.
8.   Il s'intéresse beaucoup au foot (m. à m. : Le football l'intéresse beaucoup).
9.   Qui joue donc demain?
10. — P : Demain, c'est le Football-Club de Cologne qui joue.
11. — A : Et contre qui (joue Cologne)?
12. — P : Le F.C. de Cologne joue contre le F.C. de Nuremberg.

21 ■ Interessieren Sie sich für Politik?

B 1 PRÉSENTATION

sich interessieren für...   *s'intéresser à...*

er/sie interessiert sich...   *il/elle s'intéresse...*
sie interessieren sich...   *ils/elles s'intéressent...*
Sie interessieren sich...   *vous vous intéressez...*

■ **Sie interessieren sich...** : la forme de politesse est la même que la 3ᵉ personne du pluriel, le pronom réfléchi est donc **sich.**

■ **für** + accusatif   *pour, à*
Comme **gegen** (cf. 21 A 1), la préposition **für** gouverne l'accusatif.

das Kind, -er	*l'enfant*		
protestieren	*protester*	interviewen	*interviewer*
der Reporter, -	*le reporter*	die Familie, -n	*la famille*
der Preis, -e	*le prix*	die Politik, ø ¹	*la politique*
die Schule, -n	*l'école*	das Beispiel, -e	*l'exemple*
doch	*si* (cf. 21 B 3)	nichts	*rien*
das Kind, -er	*l'enfant*		

1. *Rappel :* ø = pas de pluriel

B 2 APPLICATION

Ein Reporter (R) interviewt die Familie Schmitt (Herr [HS] und Frau [FS] Schmitt) :
1. R   : Interessieren Sie sich für Politik, Herr Schmitt?
2. HS : Ich interessiere mich für nichts.
Frau Schmitt korrigiert :
3. FS : Doch, du interessierst dich für die Arbeit!
4. HS : Natürlich interessiere ich mich für die Arbeit!
5. FS : Auch für die Kinder, das Haus, für den Wagen.
6. R   : Frau Schmitt, interessieren Sie sich für Politik?
7. FS : Natürlich, für die Preise zum Beispiel.
8.   Ich interessiere mich auch für die Schule.
9.   Und das ist Politik.
10. R : Interessieren sich die Kinder auch für die Schule?
Die Kinder protestieren :
11.   Wir interessieren uns nur für Fußball.

B 3 REMARQUES

■ **die Familie** est accentué sur la 2e syllabe : [fami :lye]
die Politik est accentué sur la dernière syllabe, avec un i long
ou bref : [politi(:)k];
der Reporter se prononce à l'anglaise, avec l'accent sur
la deuxième syllabe : [reporter].
■ **Doch,** « si », est la réponse affirmative à une question négative.
Kommst du? — **Ja, ich komme.** Viens-tu? — Oui, je viens.
Kommst du nicht? — **Doch, ich komme.** Ne viens-tu pas? — Si, je
viens.
■ Aux troisièmes personnes du singulier et du pluriel, il n'y a
qu'un seul pronom « **réfléchi** », **sich :**

> **Der Mann interessiert**
> **Das Kind interessiert** } **sich** nicht für Politik.
> **Die Frau interessiert**
> **Die Kinder interessieren**

→ *(L'homme/L'enfant/La femme/Les enfants ne s'intéresse (nt)
pas à la politique.)*
Aux autres personnes, le pronom personnel, réfléchi ou non,
est le même :
Ich interessiere mich für Politik. Je m'intéresse à la politique.
Die Politik interessiert mich. La politique m'intéresse.

B 4 TRADUCTION

Un reporter (R) interviewe la famille Schmitt (M. et Mme Schmitt)
  1. R : Vous intéressez-vous à la politique, monsieur
          Schmitt?
  2. M. : Je ne m'intéresse à rien!
Mme Schmitt corrige :
  3. Mme : Si, tu t'intéresses au travail!
  4. M. : Bien sûr que je m'intéresse au travail!
  5. Mme : Aux enfants également, à la maison, à la voiture.
  6. R : Madame Schmitt, vous intéressez-vous à la politique?
  7. Mme : Naturellement, aux prix par exemple.
  8.   Je m'intéresse aussi à l'école.
  9.   Et cela, c'est de la politique.
 10. R : Est-ce que les enfants s'intéressent aussi à l'école?
Les enfants protestent :
 11.   Nous ne nous intéressons qu'au football.

1. Übersetzen:

a) Le match de football l'intéressera certainement.
b) Demain, le FC de Cologne jouera contre le FC de Nuremberg.
c) Qui jouera donc contre qui?
d) Nous ne nous intéressons qu'au travail.
e) Est-ce que ça t'intéresse?
f) J'ai deux billets d'entrée pour le concert.

2. Antworten: Der/Das/Die... interessiert mich nicht sehr.

a) Möchten Sie den Film sehen?
b) Möchtest du das Buch lesen?
c) Möchte er den Scheck haben?
d) Möchten Sie Architektur studieren?
e) Möchtest du die Antwort hören?
f) Möchte sie nach Amerika fliegen?

3. Fragen: Interessieren Sie sich auch für...

a) Sie interessieren sich für Literatur. (Musik)
b) Du interessierst dich für Philosophie. (Mathematik)
c) Er interessiert sich für Sport. (Politik)
c) Sie interessieren sich für die Arbeit. (die Familie)
e) Er interessiert sich für Fußball. (das Examen)
f) Die Kinder interessieren sich für Sport. (die Schule)

C 2 VOCABULAIRE

Die Bundesliga	Spiele	g.	u.	v.	Tore	Punkte
FC Köln	10	8	1	1	12:3	17
Hamburger SV	10	6	3	1	15:8	15
Bayern München	10	3	5	2	8:6	11
FC Nürnberg	10	4	2	4	12:13	10

g. = gewonnen u. = unentschieden v. = verloren

Lesen Sie die Tabelle:
Der FC Köln ist nach 10 Spielen auf Platz (der Platz, ⁼e) eins.
Die Mannschaft hat jetzt 17 Punkte:
Sie hat 8 Spiele gewonnen, das macht 16 Punkte (sing.:der Punkt).
Ein Spiel ist unentschieden, das gibt einen Punkt.
Die Kölner Mannschaft hat ein Spiel verloren.
Sie hat 12 Tore (sing.: das Tor) geschossen und drei Tore kassiert.

Lesen Sie bitte weiter:
Der Hamburger SV (Sportverein) ist nach 10 Spielen auf Platz zwei.
Die Mannschaft hat jetzt fünfzehn Punkte.
Sie hat sechs Spiele gewonnen...

1. Traduire :

a) Das Fußballspiel interessiert ihn sicher.
b) Morgen spielt der FC Köln gegen den FC Nürnberg.
c) Wer spielt denn gegen wen?
d) Wir interessieren uns nur für die Arbeit.
e) Interessiert dich das?
f) Ich habe zwei Eintrittskarten für das Konzert.

2. Répondre :

a) Der Film interessiert mich nicht sehr.
b) Das Buch interessiert mich nicht sehr.
c) Der Scheck interessiert ihn nicht sehr.
d) Architektur interessiert mich nicht sehr.
e) Die Antwort interessiert mich nicht sehr.
f) Amerika interessiert sie nicht sehr.

3. Poser une question :

a) Interessieren Sie sich auch für Musik?
b) Interessierst du dich auch für Mathematik?
c) Interessiert er sich auch für Politik?
d) Interessiert sie sich auch für die Familie?
e) Interessiert er sich auch für das Examen?
f) Interessieren die Kinder sich auch für die Schule?

C 4 TRADUCTION

Ligue Fédérale	Matchs	G.	N.	P.	Buts	Points
FC Cologne	10	8	1	1	12:3	17
AS Hambourg	10	6	3	1	15:8	15
Bayern de Munich	10	3	5	2	8:6	11
FC Nuremberg	10	4	2	4	12:13	10

G. = gagné   N. = nul   P. = perdu

Lisez le tableau :

Le FC Cologne est en tête avec 10 matchs.
L'équipe a maintenant 17 points :
Elle a gagné 8 matchs, cela fait 16 points.
Il y a un match nul, cela fait un point.
L'équipe de Cologne a perdu un match.
Elle a marqué 12 buts et encaissé 3 buts.

Continuez à lire le tableau :

L'AS Hambourg est en seconde place après 10 matchs.
L'équipe a maintenant 15 points.
Elle a gagné 6 matchs...

22 ■ Geben Sie mir die Telefonnummer!

A 1 PRÉSENTATION

ich, mir	*je,*	*à moi*
		(cf. ci-contre)
Sie, Ihnen	*vous,*	*à vous*

die Verabredung [fèr ″apré:douŋ]	*le rendez-vous*
mitkommen (mit=kommen)	*accompagner*
anrufen (an=rufen)	*appeler (au téléphone)*
geben	*donner*
In Ordnung!	*« En ordre! » = Tout va bien! D'accord!*
Bis morgen	*A demain!*
also	*donc, par conséquent*

■ Les verbes à « particule séparable ».

mit=kommen est un verbe composé de **kommen,** venir, et de la préposition **mit,** avec, appelée particule séparable car elle se place à la fin de la phrase.

On peut comparer au français **Il est venu avec** en sous-entendant par exemple « affaires, valise, instruments », etc.

Le verbe composé prend cependant en allemand un sens propre : **mitkommen** = « *venir avec quelqu'un* » = « *accompagner* »

    Kommst du mit?   *Tu (nous) accompagnes?*

N.B. : Pour bien faire ressortir la particule séparable, on notera le signe = entre elle et le verbe : **mitkommen → mit=kommen, anrufen → an = rufen.**

A 2 APPLICATION

Eine Verabredung :

1. — Wir gehen morgen ins Kino.
2.   Kommen Sie mit?
3. — Vielleicht. Ich rufe Sie an.
4.   Geben Sie mir die Nummer.
5. — Ich habe kein Telefon.
6.   Haben Sie Telefon?
7. — Ja, einen Moment.
8.   Ich gebe Ihnen die Nummer.
9.   Rufen Sie mich um zehn Uhr an.
10. — In Ordnung, ich rufe Sie an.
11. — Bis morgen also!

A 3 REMARQUES

Le datif.

■ Dans la phrase « Je me lave », « me » est en français le complément d'objet direct (C.O.D.) du pronom personnel.

Dans « Il me donne un livre », le C.O.D. est « un livre », alors que « me » est un complément d'attribution.

■ Le français ne distingue pas le C.O.D. du complément d'attribution à la 1er personne du singulier ni à la 2e personne du pluriel :

Je me lave.   Il me donne…

Je vous vois.   Il vous donne…

alors que l'allemand distingue entre l'accusatif et le complément d'attribution appelé le **datif.**

Er sieht mich. /Er gibt mir.   Il me voit. /Il me donne

Er sieht Sie. /Er gibt Ihnen.   Il vous voit. /Il vous donne.

Le datif est le cas du complément d'attribution.

■ Ne pas confondre : **das Rendez-vous** = le « rendez-vous galant »,

et **die Verabredung** = « le rendez-vous », « d'affaires » par exemple.

A 4 TRADUCTION

Un rendez-vous.

1. — Nous allons demain au cinéma.
2.   Venez-vous avec nous? (Nous accompagnez-vous?)
3. — Peut-être. Je vous appellerai (cf. 12 B 3).
4.   Donnez-moi (le=) votre numéro.
5. — Je n'ai pas le téléphone.
6.   Avez-vous le téléphone?
7. — Oui, un instant.
8.   Je vous donne (le=) mon numéro.
9.   Appelez-moi à dix heures.
10. — Très bien! Je vous appellerai.
11. — A demain donc!

B 1 PRÉSENTATION

il	**er/es**	**ihm**	} datif des pronoms personnels	à *lui*
elle	**sie**	**ihr**		à *elle*

der Briefträger, -   *le facteur*
die Post, ⌀   *le courrier*
das Paket, -e   [paké:t]   *le paquet*
alles   *tout*
bringen   *apporter*
danken   *remercier*
zu Haus   *à la maison (locatif)*

■ « Je me rappelle son arrivée ». — « Je me souviens **de** son arrivée. »

Un verbe qui régit un complément direct, sans intermédiaire comme « se rappeler » en français est dit **transitif;** dans le cas contraire, si le verbe régit un complément indirect, introduit par une préposition, comme « se souvenir **de** », il est dit **intransitif** (cf. article *transitif*, p. 277).

Les verbes allemands qui régissent l'accusatif sont considérés comme transitifs, les verbes, comme **danken,** qui régissent le datif sont dits intransitifs.

Un verbe transitif français peut avoir un verbe correspondant intransitif en allemand, ainsi pour **danken** « remercier » :

> **Ich danke Ihnen.**   *Je vous remercie.*

On dit que **danken** régit ou gouverne le datif.

B 2 APPLICATION

Der Briefträger bringt die Post.

1. — Ist Herr Braun da?
2. — Nein, er ist heute nicht da.
3. — Und Frau Braun?
4. — Sie ist auch nicht zu Haus.
5. — Ich habe hier etwas für Herrn Braun.
6.   Geben Sie ihm bitte das Paket!
7. — Gern, ich gebe ihm das Paket.
8. — Ich habe auch einen Brief für Frau Braun.
9. — Geben Sie mir alles!
10.   Ich gebe ihr dann den Brief.
11.   Und ihm gebe ich das Paket.
12. — Ich danke Ihnen! Auf Wiedersehen!

B 3 REMARQUES

■ Le datif de la 3e personne du singulier.

— Le français n'a qu'un seul complément d'attribution pour la 3e personne du pronom personnel, qu'il soit masculin ou féminin.

— L'allemand, par contre, distingue au datif le masculin du féminin :

$$\text{Ich gebe} \begin{Bmatrix} \text{Peter} \\ \text{Anna} \end{Bmatrix} \text{Geld.} \rightarrow \text{Ich gebe} \begin{Bmatrix} \text{ihm} \\ \text{ihr} \end{Bmatrix} \text{Geld.}$$

(Je donne de l'argent à Pierre/Anna. Je lui (à lui, à elle) donne de l'argent).

■ Déclinaison du pronom personnel aux 3 cas (nominatif, accusatif, datif).

	Singulier					Pluriel			
nom.	**ich**	**du**	**er**	**es**	**sie**	**wir**	**ihr**	**sie /Sie**	
acc.	**mich**	**dich**	**ihn**			**uns**	**euch**		
dat.	**mir**	**dir**	**ihm**	**ihr**				**ihnen /Ihnen**	

● N.B.: **der Herr** prend un -n final à l'accusatif : **den Herrn.**

B 4 TRADUCTION

Le facteur apporte le courrier.

1. — Est-ce que M. Braun est là?
2. — Non, il n'est pas là aujourd'hui.
3. — Et Mme Braun?
4. — Elle n'est pas non plus à la maison.
5. — J'ai ici quelque chose pour M. Braun.
6.   Donnez-lui le paquet, je vous prie.
7. — Volontiers, je lui donnerai le paquet.
8. — J'ai aussi une lettre pour Mme Braun.
9. — Donnez-moi tout!
10.   Je lui (à elle) donnerai la lettre.
11.   Et à lui, je donnerai le paquet.
12. — Je vous remercie! Au revoir!

1. Übersetzen :

a) Donnez-lui le chèque, je vous prie.
b) Le facteur apporte le courrier.
c) Nous allons au café. Venez-vous avec nous?
d) Donnez-moi le numéro, s'il vous plaît.
e) Appelez-moi à 12 heures.
f) J'ai ici quelque chose pour M. Braun.

2. Umformen : Die /Der... gibt mir (dir, uns, ihr, ihm, ...) ...

a) Die Sekretärin hat einen Brief für mich.
b) Der Chef hat einen Scheck für Sie.
c) Der Architekt hat einen Plan für Herrn Braun.
d) Der Briefträger hat ein Paket für uns.
e) Frau Weiß hat ein Buch für Karin.
f) Ich habe eine Zigarette für dich.
g) Wir haben ein Telegramm für Herrn und Frau Schmitt.

3. Umformen: Dann bringt sie ihm /ihr (uns, Ihnen, ...) ...

a) Die Sekretärin macht Kaffee für den Chef.
b) Der Chef unterschreibt einen Scheck für Herrn Braun.
c) Der Architekt macht einen Plan für uns.
d) Peter und Anna haben ein Buch für Karin.
b) Der Mechaniker repariert das Auto für Sie.
f) Der Briefträger hat ein Telegramm für Fräulein Braun.
g) Wir machen ein Foto für dich.

C 2 VOCABULAIRE

Die BRD. — Die Bundesrepublik Deutschland.
Fläche : 250 000 Quadratkilometer.   Einwohner : 60 Millionen.
Einwohner pro km² : 240.   Hauptstadt :Bonn.
Die Bundesrepublik Deutschland hat eine Fläche von
zweihundertfünfzigtausend Quadratkilometern. Sie hat unge-
fähr 60 Millionen Einwohner. Auf einem Quadratkilometer
wohnen also im Durchschnitt ungefähr 240 Leute.
Die Hauptstadt der Bundesrepublik Deutschland ist Bonn.

Machen Sie bitte weiter :

Die D.D.R. — Die Deutsche Demokratische Republik.
Fläche : 110 000 Quadratkilometer. Einwohner : 17 Millionen.
Einwohner pro km² : 150.   Hauptstadt : Berlin (Ost).
Die Schweiz......
Österreich ....
Frankreich........

1. Traduire :

a) Geben Sie ihm bitte den Scheck.
b) Der Briefträger bringt die Post.
c) Wir gehen ins Café. Kommen Sie mit?
d) Geben Sie mir bitte die Nummer.
e) Rufen Sie mich um zwölf Uhr an.
f) Ich habe hier etwas für Herrn Braun.

2. Transformer : Le /La ... me (te, nous, lui, ...) donne...

a) Die Sekretärin gibt mir den Brief.
b) Der Chef gibt Ihnen den Scheck.
c) Der Architekt gibt ihm den Plan.
d) Der Briefträger gibt uns das Paket.
e) Frau Weiß gibt ihr das Buch.
f) Ich gebe dir die Zigarette.
g) Wir geben ihnen das Telegramm.

3. Transformer : Alors il /elle lui (nous, vous, ...) apporte...

a) Dann bringt sie ihm den Kaffee.
b) Dann bringt er ihm den Scheck.
c) Dann bringt er uns den Plan.
d) Dann bringen sie ihr das Buch.
e) Dann bringt er Ihnen das Auto.
f) Dann bringt er ihr das Telegramm.
g) Dann bringen wir dir das Foto.

C 4 TRADUCTION

La R.F.A. — La République Fédérale d'Allemagne.
Superficie : 250 000 km². (Nombre d')Habitants : 60 millions.
(Nombre d')Habitants au km² : 240. Capitale : Bonn.
La République Fédérale d'Allemagne a une superficie de 250 000 km².
Elle (a=) compte environ 60 millions d'habitants.
Il y a donc (environ =) quelque 240 habitants au km².
(Littéralement : Au km² habitent environ...)
La capitale de la République Fédérale d'Allemagne est Bonn.

Continuez!

La R.D.A. — La République Démocratique Allemande.
Superficie : 110 000 km². (Nombre d')Habitants : 17 millions.
(Nombre d')Habitants au km² : 150. Capitale : Berlin (Est).
La Suisse...
L'Autriche ...
La France ...

23 ■ Wie alt sind Ihre Kinder?

A 1 PRÉSENTATION

Ihr(e)	*votre*
mein(e)	*mon/ma*
unser(e)	*notre*

das Kind, -er	*l'enfant*
das Jahr, -e	*l'année/l'an*
Tirol [tiro:l]	*le Tirol*
der Garten,⸚	*le jardin*
Wie alt ist...?	*Quel âge a ...?*
Wie alt sind...?	*Quel âge ont ...?*
Er geht zur Schule.	*Il va à l'école.*
Er geht in die vierte Klasse.	« *Il va dans la quatrième classe* ».
	= **Die 4. Klasse** correspond en France à la dernière classe du primaire.

■ **der Herr** prend un **-n** final au datif comme à l'accusatif :

$$\left.\begin{array}{l}\text{ich sehe}\\ \text{ich danke}\\ \text{ich spreche mit}\end{array}\right\} \text{Herrn Braun.}$$

$$\left.\begin{array}{l}\textit{Je vois}\\ \textit{Je remercie}\\ \textit{Je parle avec}\end{array}\right\} \textit{Monsieur Braun.}$$

A 2 APPLICATION

Herr Schmitt (S) spricht mit Herrn Müller (M) :

1. S : Was machen Sie, Herr Müller?
2. M : Ich arbeite Tag und Nacht.
3.   Ich arbeite zu viel.
4. S : Und was machen Ihre Frau und Ihre Kinder?
5. M : Meine Frau macht Ferien.
6.   unsere Kinder machen auch Ferien.
7.   Sie sind alle zusammen in Tirol.
8. S : Wie alt sind Ihre Kinder jetzt?
9.   Gehen sie schon zur Schule?
10. M : Unser Sohn ist zehn Jahre alt.
11.   Er geht jetzt in die vierte Klasse.
12.   Unsere Tochter ist vier.
13.   Sie geht nocht nicht zur Schule.
14.   Sie geht aber in den Kindergarten.

A 3 REMARQUES

■ Les adjectifs possessifs correspondant aux pronoms personnels suivants sont : **ich → mein** (je /mon), **wir → unser** (nous /notre), **sie-Sie→ihr-Ihr** (ils-elles-vous /son-sa-leur/votre).
— L'adj. possessif s'accorde en genre et en nombre (et se décline) comme l'article indéfini **ein** :

ein Sohn $\left\{\begin{array}{l}\textbf{mein Sohn} \\ \textbf{unser Sohn} \\ \textbf{ihr Sohn}\end{array}\right.$ eine Tochter $\left\{\begin{array}{l}\textbf{meine Tochter} \\ \textbf{unsere Tochter} \\ \textbf{ihre Tochter}\end{array}\right.$
un fils   une fille

— La marque du pluriel est identique à celle du féminin :
   meine Tochter ma fille   **meine Kinder** mes enfants

■ On forme les nombres ordinaux en ajoutant au nombre la terminaison **-te** (ou un point après le[s] chiffre[s]) :
   der 2., der zweite : le 2e   **der 4., der vierte** : le 4e
Cependant on a :
   der 1., der erste : le 1er   **der 3., der dritte** : le 3e
          sieben, der 7., der siebte : le 7e

N.B. : **sechs** se prononce [zèks].

■ L'âge :
Wie alt ist er? mot à mot : « Comment vieux est-il? » = Quel âge a-t-il?
Er ist... Jahre alt. m. à m. « Il est vieux de ... ans. » = Il a ... ans.
N.B. : On peut dire plus simplement : **Er ist 20** pour **Er ist 20 Jahre alt.** = Il a 20 ans.

A 4 TRADUCTION

M. Schmitt (S) parle avec M. Müller (M) :
1. S : Que faites-vous, Monsieur Müller?
2. M : Je travaille nuit et jour.
3.   Je travaille trop.
4. S : Et que font votre femme et vos enfants?
5. M : Ma femme est en (m. à m. : fait des) vacances,
6.   nos enfants sont aussi en vacances.
7.   Ils sont tous ensemble au Tirol.
8. S : Quel âge ont vos enfants maintenant?
9.   Est-ce qu'ils vont déjà à l'école?
10. M : Notre fils a dix ans.
11.   Il est maintenant en quatrième
12.   Notre fille a quatre ans.
13.   Elle ne va pas encore à l'école.
14.   Mais elle va au jardin d'enfant.

B 1 PRÉSENTATION

dein(e)	*ton /ta*
sein(e)	*son /sa (à lui)* (cf. ci-contre)
ihr(e)	*son /sa (à elle)*

der Vater,⁺	*le père*
der Großvater,⁺	*le grand-père*
die Mutter,⁺	*la mère*
die Großmutter,⁺	*la grand-mère*

wohnen	*habiter*
leben	*vivre*
können	*pouvoir*

pronom personnel	adjectif possessif	pronom personnel	adjectif possessif
singulier		**pluriel**	
ich	mein	wir	unser
er ⎱ es ⎰	sein	sie	ihr
sie	ihr	Sie	Ihr
du	dein	ihr	euer

Les adjectifs possessifs correspondant aux pronoms personnels.

B 2 APPLICATION

Herr und Frau Müller können heute nicht kommen.

1. — Kommen deine Freunde heute?
2. — Nein, sie können heute nicht kommen.
3.   Sie sind in Köln.
4.   Der Großvater ist krank.
5. — Ihr Großvater?
6. — Nein, sein Großvater.
7.   Er wohnt in Köln.
8.   Ihr Großvater wohnt in Hamburg.
9. — Ich kenne seinen Großvater nicht.
10.   Und ihren Großvater kenne ich auch nicht.
11.   Leben die Großmütter noch?
12. — Ja, seine Großmutter ist 75 Jahre alt,
13.   und ihre ist jetzt 68.

23 ■ Sa grand-mère (à lui) a 75 ans et la sienne (à elle) a 68 ans

B 3 REMARQUES

■ **L'adjectif possessif de la 3ᵉ personne du singulier.**
Comme pour le complément d'attribution du pronom personnel, le français ne distingue pas le genre du possesseur pour
l'adj. possessif :

> *Le fils de M. Martin.* } **Son fils**
> *Le fils de Mᵐᵉ Martin.*

A l'encontre du français (et comme en anglais), l'allemand
possède un adjectif possessif à la 3ᵉ pers. du sing. différent
selon que le possesseur est masculin (ou neutre) ou féminin :

Herr Müller hat einen Sohn.	M. Müller a un fils.
Sein Sohn ist Doktor.	Son fils est docteur.
Frau Müller hat einen Sohn.	Mᵐᵉ Müller a un fils.
Ihr Sohn ist Doktor.	Son fils est docteur.

N.B. : 1) L'adj. possessif **sein** est le même pour le masculin et
le neutre.
2) **sein** et **ihr** s'accordent et se déclinent comme les autres
adj. possessifs sur le modèle de ein (cf. 23 A 3).

■ **La place de l'infinitif dans la phrase :**

> **Sie können** heute nicht **kommen**
> Ils ne peuvent pas venir aujourd'hui.

Le verbe à l'infinitif introduit par un verbe comme **können**,
« pouvoir » se place à la fin de la phrase.

B 4 TRADUCTION

M. et Mᵐᵉ Müller ne peuvent pas venir aujourd'hui.

1. — Est-ce que tes amis viennent aujourd'hui?
2. — Non, ils ne peuvent pas venir aujourd'hui.
3. Ils sont à Cologne.
4. Le grand-père est malade.
5. — Son grand-père (à elle)?
6. — Non, son grand-père (à lui).
7. Il habite à Cologne.
8. Son grand-père (à elle) habite à Hambourg.
9. Je ne connais pas son grand-père (à lui).
10. Et son grand-père (à elle), je ne le connais pas non plus.
11. Est-ce que les grands-mères vivent encore?
12. — Oui, sa grand-mère (à lui) a soixante-quinze ans,
13. et sa grand-mère (m. à m. : la sienne à elle) a soixante-
huit ans.

1. Übersetzen:

a) Est-ce que tes amis viennent?
b) Est-ce que leurs grand-mères vivent encore?
c) M. Schmitt parle avec M. Müller.
d) Quel âge ont.vos enfants maintenant?
e) Notre fille ne va pas encore à l'école.
f) Je ne connais pas son père (à elle).

2. Ergänzen: Unser/Sein/Ihr/Mein ... ist... in ...

a) Wir haben einen Sohn. (Student; München)
b) Er hat einen Bruder. (Architekt; Bonn)
c) Sie hat eine Tochter. (Studentin; Heidelberg)
d) Ich habe einen Onkel. (Mechaniker; Berlin)
e) Du hast eine Tante. (Sekretärin; Wien)
f) Sie hat eine Kusine. (Architektin; Bremen)
g) Er hat einen Bruder. (Briefträger; Essen)

3. Ergänzen: Du möchtest dein/deine/deinen...

a) Du hast ein Haus. (fotografieren)
b) Ich habe einen Wagen. (reparieren)
c) Sie hat eine Zeitung. (lesen)
d) Er hat ein Auto. (reparieren)
e) Wir haben einen Plan. (fotokopieren)
f) Sie haben einen Scheck. (unterschreiben)
g) Sie hat eine Tochter. (fotografieren)

C 2 VOCABULAIRE

Der Großvater, die Großmutter, der Vater, die Mutter, der Sohn(¨e), die Tochter, der Enkel(-), die Enkelin, die Enkelkinder. Der Bruder(¨), die Schwester(-n), der Onkel(-n), die Tante(-n), der Vetter, die Kusine(-n).
Der Schwiegervater, die Schwiegermutter, der Schwiegersohn, die Schwiegertochter, der Schwager(¨), die Schwägerin.
Die Eltern, die Großeltern, die Schwiegereltern.

Gustav Schmitt (65) + **Therese (61)**
Karin Weiß (36) + **Hans (40)**   **Eva (38)** + **Karl Meier (41)**
Peter (15)   Anna (13)   Stefan (16)   Susanne (17)

Sprechen Sie über die Familie Schmitt:

Gustav Schmitt, der Großvater, ist 65 Jahre alt.
Seine Frau Therese ist 61 Jahre alt.
Er hat zwei Kinder, Hans und Eva; sein Sohn Hans...

Machen Sie Weiter!

1. **Traduire :**

a) Kommen deine Freunde?
b) Leben ihre Großmütter noch?
c) Herr Schmitt spricht mit Herrn Müller.
d) Wie alt sind Ihre Kinder jetzt?
e) Unsere Tochter geht nocht nicht zur Schule.
f) Ich kenne ihren Vater nicht.

2. **Compléter : Notre /Son (à lui / à elle) /Mon ... est... à ...**

a) Unser Sohn ist Student in München.
b) Sein Bruder ist Architekt in Bonn.
c) Ihre Tochter ist Studentin in Heidelberg.
d) Mein Onkel ist Mechaniker in Berlin.
e) Deine Tante ist Sekretärin in Wien.
f) Ihre Kusine ist Architektin in Bremen.
g) Sein Bruder ist Briefträger in Essen.

3. **Compléter : Tu voudrais ... ton /ta ...**

a) Du möchtest dein Haus fotografieren.
b) Ich möchte meinen Wagen reparieren.
c) Sie möchte ihre Zeitung lesen.
d) Er möchte sein Auto reparieren.
e) Wir möchten unseren Plan fotokopieren.
f) Sie möchten Ihren Scheck unterschreiben.
g) Sie möchte ihre Tochter fotografieren.

C 4 TRADUCTION

Le grand-père, la grand-mère, le père, la mère, le fils, la fille, le petit-fils, la petite-fille, les petits-enfants. Le frère, la sœur, l'oncle, la tante, le cousin, la cousine.
Le beau-père, la belle-mère, le gendre (beau-fils), la belle-fille, le beau-frère, la belle-sœur.
Les parents, les grands-parents, les beaux-parents.

Gustave Schmitt (65) + **Thérèse Schmitt (61)**
Carine Weiß (36) + **Jean (40)**   **Eva (39)** + **Charles Meier (41)**
   Pierre (15)   **Anna (13)**   **Stéphane (16)**   **Suzanne (17)**

Parlez de la famille Schmitt :

Gustave Schmitt, le grand-père, a 65 ans.
Sa femme Thérèse a 61 ans.
Il a deux enfants, Jean et Eva ; son fils Jean...

Continuez !

24 ■ Wie geht's Ihnen?

Wie geht's?	*Comment ça va?*
Wie geht's Ihnen?	*Comment allez-vous?*
Es geht mir gut.	*Je vais bien*
ganz gut	*assez bien = très bien*
Das tut mir leid!	*Je regrette!*
wünschen (+ datif de la personne)	*souhaiter*
Ich wünsche Ihnen...	*Je vous souhaite...*

besser	*mieux*
etwas besser	*un peu mieux*
die Besserung, - en	*l'amélioration, le rétablissement*
Gute Besserung	*Bon rétablissement*
bis	*jusque / jusqu'à*
bald	*bientôt*
Bis bald!	*A bientôt* (m. à m. : jusqu'à bientôt)
weniger gut	*moins bien*

A 2 APPLICATION

Herr Müller (M) und Herr Schmitt (S) :

1. M : Guten Abend! Wie geht's?

2. S : Es geht mir gut, danke! Und Ihnen?

3. M : Mir geht's ganz gut, danke!

4. S : Wie geht's Ihrer Frau und Ihrem Sohn?

5. M : Meiner Frau geht es gut,

6.   aber meinem Sohn geht es weniger gut.

7.   Er ist krank.

8. S : Das tut mir leid!

9.   Ich wünsche ihm gute Besserung.

10. M : Danke! Er ist noch im Krankenhaus,

11.   aber es geht ihm schon etwas besser.

12. S : Auf Wiedersehen! Bis bald!

A 3 REMARQUES

Wie geht's?

● Au verbe impersonnel **Es geht...** (suivi du datif), que l'on peut comparer à l'expression « Ça va... », correspond en français l'expression personnelle « Je vais/Il va... (bien/mal) », etc. (m. à m. : « Cela va... (bien/mal) pour moi/lui », etc.) (cf. ex. 24 C 3) :

Es geht mir gut.

N.B. : **Wie geht es...?** peut se contracter en **Wie geht's...?**

● **wünschen,** « souhaiter », est suivi du datif de la personne et de l'accusatif de la chose :

Ich wünsche ihm gute Besserung.
Je lui (= à lui) souhaite bon rétablissement.

A 4 TRADUCTION

M. Müller (M) et M. Schmitt (S) :

1. M : Bonsoir! Comment ça va?
2. S : Ça va bien, merci! Et vous?
3. M : Ça va assez bien, merci!
4. S : Comment vont votre femme et votre fils?
5. M : Ma femme va bien,
6.   mais pour mon fils, ça va moins bien.
7.   Il est malade.
8. S : Je regrette!
9.   Je lui souhaite un bon rétablissement.
10. M : Merci! Il est encore à l'hôpital,
11.   mais il va déjà un peu mieux.
12. S : Au revoir! A bientôt!

B 1 PRÉSENTATION

passen (+ datif de la personne)	*convenir*
recht	*bien, convenable*
Es paßt mir. ⎫	*Cela me va / convient.*
Es ist mir recht. ⎰	(m. à m. : cela est bien / convenable pour moi)
Das ist mir egal.	*Cela m'est égal.*
Wieviel Uhr ist es?	*Quelle heure est-il?*

(der) Montag	[mo:nta:k]	*(le) lundi*
(der) Dienstag	[di:nsta:k]	*(le) mardi*
(der) Mittwoch	[mitvoh^r]	*(le) mercredi*
(der) Donnerstag		*(le) jeudi*
(der) Freitag		*(le) vendredi*
(der) Samstag (Sonnabend)		*(le) samedi*
(der) Sonntag		*(le) dimanche*
Heute haben wir Montag.		*Aujourd'hui, nous sommes lundi*
Bis Montag!		*A lundi!*
übermorgen		*après-demain*
um		*à (+ indication horaire)*
um 8		*à 8 heures*
(um) halb acht		*à sept heures et demie*

B 2 APPLICATION

Herr Müller (M) und Herr Schmitt (S) :

1. S : Wann können wir uns sehen?

2. M : Sehen wir uns morgen?

3. S : Moment. Morgen haben wir Montag.

4.   Nein, Montag paßt mir nicht.

5. M : Paßt Ihnen Dienstag oder Mittwoch besser?

6. S : Dienstag oder Mittwoch? Das ist mir egal.

7. M : Mir paßt Dienstag sehr gut.

8.   Wieviel Uhr ist Ihnen recht? Fünf Uhr?

9. S : Fünf Uhr ist mir etwas spät.

10.   Vielleicht halb fünf?

11. M : In Ordnung. Bis Dienstag, also!

12. S : Bis übermorgen, um halb fünf!

B 3 REMARQUES

■ **L'interrogation « partielle »** (cf. 4 B 1 et 11 A 3).

— L'« interrogation partielle » porte sur un seul élément d'une réponse possible ou attendue. A la réponse : **Der Direktor ist nicht da,** correspondrait la question : **Wer ist nicht da?** si l'on veut savoir qui n'est pas là.

— Il en est de même pour :

wohin (« directif ») « où » : **Wohin geht er? Er geht in die Stadt.**
Où va-t-il?   Il va en ville.

wo (« locatif ») « où » : **Wo ist er? Er ist in der Stadt.**
Où est-il?   Il est en ville.

wann   « quand » : **Wann kommt er? Er kommt morgen.**
Quand vient-il?   Il vient demain.

■ On emploie la préposition **um** pour indiquer l'heure :
um 5 à cinq heures   **um 10** à dix heures
um halb fünf à quatre heures et demie

halb demi, signifie « une demi-heure avant cinq heures » :
um halb 7 à 6 h 30 **um halb 12** à 11 h 30

B 4 TRADUCTION

M. Müller (M) et M. Schmitt (S) :

1. S : Quand pouvons-nous nous voir?

2. M : Est-ce que nous nous voyons demain?

3. S : Un instant. Demain, nous sommes lundi.

4.   Non, lundi ne me convient pas.

5. M : Est-ce que mardi ou mercredi vous va mieux?

6. S : Mardi ou mercredi? Cela m'est égal.

7. M : Mardi me convient parfaitement.

8.   Quelle heure vous va? Cinq heures?

9. S : Cinq heures, c'est un peu tard (pour moi).

10.   Peut-être à quatre heures et demie?

11. M : Très bien! A mardi donc!

12. S : A après-demain, à quatre heures et demie!

1. Übersetzen :

a) Vous le regrettez? Je le regrette aussi.
b) Je lui souhaite un bon rétablissement.
c) Quelle heure vous va? Cela m'est égal.
d) Il va très bien, elle (va) aussi (très bien).
e) Aujourd'hui, nous sommes lundi ; demain, nous sommes mardi.
f) Quatre heures et demie, c'est un peu tard (pour moi).

2. Antworten : Es geht ihm/ihr ... gut/schlecht.

a) Sie haben viel Arbeit. Wie geht es Ihnen?
b) Ihre Frau ist krank. Wie geht es ihr?
c) Ihr Vater arbeitet heute nicht. Wie geht es ihm?
d) Ihre Kinder haben ein Examen. Wie geht es ihnen?

3. Fragen : Wie geht es Ihrer/Ihrem/Ihren...?

a) Meiner Frau geht es gut, danke.
b) Meinem Vater geht es auch gut, danke.
c) Meinem Sohn geht es leider nicht sehr gut.
d) Meinen Kindern geht es sehr gut.

4. Sätze bilden : Dann wünsche ich ... viel Spaß/viel Glück.

a) Mein Vater spielt im Lotto. (viel Glück)
b) Meine Frau macht morgen eine Reise. (eine gute Reise)
c) Mein Sohn ist im Krankenhaus. (gute Besserung)
d) Meine Kinder machen morgen ein Examen. (viel Glück)
e) Meine Tochter geht jetzt ins Kino. (viel Spaß)
f) Meine Freunde gehen ins Restaurant. (guten Appetit)

C 2 VOCABULAIRE

Der erste, zweite, dritte, vierte, fünfte, sechste, siebte ...
Der elfte, zwölfte, dreizehnte, vierzehnte, ..., fünfzehnte, sechzehnte, siebzehnte, achtzehnte ...
Der neunzehnte, zwanzigste, einundzwanzigste, dreißigste ...
Januar, Februar, März, April, Mai, Juni, Juli, August, September, Oktober, November, Dezember.
a) Der wievielte ist heute? Heute ist der dritte September.
b) Den wievielten haben wir? Wir haben den dritten September. Am wievielten kommen Sie? Am ersten Februar.
Wann machen Sie Urlaub? (3.8.)
Ich mache am dritten August Urlaub.
Wann haben Sie Geburtstag? (1.4.) Wann ist Weihnachten? (25.12)
Wann beginnt das Jahr? (1.1.)   Wann endet das Jahr? (31.12)

1. Traduire :

    a) Das tut Ihnen leid? Das tut mir auch leid.
    b) Ich wünsche ihm (ihr) gute Besserung.
    c) Wieviel Uhr ist Ihnen recht/paßt Ihnen? Das ist mir egal.
    d) Ihm geht es sehr gut, ihr (geht es) auch (sehr gut).
    e) Heute haben wir Montag, morgen haben wir Dienstag.
    f) Halb fünf (Uhr) ist (mir) etwas spät.

2. Répondre : Il/Elle va ... bien/mal.

    a) Es geht mir schlecht.
    b) Es geht ihr schlecht.
    c) Es geht ihm gut.
    d) Es geht ihnen schlecht.

3. Poser une question : Comment va/vont votre/vos ...?

    a) Wie geht es Ihrer Frau?
    b) Wie geht es Ihrem Vater?
    c) Wie geht es Ihrem Sohn?
    d) Wie geht es Ihren Kindern?

4. Former des phrases : Alors, je ... souhaite bon courage/ bonne chance.

    a) Dann wünsche ich ihm viel Glück?.
    b) Dann wünsche ich ihr eine gute Reise.
    c) Dann wünsche ich ihm gute Besserung.
    d) Dann wünsche ich ihnen viel Glück.
    e) Dann wünsche ich ihr viel Spaß.
    f) Dann wünsche ich ihnen guten Appetit.

C 4 TRADUCTION

Le premier, deuxième, troisième, quatrième, cinquième, sixième, septième
Le onzième, douzième, treizième, quatorzième, quinzième, seizième, dix-septième, dix-huitième, ...
Le dix-neuvième, vingtième, vingt et unième, trentième, ...
Janvier, février, mars, avril, mai, juin, juillet, août, septembre, octobre, novembre, décembre.
a + b) Le combien sommes-nous aujourd'hui?
Aujourd'hui, nous sommes le 3 septembre.
Le combien venez-vous? Le 1er février.
Quand prenez-vous vos vacances?
Je prends mes vacances le 3 août.
Quand avez-vous votre anniversaire? C'est quand, Noël?
Quand commence l'année?   Quand finit l'année?

25 ■ Sie bringt dem Direktor die Post

A 1 PRÉSENTATION

der /das → dem   **art. masc. /neutre** ⎱ **au datif,**
die   → der   **art. féminin**   ⎰ cf. 25 A 3

■ En règle générale, le complément au datif précède le complément à l'accusatif de sorte que l'ordre de ces compléments est inverse en allemand et en français :

Die Sekretärin bringt dem Direktor die Post
La secrétaire apporte le courrier au directeur

bringen	*apporter*
zeigen	*montrer*
hereinkommen (herein=kommen)	*entrer*
Herein!	*Entrez!*
das Telegramm, -e	*le télégramme*
das Fernschreiben, -	*le télex*
der Rest, -e	*le reste, le restant*
sofort	*tout de suite, immédiatement*
der Morgen, -	*le matin*
Guten Morgen!	*Bonjour!* (cf. 25 A 3)

A 2 APPLICATION

Elke Weiß (W) bringt Herrn Braun (B) die Post :

1. B : Ja? Wer ist da, bitte?
2. W : Elke Weiß. Ich bringe Ihnen die Post.
3. B : Kommen Sie herein!
4. W : Guten Morgen, Herr Braun!
5.   Hier ist die Post.
6. B : Zeigen Sie mal! Danke!
7.   Geben Sie mir das Telegramm.
8.   Das ist für mich.
9.   Das Fernschreiben geben Sie bitte dem Direktor.
10.   Den Rest geben Sie dann der Sekretärin.
11.   Und bringen Sie mir noch einen Kaffee.
12. W : Ich mache alles sofort.

A 3 REMARQUES

■ Nous avons vu (cf. 18 A 3) les formes de l'article défini à l'accusatif.
Au datif, le masculin et le neutre sont identiques : **dem.**
L'article féminin au datif est **der** :

	masc.	neutre	fém.
nom.	**der**		
		das	**die**
acc.	**den**		
dat.		**dem**	**der**

■ **hereinkommen** → **herein**=**kommen** est un verbe à particule séparable (cf. 22 A 1) ; cette dernière se place à la fin de la phrase :

Kommen Sie herein!   Entrez!

L'accent porte sur la 2ᵉ syllabe : [héraïn].

■ Pour saluer une personne que l'on rencontre au cours de la matinée, on dit plutôt **Guten Morgen!** « Bon matin! », Bonjour! que **Guten Tag!**
N.B. :ne pas confondre **morgen,** « demain » (avec une minuscule) et **der Morgen** « le matin » (avec une majuscule).

A 4 TRADUCTION

Elke Weiss (W) apporte le courrier à M. Braun (B) :

1. B : Oui? Qui est-ce (m. à m. : qui est là je vous prie?)
2. W : Elke Weiss. Je vous apporte le courrier.
3. B : Entrez!
4. W : Bonjour, Monsieur Braun!
5.   Voici le courrier.
6. B : Montrez donc! Merci!
7.   Donnez-moi le télégramme.
8.   C'est pour moi.
9.   Le télex, vous le donnerez au directeur, je vous prie.
10.   Le reste, vous le donnerez à la secrétaire.
11.   Et vous m'apporterez encore un café.
12. W : Tout de suite (m. à m. : Je fais le tout tout de suite).

25 ■ Geben Sie ihn mir!

Sagen Sie mir den Namen!	*Dites = Donnez-moi (le =) votre nom!*
Sagen Sie ihn mir!	*Donnez (Dites)-le moi!*
Geben Sie dem Chef das Telegramm	*Donnez le télégramme au chef!*
Geben Sie es ihm!	*Donnez-le lui*
Geben Sie Ihrer Frau das Buch!	*Donnez le livre à votre femme!*
Geben Sie es ihr!	*Donnez-le lui*
der Name, -n	*le nom*
die Telefonzentrale, -n	*le standard (téléphonique)*
die Bescheinigung, -en	*le certificat (médical)*
der Zettel, -	*le billet, le bulletin, la fiche*
das Personnal, ∅ [pèrzôna:l]	*le personnel*
der Chef, -s [s^{ch}èf]	*le chef*
der Personalchef	*le chef du personnel*
vergessen	*oublier*
sagen	*dire*

Karl Weiß (W) spricht mit dem Direktor (D) :

1. D : Wie ist Ihr Name?
2.   Ich vergesse ihn immer.
3.   Sagen Sie ihn mir, bitte.
4. W : Karl Weiß aus der Telefonzentrale.
5.   Ich habe hier eine Bescheinigung.
6. D : Geben Sie sie mir!
7.   Oh, Ihre Frau ist krank!
8.   Das tut mir leid!
9. W : Geben Sie mir zwei Tage frei?
10. D : Natürlich! Hier ist ein Zettel.
11.   Geben Sie ihn dem Personalchef.
12.   Ich wünsche Ihrer Frau gute Besserung.
13.   Und — Moment bitte — hier ist ein Buch.
14.   Geben Sie es ihr!
15. W : Vielen Dank! Auf Wiedersehen!

B 3 REMARQUES

■ Ordre des compléments au datif et à l'accusatif.

Geben Sie dem Chef *das Telegramm.*
Donnez le télégramme au chef
Geben Sie *es* **ihm.**

Donnez- le lui.

Nous avons vu que le complément au datif précède le complément à l'accusatif (cf. 25 A 1); pour les pronoms, l'ordre est identique à celui du français : l'accusatif précède le datif.

■ **vergessen,** « oublier », est un verbe fort pour lequel la voyelle **e** devient **i** aux 2e et 3e personnes du singulier :

vergessen — ich vergesse — du vergißt — er vergißt

N.B. : 1) : **-ss-** s'écrit -ß- devant une consonne, -t ici.
2) : on n'écrit pas un troisième s après **-ss-** = -ß-, la 2e personne est donc identique à la 3e.

B 4 TRADUCTION

Charles Weiss (W) parle avec le directeur (D) :

1. D : Quel est votre nom? (Comment vous appelez-vous?)
2.   Je l'oublie toujours.
3.   Dites-le moi, je vous prie.
4. W : Charles Weiss, du standard.
5.   J'ai ici un certificat.
6. D : Donnez-le moi!
7.   Oh! votre femme est malade!
8.   Je le regrette! / J'en suis navré!
9. W : M'accordez-vous un congé de deux jours? (m. à m. : « Me donnez-vous deux jour(née)s libres »?
10. D : Naturellement! Voici un billet.
11.   Donnez-le au chef du personnel.
12.   Je souhaite à votre femme un bon rétablissement.
13.   Et — un instant, je vous prie — voici un livre.
14.   Donnez-le lui!
15. W : Merci beaucoup! Au revoir!

1. Übersetzen :

a) Entrez et donnez-moi le courrier.
b) Voici un télex. Donnez-le au chef du personnel.
c) Dites-moi votre nom, je vous prie.
d) Apportez le télégramme au directeur.
e) Montrez le certificat à la secrétaire.
f) Donnez les photos aux enfants.

2. Fragen : Geben Sie dem /der /den ... die /das /den...?

a) Hier ist ein Telegramm für den Direktor.
b) Hier ist ein Zettel für die Sekretärin.
c) Hier ist Geld für den Briefträger.
d) Hier ist ein Fußball für die Kinder.
e) Hier ist ein Paket für die Großeltern.
f) Hier ist eine Bescheinigung für den Personalchef.
g) Hier ist ein Fernschreiben für den Techniker.

3. Antworten : Ich zeige /gebe ... sie /es /ihn ihm /ihr /ihnen sofort.

a) Geben Sie dem Briefträger das Geld, bitte!
b) Zeigen Sie dem Fotografen das Foto, bitte!
c) Sagen Sie mir Ihren Namen, bitte!
d) Geben Sie dem Personalchef die Bescheinigung, bitte!
e) Bringen Sie der Sekretärin das Buch, bitte!
f) Zeigen Sie den Kindern die Postkarten, bitte!
g) Sagen Sie der Sekretärin Ihre Adresse, bitte!

C 2 VOCABULAIRE

Wie spät ist es? Wieviel Uhr ist es?
12 h 00 : Es ist zwölf (Uhr).
12 h 05 : Es ist fünf (Minuten) nach zwölf (Uhr).
12 h 10 : Es ist zehn (Minuten) nach zwölf (Uhr).
12 h 15 : Es ist Viertel nach zwölf (Uhr).
12 h 20 : Es ist zwanzig (Minuten) nach zwölf (Uhr).
12 h 30 : Es ist halb eins (halb ein Uhr).
12 h 40 : Es ist zwanzig (Minuten) vor eins (ein Uhr).
12 h 45 : Es ist Viertel vor eins (ein Uhr).
12 h 50 : Es ist zehn (Minuten) vor eins (ein Uhr).
12 h 55 : Es ist fünf (Minuten) vor eins (ein Uhr).
13 h 00 : Es ist eins (ein Uhr /dreizehn Uhr).
Wann kommt er? Um wieviel Uhr kommt er?
12 h 00 : Er kommt um zwölf (Uhr).

1. Traduire :

a) Kommen Sie herein und geben Sie mir die Post.
b) Hier ist ein Fernschreiben. Geben Sie es dem Personal-
    chef.
c) Sagen Sie mir bitte Ihren Namen.
d) Bringen Sie dem Direktor das Telegramm.
e) Zeigen Sie der Sekretärin die Bescheinigung.
f) Geben Sie den Kindern die Fotos.

2. Poser une question : Donnez-vous le/la/les ... au/à la/aux ...?

a) Geben Sie dem Direktor das Telegramm?
b) Geben Sie der Sekretärin den Zettel?
c) Geben Sie dem Briefträger das Geld?
d) Geben Sie den Kindern den Fußball?
e) Geben Sie den Großeltern das Paket?
f) Geben Sie dem Personalchef die Bescheinigung?
g) Geben Sie dem Techniker das Fernschreiben?

3. Répondre : Je la/le lui/leur montre/donne tout de suite.

a) Ich gebe es ihm sofort.
b) Ich zeige es ihm sofort.
c) Ich sage ihn Ihnen sofort.
d) Ich gebe sie ihm sofort.
e) Ich bringe es ihr sofort.
f) Ich zeige sie ihnen sofort.
g) Ich sage sie ihr sofort.

C 4 TRADUCTION

Quelle heure est-il?
12 h 00 : Il est douze heures (midi).
12 h 05 : Il est midi cinq.
12 h 10 : Il est midi dix.
12 h 15 : Il est midi un quart.
12 h 20 : Il est midi vingt.
12 h 30 : Il est midi et demie.
12 h 40 : Il est douze heures quarante.
12 h 45 : Il est douze heures quarante-cinq.
12 h 50 : Il est une heure moins dix.
12 h 55 : Il est une heure moins cinq.
13 h 00 : Il est une heure.
Quand vient-il? A quelle heure vient-il?
12 h 00 : Il vient à midi.

26 ■ Ich fahre lieber mit dem Bus

« mit » + datif	avec
womit...?	avec quoi...?

■ La préposition mit « avec » gouverne le datif :

Er spricht mit { **dem Direktor.**
der Sekretärin.   Il parle avec { le directeur.
la secrétaire.

das Taxi, -s	le taxi
die U-Bahn	le métro
der Bus, die Busse [bous]-[bouse]	le bus
der Mantel, ÷	le manteau
kaufen	acheter
kaputt	cassé, fichu (hors service)
Das geht nicht.	Ça ne va / marche pas.
Du brauchst eine Stunde.	« Tu as besoin d'une heure »
	Il te faut une heure

(cf. phr. 11)

Rappel : L'infinitif complément se place à la fin de la phrase (cf. 23 B 3) :

Ich möchte einen Mantel kaufen.
Je voudrais acheter un manteau.

Frau Müller fährt in die Stadt. Sie (F) spricht mit Herrn Müller (H) :

1. F : Ich fahre in die Stadt.
2. Ich möchte einen Mantel kaufen.
3. H : Wie fährst du in die Stadt?
4. F : Mit dem Wagen natürlich!
5. H : Womit? Mit dem Auto?
6. Das geht nicht. Es ist kaputt.
7. F : Dann fahre ich mit dem Taxi.
8. H : Fahr doch mit der U-Bahn.
9. Das Taxi ist zu teuer.
10. F : Ich fahre lieber mit dem Bus.
11. H : Aber mit dem Bus brauchst du eine Stunde.
12. Hier sind zehn Mark. Fahr mit dem Taxi.

A 3 REMARQUES

■ « **Directif** » et « **locatif** ».

L'allemand introduit une distinction fondamentale (inconnue du fr.) entre le lieu où l'on se rend et le lieu où l'on se trouve. On décrira ainsi cette distinction en parlant du **directif** (cf. 20 B 3) qui note le déplacement (la direction) vers un lieu et du **locatif** qui exprime le lieu où l'on est avec ou sans déplacement à l'intérieur de ce lieu (cf. p. 265) :

on y va   « **directif** » avec l'accusatif
on y est   « **locatif** » avec **le datif**

Anna fährt in die Stadt.   Anna va en ville.
Anna wohnt in der Stadt.   Anna habite en ville.
Anna fährt nicht gern in der Stadt. Anna n'aime pas conduire en ville.

Remarque : **Ich fahre mit dem Bus in die Stadt** peut se traduire par « Je vais en ville avec le bus ». ou bien « Je prends le bus pour aller en ville » : **Ich fahre mit...** se traduira le plus souvent par « je prends... »

Rappel : sur la traduction de **lieber**, cf. 16 B 1 :

     Ich fahre lieber mit dem Bus.   Je préfère prendre le bus.

A 4 TRADUCTION

Mme Müller va en ville. Elle (Mme) parle avec M. Müller (M.) :

1. Mme : Je vais en ville.
2.   Je voudrais acheter un manteau.
3. M. : Comment vas-tu en ville?
4. Mme : Avec la voiture bien sûr!
5. M. : Avec quoi? Avec la voiture?
6.   Ça ne va pas. Elle est en panne. (m à m : « hors service », quelle que soit la raison : accident, panne, etc.)
7. Mme : Dans ce cas, je prends un taxi. (Je prends un taxi alors.)
8. M. : Prends donc le métro.
9.   Le taxi est trop cher.
10. Mme : Je préfère prendre le bus.
11. M. : Oui, mais avec le bus, tu en auras pour une heure.
12.   Voici dix marks. Prends un taxi.

B 1 PRÉSENTATION

mit wem...?   *avec qui...?*

■ A la question **Mit wem...?** *Avec qui...?* on attend une
réponse **mit + une personne,** alors qu'à la question **Womit...?**
(cf. 26 A 1) on attend une réponse **mit + une chose** (instru-
ment, véhicule, etc.) :

Mit wem kommt er?	**Mit seinem Vater.**
Avec qui vient-il?	*Avec son père.*
Womit kommt er?	**Mit dem Bus.**
Avec quoi vient-il?	*Avec le bus.*

der Kollege, -n	*le collègue*	die Kollegin, -nen	*la collègue*
der Freund, -e	*l'ami*	die Freundin, -nen	*l'amie*
Frankreich	*la France*	von (2)	*de*
allein	*seul*		

■ La préposition **von,** *de,* (cf. 20 A 1) gouverne le datif :

Er spricht von	{ **dem Direktor.**	→ *Il parle*	{ *du directeur.*
	{ **der Fabrik.**		{ *de la fabrique.*

Heute kommt mein Freund.   *Mon ami vient aujourd'hui.*
Heute kommen meine Freunde.   *Mes amis viennent aujour-*
                                                            d'hui.
Ich spreche mit Freunden.   *Je parle avec des amis.*

> Il y a toujours un -n au **datif pluriel**

B 2 APPLICATION

Herr Braun (B) spricht mit einem Kollegen (K) :

1. B : Ich fahre morgen nach Köln.
2. K : Fahren Sie allein oder mit einem Kollegen?
3. B : Ich fahre mit einer Kollegin.
4. K : Mit Ihrer Sekretärin?
5. B : Nein, meine Sekretärin hat Urlaub.
6.   Sie ist in Frankreich.
7.   Mit einer Freundin und zwei Freunden.
8. K : Mit wem fahren Sie denn nach Köln?
9. B : Ich fahre mit Fräulein Schmitt.
10.   Mit der Sekretärin von Herrn Müller.
11. K : Dann wünsche ich Ihnen eine gute Reise!
12. B : Vielen Dank. Auf Wiedersehen!

B 3 REMARQUES

■ **Déclinaison de l'article indéfini.**

Les finales **-em** (du masc. et du neutre) et **-er** (du fém.) de l'article défini (cf. 25 A 3) se retrouvent pour l'art. indéfini au datif :

	masculin	neutre	féminin
nominatif	**ein**	**ein**	**eine**
accusatif	**einen**		
datif	**einem**		**einer**

Les terminaisons de l'article se retrouvent dans les adjectifs possessifs :

mit einem Kind avec un enfant
mit meinem Kind avec mon enfant **mit Ihrem Kind** avec votre enfant
mit unserem Kind avec notre enfant
mit seinem Kind /**mit ihrem Kind** avec son enfant (à lui /à elle)

■ **der Kollege :** prononciation : [kolé:ge]
Ce mot, comme **der Herr** et **der Name,** prend un **-n** final à l'accusatif et au datif : on dit que ce sont des « masculins faibles »
Er fährt mit einem Kollegen Il voyage avec un collègue.
Er spricht mit Herrn B. Il parle avec M. B.

B 4 TRADUCTION

Monsieur Braun (B) parle avec un collègue (C) :
1. B : Je vais à Cologne demain.
2. C : Voyagez-vous seul ou avec un collègue?
3. B : Je fais le voyage avec une collègue.
4. C : Avec votre secrétaire?
5. B : Non, ma secrétaire est en vacances.
6. Elle est en France.
7. Avec une amie et deux amis.
8. C : Avec qui allez-vous donc à Cologne?
9. B : J'y vais avec Mlle Schmitt.
10. Avec la secrétaire de M. Müller.
11. C : Eh bien! Je vous souhaite bon voyage.
12. B : Merci beaucoup. Au revoir!

1. Übersetzen:

    a) Je voudrais acheter un manteau.
    b) Il va en ville en voiture.
    c) Elle préfère prendre le bus.
    d) Il parle avec une collègue.
    e) Avec qui allez-vous donc à Cologne?
    f) Je vous souhaite bon voyage.

2. Antworten: Er fährt mit dem/der...

    a) Womit fährt sie in die Stadt?   (Taxi)
    b) Womit fliegen Sie nach New York?   (Flugzeug)
    c) Womit fährt er nach Frankreich?   (Auto)
    d) Womit fährst du nach Amerika?   (Schiff)
    e) Womit fährt sie nach Haus?   (Bus)
    f) Womit fahren Sie nach Berlin?   (Wagen)
    g) Womit fährt er in die Stadt?   (U-Bahn)

3. Fragen: Mit wem spricht/kommt/fliegt...?

    a) Sie spricht mit ihrem Chef über das Wetter.
    b) Er fährt mit seiner Freundin nach Frankreich.
    c) Sie kommt mit ihren drei Kindern ins Büro.
    d) Er fliegt mit seinem Kollegen nach Berlin.
    e) Sie geht mit ihrer Freundin ins Kino.
    f) Er spielt mit seinen Freunden Fußball.
    g) Sie ißt mit ihren Kollegen im Restaurant.

C 2   VOCABULAIRE

Wie kommt man von hier zum Bahnhof?

Der Bahnhof: geradeaus; die Kirche; links; hundert Meter.
— Gehen Sie hier geradeaus bis zur Kirche.
    Hinter der Kirche gehen Sie nach links.
    Und nach hundert Metern kommen Sie zum Bahnhof.
Die Post : rechts; die Bank, (-en) : links; zweihundert Meter.
Die Universität (-en) : geradeaus; das Schuhgeschäft [1] (-e); rechts; 300 Meter.
Die U-Bahn : links; der Zeitungskiosk; rechts; fünfzig Meter.
Die Bank : rechts; die Kreuzung (-en); geradeaus; 500 Meter.

1. der Schuh, -e, *la chaussure.*

1. **Traduire :**

a) Ich möchte einen Mantel kaufen.
b) Er fährt mit dem Auto in die Stadt.
c) Sie fährt lieber mit dem Bus.
d) Er spricht mit einer Kollegin.
e) Mit wem fahren Sie denn nach Köln?
f) Ich wünsche Ihnen eine gute Reise.

2. **Répondre : il prend le / la ... / il va en voiture / avion ...**

a) Sie fährt mit dem Taxi in die Stadt.
b) Ich fliege mit dem Flugzeug nach New York.
c) Er fährt mit dem Auto nach Frankreich.
d) Ich fahre mit dem Schiff nach Amerika.
e) Sie fährt mit dem Bus nach Haus.
f) Ich fahre mit dem Wagen nach Berlin.
g) Er fährt mit der U-Bahn in die Stadt.

3. **Poser une question : Avec qui parle / vient / va ...?**

a) Mit wem spricht sie über das Wetter?
b) Mit wem fährt er nach Frankreich?
c) Mit wem kommt sie ins Büro?
d) Mit wem fliegt er nach Berlin?
e) Mit wem geht sie ins Kino?
f) Mit wem spielt er Fußball?
g) Mit wem ißt sie im Restaurant?

C 4 TRADUCTION

Comment va-t-on à la gare d'ici?

La gare : tout droit ; l'église ; à gauche ; cent mètres.
— Allez tout droit, ici, jusqu'à l'église.
Derrière l'église tournez / prenez à gauche.
Cent mètres plus loin, vous arrivez à la gare.
Le bureau de poste : à droite ; la banque ; à gauche ; deux cents mètres.
L'université : tout droit ; le magasin de chaussures ; à droite ; 300 m.
Le métro : à gauche, le kiosque à journaux ; à droite ; 50 mètres.
La banque : à droite ; le carrefour ; tout droit ; 500 mètres.

27 ■ Ist das weit von Ihrer Wohnung?

A 1 PRÉSENTATION

bei (+ datif)	1) *près de* (cf. 19 B 1)
	2) *chez* (locatif — cf. 26 A 3)
seit (+ datif)	*depuis*
weit von (+ datif)	*loin de*
von (+ datif) ... bis zu (+ datif)	*de... jusque...*

■ Comme **von** et **zu,** les prépositions bei et seit gouvernent le datif :

bei meine**m** Vater	*chez mon père*
seit zwei Jahre**n**	*depuis deux ans*

Rappel : | au datif pluriel, il y a toujours un -n |

die Möbel	*les meubles*
die Büromöbelfabrik	*la fabrique de meubles de bureau*
die Autobahn, -en	*l'autoroute*
das Geschäft, -e	*la firme, l'entreprise, le magasin*
der Hauptbahnhof	*la gare centrale/principale*
zu Fuß	*à pied*
lange	*longtemps*
schon lange	*« longtemps déjà » = depuis long-temps*

A 2 APPLICATION

Herr Durand (D) und Herr Schmitt (S) :

1. D : Wo arbeiten Sie? In Deutschland?
2. S : Ja, in Köln, bei Schwarz und Co.
3. D : Was ist das?
4. S : Das ist eine Büromöbelfabrik.
5.   Die Fabrik ist bei der Autobahn.
6.   Aber das Geschäft ist direkt beim Hauptbahnhof.
7. D : Sind Sie schon lange bei der Firma?
8. S : Schon seit zwei Jahren.
9. D : Ist das Geschäft weit von Ihrer Wohnung?
10. S : Mit der U-Bahn brauche ich 15 Minuten
11.   von meiner Wohnung bis zum Bahnhof.
12.   Dann gehe ich noch 5 Minuten zu Fuß.

A 3 REMARQUES

■ Une préposition peut avoir deux ou plusieurs sens :
— en fr. : Les voyageurs **pour** Paris = en direction de ...
Pour cent francs... = en échange de...
— en all. : **bei** signifie « près de » (cf. 19 B 1) et, par extension,
« chez » au sens locatif; **bei** s'oppose à **zu**, « chez » au sens
directif.

directif	locatif :
Er geht zu seinem Vater.	**Er wohnt bei seinem Vater.**
Il va chez son père.	Il habite chez son père.

■ Les noms de villes et de pays n'ont pas d'article.
L'absence d'article interdit de noter le directif par la préposition **in** suivi de l'accusatif: on emploie donc la préposition
nach = « en direction de » qui s'oppose à **in** = « à l'intérieur
de » qui note le locatif :

directif : **Er fährt**	in die Stadt. nach Deutschland. nach Köln.	Il va (en voiture)	en ville. en Allemagne. à Cologne.
locatif : **Er wohnt in**	der Stadt. Deutschland. Köln.	Il habite	en ville. en Allemagne. à Cologne.

A 4 TRADUCTION

M. Durand (D) et M. Schmitt (S) :
1. D : Où travaillez-vous? En Allemagne?
2. S : Oui, à Cologne, chez Schwarz et Co.
3. D : Qu'est-ce que c'est?
4. S : C'est une fabrique de meubles de bureau.
5. L'usine se trouve près de l'autoroute.
6. Mais le magasin est juste à côté de la gare centrale.
7. D : Etes-vous depuis longtemps dans cette entreprise ?
(m. à m. : « chez (cette entreprise) Schwarz & Co. » :
le nom est sous-entendu, on emploie donc la préposition **bei**.)
8. S : Depuis deux ans déjà.
9. D : Est-ce que le magasin est loin de chez vous (de votre
habitation)?
10. S : Avec le métro, il me faut /j'en ai pour un quart d'heure,
11. pour aller de chez moi à la gare centrale.
12. Ensuite j'en ai encore pour cinq minutes à pied.

27 ■ Nach dem Frühstück geht Peter zur Schule

B 1 PRÉSENTATION

nach (2) (+ dat.)		*après*
aus	**(+ dat.)**	*hors de*
von	**(+ dat.)**	*en provenance de* (cf. 20 A 1)
zu	**(+ dat.)**	*en direction de = vers*

■ Les prépositions **nach, aus, von, zu** gouvernent le datif.

steigen	*« grimper »*
aussteigen (aus=steigen)	*descendre de*
einsteigen (ein=steigen)	*monter dans*
die Stelle, -n	*l'endroit*
halten	*s'arrêter*
die Haltestelle	*« l'endroit d'arrêt » = la station*
die Bushaltestelle	*la station de bus*
der Zug, ⸗e	*le train*

um + indication horaire à *(telle heure)* (cf. 24 B)

um zehn	*à 10 heures*
um zehn vor zehn	*à 10 heures moins 10*
um zehn nach zehn	*à 10 heures 10*
um halb zehn	*à 9 heures et demie*
das Frühstück, -e	*le petit déjeuner*
pünktlich	*ponctuellement, précis(ément)*

B 2 APPLICATION

Peter geht zur Schule.
1. Nach dem Frühstück geht Peter zur Schule.
2. Er geht um sieben Uhr aus dem Haus.
3. Er geht zu Fuß zur Bushaltestelle.
4. Der Bus kommt um zehn nach sieben.
5. Peter steigt in den Bus ein.
6. Der Bus fährt zum Bahnhof.
7. Dort steigt Peter aus und geht zum Zug.
8. Um halb acht fährt Peter mit dem Zug zur Stadt.
9. Er fährt bis zum Hauptbahnhof.
10. Da steigt er aus dem Zug aus
11. und geht zur Schule.
12. Pünktlich um acht Uhr ist er da!

27 ■ Après le petit déjeuner, Pierre va à l'école

B 3 REMARQUES

■ **L'heure.**

1) On emploie la préposition **um** :
um 8   à 8 heures   **um 12**   à 12 heures = à midi

2) Pour les minutes, on précise le nombre « avant » **vor** ou « après » **nach** l'heure :
um 9   à 9 heures
um 10 vor 9   « à dix (minutes) avant 9 (heures) » = à 9 h
                                                        moins 10
um 10 nach 9 « à dix (minutes) après 9 (heures) » = à 9 h 10

3) Pour la demi-heure, on dit **um halb neun** pour « à 8 heures et demie », c.-à-d. que l'on sous-entend une demi-heure avant...

N.B. : **um acht Uhr = um acht** : on peut supprimer **Uhr** par simplification.

■ **Rappel** : Les particules des verbes à particule séparable se placent à la fin de la phrase (cf. 22 A 1) :
ein=steigen → Er steigt in den Bus ein.   Il monte dans le bus.
aus=steigen → Er steigt aus dem Bus aus   Il descend du bus.

N.B. : **in** est suivi dans ce cas de l'accusatif puisqu'il y a mouvement vers, alors que **aus** est suivi du datif car **aus** gouverne (est toujours suivi du) datif.

B 4 TRADUCTION

Pierre va à l'école.
1. Après le petit déjeuner, Pierre va à l'école.
2. Il quitte la maison à sept heures.
3. Il se rend (« il va... ») à pied à l'arrêt du bus.
4. Le bus arrive à sept heures dix.
5. Pierre monte dans le bus.
6. Le bus va à la gare.
7. Là, Pierre descend et va au train.
8. A sept heures et demie, Pierre gagne la ville en train.
9. Il va jusqu'à la gare centrale.
10. Là, il descend du train
11. et va à l'école.
12. Il y arrive (« il y est... ») à huit heures précises!

1. Übersetzen :

a) Je travaille dans l'entreprise depuis deux ans déjà.
b) La fabrique de meubles de bureau se trouve près de l'autoroute.
c) Le magasin de meubles de bureau est juste à côté de la gare.
d) Il me faut un quart d'heure pour aller de chez moi au bureau.
e) Pierre quitte la maison à sept heures et demie.
f) Il va à pied à l'arrêt du bus.

2. Ergänzen : Er kommt nach dem/der ... aus dem/der ...

a) Ich komme .... Frühstück .... Hotel.
b) Du kommst .... Arbeit   .... Büro.
c) Er kommt .... Essen   .... Restaurant.
d) Sie kommt .... Film   .... Kino.

3. Ergänzen : Er geht um halb sieben zur/zum ...

a) Wir fahren .... halb sieben .... Fabrik.
b) Sie gehen .... halb zehn   .... Geschäft.
c) Er geht   .... halb eins   .... Essen.
d) Sie fährt .... halb acht   .... Schule.

4. Ergänzen : Er geht/fährt vom/von der ... zum/zur ...

a) Ich gehe .... Wohnung .... Bushaltestelle.
b) Du fährst .... Geschäft .... Bahnhof.
c) Wir gehen .... Firma .... U-Bahn.
d) Sie fahren ..... Büro .... Fabrik.
e) Der Bus fährt .... Stadt .... Autobahn.
f) Die U-Bahn fährt .... Schule .... Bahnhof.

C 2 VOCABULAIRE

Wie fährt man zum Stadttheater?

Das Stadttheater : die Bushaltestelle ; das Rathaus.
— Entschuldigen Sie, wie fährt man von hier zum Stadttheater ?
— Das ist ganz einfach. Gehen Sie zur Bushaltestelle dort. Sie steigen in den Bus ein und fahren bis zum Rathaus.
Am Rathaus steigen Sie aus dem Bus aus.
Das Stadttheater ist direkt beim Rathaus.

Das Messegelände : Die U-Bahn ; der Goetheplatz.
Das Kunstmuseum [1] : Die Straßenbahnhaltestelle ; der Stadtpark.
Das Rathaus : Der Bahnhof ; der Hauptbahnhof.
Die französische Botschaft : Die Bushaltestelle ; die Michaelskirche.

1. die Kunst, ⁓e, *l'art*; das Museum, pl. die Museen.

1. Traduire :

  a) Ich arbeite schon seit zwei Jahren bei der (in der) Firma.
  b) Die Büromöbelfabrik ist bei der Autobahn.
  c) Das Büromöbelgeschäft ist direkt am Bahnhof.
  d) Ich brauche 15 Minuten von meiner Wohnung (bis) zum Büro.
  e) Peter geht um halb acht aus dem Haus.
  f) Er geht zu Fuß (bis) zur Bushaltestelle.

2. Compléter : Après le/la ..., il sort du/de la...

  a) Ich komme nach dem Frühstück aus dem Hotel.
  b) Du kommst nach der Arbeit aus dem Büro.
  c) Er kommt nach dem Essen aus dem Restaurant.
  d) Sie kommt nach dem Film aus dem Kino.

3. Compléter : A six heures et demie, il va à/au.... [1]

  a) Wir fahren um halb sieben zur Fabrik.
  b) Sie gehen um halb zehn zum Geschäft.
  c) Er geht um halb eins zum Essen.
  d) Sie fährt um halb acht zur Schule.

4. Compléter : Il va du/de la ... au/à la....

  a) Ich gehe von der Wohnung zur Bushaltestelle.
  b) Du fährst vom Geschäft zum Bahnhof.
  c) Wir gehen von der Firma zur U-Bahn.
  d) Sie fahren vom Büro zur Fabrik.
  e) Der Bus fährt von der Stadt zur Autobahn.
  f) Die U-Bahn fährt von der Schule zum Bahnhof.

1. **zu** + **der**, **zu** + **dem** se contractent en **zur/zum**

C 4 TRADUCTION

Comment/Par où va-t-on au Théâtre de la Ville?

Le Théâtre de la Ville : l'arrêt de bus ; l'Hôtel de Ville.
— Excusez-moi, comment va-t-on (d'ici) au Théâtre de la Ville?
— C'est très simple. Vous allez jusqu'à l'arrêt de bus, là-bas.
Vous prenez le bus (et allez) jusqu'à l'Hôtel de Ville.
A l'Hôtel de Ville, vous descendez (du bus).
Le Théâtre de la Ville est tout à côté de l'Hôtel de Ville.

Le parc des expositions : le métro ; la place Goethe.
Le Musée d'Art : la station de tramway ; le parc de la ville.
L'Hôtel de Ville : la gare ; la gare centrale.
L'ambassade de France : l'arrêt de bus ; l'église Saint-Michel.

28 ■ Wo machen Sie Urlaub?

in *dans*   **an** *près de*   **auf** *sur*

■ Les prépositions **in, an, auf** sont dites « mixtes » parce qu'elles ne gouvernent ni l'accusatif ni le datif, mais l'un ou l'autre selon l'opposition directif — locatif (cf. 26 A 3).

■ N.B. : **in** et **an** suivies de l'article (masculin ou neutre) **dem** se contractent le plus souvent en **im** et **am** :

in dem → im   **an dem → am**

das Meer, -e	*la mer*	das Land, ⸚er	1) *le pays*
die See, -n	*la mer*		2) *la campagne*
die Ostsee	*la mer Baltique*	das Hotel, -s	*l'hôtel*
(der) August	*août*	der Campingplatz, ⸚e	*le terrain de camping*
(der) Juli	*juillet*		
die Woche, -n	*la semaine*	der Strand	*la plage*
die Leute (pl.)	*les gens / le monde*	der Berg, -e	*la montagne*
der Sommer	*l'été*	besonders	*particulièrement*
verbringen	*passer (le temps)*	bleiben	*rester*

Herr Müller (M) fragt seine Sekretärin (S) :

1. M : Wo machen Sie Urlaub?
2. S : Ich mache Urlaub am Meer.
3.   An der Ostsee.
4. M : Im August?
5. S : Ich habe im August Urlaub. Sie auch?
6. M : Ich habe eine Woche im Juli.
7.   Und drei Wochen im August.
8. S : Wo verbringen Sie Ihren Urlaub?
9. M : Ich verbringe meinen Urlaub nicht am Meer,
10.   sondern auf dem Land, im Schwarzwald.
11.   Am Meer sind im Sommer zu viele Leute.
12.   In den Hotels, auf den Campingplätzen,
13.   und besonders am Strand.
14.   Ich bleibe im Sommer lieber auf dem Land.
15.   Oder in den Bergen.

A 3 REMARQUES

■ Le choix des prépositions se justifie en général par leur sens ; leur emploi peut être cependant propre à certains compléments circonstanciels (cf. les ex. de 28 A 1) :

in dem Land	auf dem Land
dans le pays	à la campagne

La même préposition se traduira donc différemment en français (cf. 3 A) :

in « à l'intérieur de »

in Kiel	à Kiel	im Schwarzwald	en Forêt Noire
im August	en août	in den Bergen	en/à la montagne
im Hotel	à l'hôtel	in den Hotels	dans les hôtels

■ Traduction : **das Meer** et **die See** sont synonymes. On dit : **die Nordsee** « la mer du Nord », **die Ostsee** « la mer de l'est » = la Baltique, mais **das Mittelmeer** « la mer Méditerranée ».

Prononciation :
— **das Meer** = [mé:r] [avec un [é:] et non un [è])
— **Juli** : [jouli], **August** = [ao goust], **Hotel** = [hôtèl]
— **Camping** = [kèmpiŋ] : prononciation à l'anglaise.

N.B. Ne pas confondre **der See**, *le lac*, et **die See**, *la mer*.

A 4 TRADUCTION

M. Müller (M) demande à sa secrétaire (S) :
1. M : Où passez-vous vos vacances?
2. S : Je vais en vacances au bord de la mer.
3.   Sur la Baltique.
4. M : En août?
5. S : J'ai mes vacances en août. Vous aussi?
6. M : J'ai une semaine en juillet.
7.   Et trois semaines en août.
8. S : Où passez-vous vos vacances?
9. M : Je ne passe pas mes vacances à la mer,
10.   mais à la campagne, en Forêt Noire.
11.   Il y a trop de monde au bord de la mer en été.
12.   Dans les hôtels, sur les terrains de camping.
13.   et surtout sur les plages. (nom singulier en allemand)
14.   Je préfère rester à la campagne en été.
15.   Ou bien à la montagne (m. à m. : dans les montagnes).

B 1 PRÉSENTATION

wohin? où (directif) cf. ci-contre

Wir fahren $\left\{\begin{array}{l}\textbf{ans Meer.}\\ \textbf{auf eine Insel.}\\ \textbf{in die Bretagne.}\end{array}\right.$ *Nous allons* $\left\{\begin{array}{l}\textit{à la mer.}\\ \textit{dans une île.}\\ \textit{en Bretagne.}\end{array}\right.$

der Plan, ⸚e	*le plan, le projet*
die Ferienpläne	*les projets de vacances*
der Jahresurlaub	*le(s) congé(s) annuel(s)*
die Schulferien	*les vacances scolaires*
die Insel, -n	*l'île*
nachkommen (nach=kommen)	*« venir après » = rejoindre, suivre*
die Nordsee	*la mer du Nord*
das Mittelmeer	*la mer Méditerranée*
Große klasse!	*Formidable!*

B 2 APPLICATION

Karin (K) und ihr Vater (V) machen Ferienpläne.
1. Die Eltern haben vier Wochen Jahresurlaub.
2. Die Kinder haben sechs Wochen Schulferien.
3. K : Wohin fahren wir?
4. V : Zuerst fährst du mit Peter ans Meer.
5. K : Schon wieder an die Nordsee?
6. V : Ja, aber auf eine Insel.
7. K : Große Klasse! Und dann?
8. V : Zwei Wochen später kommen wir nach
9.   und fahren alle zusammen nach Frankreich.
10. K : Nach Paris?
11. V : Nein, nicht nach Paris.
12. K : Oder ans Mittelmeer?
13. V : Auch nicht ans Mittelmeer.
14. K : Wohin denn?
15. V : Wir fahren im Sommer in die Bretagne.

B 3 REMARQUES

■ L'adverbe interrogatif **wo** est « locatif » : il pose une question sur le lieu où l'on est. **Wo...?** s'oppose à **Wohin...?** qui est « directif » et pose une question sur le lieu où l'on va (cf. 26 A 3) :

directif		locatif	
Wohin...?		**Wo...?**	
Wohin gehst du?	Où vas-tu?	**Wo bist du?**	Où es-tu?
in/an/auf + acc.		in/an/auf + dat.	
nach		**in**	(cf. 27 A)
zu		**bei**	(cf. 27 A)

Des verbes comme **sein** ou **bleiben** expriment le lieu où l'on est, on dira qu'ils sont **essentiellement** locatifs et exigent le datif. Des verbes comme **fahren** ou **gehen** sont directifs ou locatifs et gouvernent l'accusatif ou le datif selon que l'on va ou que l'on est dans un lieu (cf. 26 A 3).

● N.B. : **Ich habe vier Wochen Urlaub.** J'ai quatre semaines de congé. **Urlaub** est simplement apposé à **Wochen,** sans mot de liaison.

B 4 TRADUCTION

Carine (C) et son père (P) font des projets de vacances.
1. Les parents ont quatre semaines de congés annuels.
2. Les enfants ont six semaines de vacances scolaires.
3. C : Où irons-nous?
4. P : Tu iras tout d'abord à la mer avec Pierre.
5. C : Encore (sur) la mer du Nord?
6. P : Oui, mais dans une île.
7. C : Formidable! Et ensuite?
8. P : Nous vous rejoindrons deux semaines plus tard.
9.   et nous irons tous ensemble en France.
10. C : A Paris?
11. P : Non, pas à Paris.
12. C : Sur la Méditerranée alors?
13. P : Pas davantage sur la Méditerranée.
14. C : Où donc alors?
15. P : Nous irons cet été en Bretagne.

1. Übersetzen:

a) Je ne passe pas mes vacances à la mer.
b) En été, il y a trop de monde au bord de la mer.
c) Je préfère rester à la campagne en été.
d) J'ai une semaine de vacances en juillet.
e) Où passez-vous vos vacances d'été?
f) Où allez-vous cet été?

2. Antworten : Ich fahre um ... /am ... /im... [1]

a) Wann fahren Sie aufs Land? (Wochenende)
b) Wann fliegen Sie ans Mittelmeer? (Sommer)
c) Wann kommen Sie ins Büro? (neun Uhr)
d) Wann gehen Sie ins Kino? (Abend)

3. Antworten : Im August fährt er in die Bretagne. Seinen Urlaub verbringt er in der Bretagne.

a) Wohin fährt Peter im Sommer? (Schwarzwald)
b) Wo verbringt Hans die Ferien? (Bodensee)
c) Wohin fahren Sie am Wochenende? (Land)
d) Wo sind Sie im Juli? (Berge)

4. Fragen : Wo sind Sie ...? /Wohin fahren Sie...?

a) Ich verbringe meinen Urlaub am Meer.
b) Er fliegt im September nach Amerika.
c) Sie bleibt in den Ferien in Deutschland.
d) Ich gehe heute abend ins Kino.
e) Er ist am Wochenende auf dem Land.
f) Wir fahren im Februar in die Berge.

1. Contraction de **auf/an/in + das**

C 2   VOCABULAIRE

Wohin reisen Sie? Wir fahren /fliegen...	Wo sind Sie? Wir verbringen den Urlaub...
ins Ausland.	im Ausland.
ans Schwarze Meer.	am Schwarzen Meer.
aufs Land.	auf dem Land.
in den Libanon.	im Libanon.
an den Genfer See.	am Genfer See.
in die Schweiz.	in der Schweiz.
an die Nordsee.	an der Nordsee.
in die Vereinigten Staaten.	in den Vereinigten Staaten.
in die Niederlande.	in den Niederlanden.

1. Traduire :

a) Ich verbringe meine Ferien nicht am Meer.
b) Im Sommer sind am Meer zu viele Leute.
c) Ich bleibe im Sommer lieber auf dem Land.
d) Ich habe eine Woche Ferien im Juli.
e) Wo verbringen Sie Ihre Sommerferien?
f) Wohin fahren Sie im Sommer (diesen Sommer)?

2. Répondre : Je vais à ... heures/le .../en...

a) Ich fahre am Wochenende aufs Land.
b) Ich fliege im Sommer ans Mittelmeer.
c) Ich komme um neun Uhr ins Büro.
d) Ich gehe am Abend ins Kino.

3. Répondre : En août, il ira en Bretagne.
Il passe ses vacances en Bretagne.

a) Im Sommer fährt Peter in den Schwarzwald.
b) Die Ferien verbringt Hans am Bodensee.
c) Am Wochenende fahre ich aufs Land.
d) Im Juli bin ich in den Bergen.

4. Poser une question : Où êtes-vous...? Où allez-vous...?

a) Wo verbringen Sie Ihren Urlaub?
b) Wohin fliegt er im September?
c) Wo bleibt sie in den Ferien?
d) Wohin gehen Sie heute abend?
e) Wo ist er am Wochenende?
f) Wohin fahren Sie im Februar?

C 4 TRADUCTION

Où partez-vous (en voyage)?   Où êtes-vous?
Nous allons...   Nous passons les vacances...

            à l'étranger.
            sur la Mer Noire.
            à la campagne.
            au Liban [1].
            sur le lac de Genève.
            en Suisse [1].
            sur la Mer du Nord.
            aux États-Unis [1].
            aux Pays-Bas [1].

1. Sur l'emploi de l'article en allemand avec les noms de pays, voir C4, p. 130.

A 1 PRÉSENTATION

aus + **datif**	« *hors de* »
legen	*poser à plat*
stellen	*poser debout*
stecken	*mettre, fourrer*
hängen	*accrocher*
(sich) setzen	*(s')asseoir*
werfen	*lancer*

der Tisch, -e	*la table*
der Schreibtisch	*le bureau* (cf. 29 A 3)
der Schal, -s/e	*l'écharpe, le foulard*
die Tasche, -n	*la poche*
die Manteltasche	*la poche de manteau/pardessus*
der Schrank, ⸚e	*l'armoire, le placard*
die Zeitung, -en	*le journal*
der Papierkorb, ⸚e	*la corbeille à papier*

■ La préposition *aus* gouverne le datif et indique la provenance du lieu à l'intérieur duquel on se trouvait — elle se traduira le plus souvent par « sortir, enlever, prendre dans, etc. » :

Er geht aus dem Zimmer   Il sort de la pièce.
Er nimmt den Mantel aus dem   Il prend son manteau dans
Schrank.   l'armoire.

■ **werfen** est un « verbe fort » : e devient i aux 2ᵉ/3ᵉ personnes du singulier : **werfen - ich werfe - du wirfst - er wirft.**

A 2 APPLICATION

Herr Braun kommt ins Büro.
1. **Er nimmt die Zeitung aus der Tasche**
2. **und legt sie auf seinen Schreibtisch.**
3. **Dann steckt er seinen Schal in die Manteltasche**
4. **und hängt den Mantel in den Schrank.**
5. **Er setzt sich an seinen Schreibtisch.**
6. **Fräulein Weiß kommt und bringt Kaffee.**
7. **— Das ist nett von Ihnen, danke!**
8.   **Stellen Sie den Kaffee nicht auf die Briefe!**
9.   **Stellen Sie ihn bitte auf den Tisch.**
10.   **Da unter die Lampe. Danke.**
11. **Fräulein Weiß geht aus dem Büro.**
12. **Herr Braun nimmt die Zeitung, liest sie,**
13. **und wirft sie dann in den Papierkorb.**

A 3 REMARQUES

■ Les verbes **legen, stellen, hängen** et **setzen**, dits « de mouvement », sont **essentiellement directifs** : le complément de lieu est à l'accusatif. Ils correspondent en français à « mettre », mais l'allemand précise : « couché », « debout », etc. :

legen : Er legt das Buch auf den Tisch.
« mettre couché »   Il pose le livre sur la table.
stellen : Er stellt die Flasche auf den Tisch.
« mettre debout »   Il pose la bouteille sur la table.
hängen : Er hängt den Mantel in den Schrank.
« mettre accroché »   Il accroche le manteau dans le placard.
setzen : Er setzt sich an den Tisch.
« mettre assis »   Il s'assied à la table.

N.B. : **stecken** est employé quand on ne peut préciser « comment » on met :

Er steckt den Schlüssel in die Tasche.
Il met la clé dans sa poche.

■ Le « bureau » est en français aussi bien « la table de travail », la « pièce » où se trouve cette table que le « lieu » où travaillent les employés d'une administration par exemple
L'allemand présente trois mots pour ces trois sens :

der Schreibtisch   le bureau (table où l'on écrit)
das Arbeitszimmer   le bureau (pièce où l'on travaille)
das Büro (20)   le bureau (20 p. ex.)

A 4 TRADUCTION

Monsieur Braun arrive au bureau.
1. Il prend son journal dans la poche de son pardessus
2. et le pose sur son bureau.
3. Ensuite il met son écharpe dans la poche de son pardessus
4. et suspend son pardessus dans le placard (la penderie).
5. Il s'assied à son bureau.
6. Mlle Weiss arrive et apporte du café.
7. — C'est très aimable à vous, merci.
8. Ne posez pas le café sur les lettres!
9. Mettez-le sur la table, je vous prie.
10. Là, sous la lampe. Merci.
11. Mlle Weiss sort du bureau.
12. M. Braun prend son journal, le lit
13. et le jette ensuite dans la corbeille à papier.

29 ■ Das Notizbuch liegt neben dem Telefon

B 1 PRÉSENTATION

neben	*près de*	**hinter** *derrière*	**vor** *devant*

■ Ces prépositions sont suivies de l'accusatif ou du datif selon
que le verbe est locatif ou directif :

Er legt das Buch neben/hinter/vor das Telefon.
Das Buch liegt neben/hinter/vor dem Telefon.

liegen *être couché/allongé* **hängen** *être suspendu/accroché*
stehen *être debout* **sitzen** *être assis* **stecken** *être («fourré»)*

die Wand, ⸚e	*le mur, la paroi*	die Küche	*la cuisine*
		das Bild, -er	*l'image*
		die Toilette	*les W.C.*
das Licht, -er	*la lumière*	das Zimmer	*la pièce, la chambre*
das Wohnzimmer	*la salle de séjour*		

schlafen (du schläfst, er schläft) *dormir*
das Schlafzimmer *la chambre à coucher*
der Hörer, - *«l'écouteur» = le combiné*
die Notiz, -en [nôti:ts] *la note*
das Notizbuch *le carnet, l'agenda*
waschen (du wäschst, er wäscht) *laver*
die Waschmaschine *la machine à laver*
der Korridor, -e [koridô:r] *le couloir*
klingeln *sonner*
abnehmen (ab=nehmen) *enlever, décrocher*

B 2 APPLICATION

Frau Braun sitzt im Wohnzimmer.

1. Sie sitzt im Wohnzimmer und hört Radio.
2. An der Wand hinter ihr hängt ein Bild.
3. Vor ihr steht ein Tisch,
4. und auf dem Tisch steht das Telefon.
5. Es klingelt. Sie nimmt den Hörer ab.
6. — Braun! Hallo? Bist du's? Was ist los?
7. Du brauchst die Adresse von Müller?
8. Ist dein Notizbuch nicht in deiner Tasche?
9. Wo liegt es? Richtig, es liegt hier vor mir.
10. Direkt neben dem Telefon. Die Adresse steht hier.
11. Er wohnt in der Goethestraße, Nummer 33.
12. Bitte! Moment, noch etwas! Ich habe Probleme!
13. Die Waschmaschine in der Küche geht nicht!
14. In der Toilette und auf dem Korridor ist kein Licht.
15. Und im Schlafzimmer... Hallo? Hallo! Hallo!

B 3 REMARQUES

■ Les quatre verbes **liegen, stehen, hängen et sitzen**, dits « de position », sont **essentiellement locatifs** : le complément de lieu est au datif. Ils correspondent aux quatre verbes « de mouvement » :

legen →	**Er legt das Buch auf den Tisch.**	
	Dann liegt das Buch auf dem Tisch.	← liegen
	Le livre est (posé) sur la table.	
stellen →	**Er stellt die Flasche auf den Tisch.**	
	Dann steht die Flasche auf dem Tisch.	← stehen
	La bouteille est (debout) sur la table.	
hängen →	**Er hängt den Mantel in den Schrank.**	
	Dann hängt der Mantel in dem Schrank.	← hängen
	Le manteau est (accroché) dans le placard.	
setzen →	**Er setzt sich an den Schreibtisch.**	
	Dann sitzt er an dem Schreibtisch.	← sitzen
	Il est (assis) (au =) à son bureau.	

N.B. : Les deux verbes **hängen** et **stecken** n'ont pas de formes distinctes au directif et au locatif ; seul l'emploi des cas permet de les distinguer.

B 4 TRADUCTION

Madame Braun est (assise) dans la salle de séjour.
1. Elle est dans le séjour et écoute la radio.
2. Un tableau est accroché derrière elle au mur.
3. Devant elle se trouve une table.
4. et sur la table, il **y a** le téléphone.
5. Il (le téléphone)/Ça sonne. Elle décroche le combiné.
6. — Braun! Allo? C'est toi? Qu'est-ce qui se passe?
7.   Tu as besoin/Tu veux l'adresse de Müller?
8.   Tu n'as pas ton agenda sur toi (m. à m. : dans ta poche)?
9.   Où est-il? En effet, il est ici devant moi.
10.   Juste à côté du téléphone. L'adresse est ici.
11.   Il habite rue Goethe, au (numéro) 33.
12.   Attends! Un instant, encore deux mots! J'ai des problèmes!
13.   La machine à laver dans la cuisine ne marche pas.
14.   Dans les waters et dans le couloir, il n'**y** a pas de lumière.
15.   Et dans la chambre à coucher... Allo? Allo! Allo!

1. Übersetzen :

- a) Il met son écharpe dans la poche de son pardessus.
- b) Il suspend son pardessus dans l'armoire.
- c) Elle s'assied à son bureau.
- d) Elle pose le café sur le bureau.
- e) Elle est (assise) dans la salle de séjour.
- f) La machine à laver dans la cuisine ne marche pas.

2. Antworten : Er legt /stellt ... die /das /den ... in /an /auf ...

- a) Wohin hängt er das Bild?   (Schlafzimmerwand)
- b) Wohin steckt sie den Brief?   (Manteltasche)
- c) Wohin setzen Sie sich?   (Schreibtisch)
- d) Wohin stellen wir die Lampe?   (Wohnzimmertisch)
- e) Wohin legt sie das Buch?   (Bücherschrank)
- f) Wohin wirft er das Papier [1]?   (Papierkorb)
- g) Wohin bringen Sie die Bücher?   (Stadtbibliothek) [2]

3. Antworten : Der /Die /Das ... liegt /steht ... in /an /auf ...

- a) Wo steht die Lampe? (Schlafzimmer)
- b) Wo steckt das Notizbuch? (Tasche)
- c) Wo sitzt der Direktor? (Schreibtisch)
- d) Wo liegt der Brief? (Zeitung)
- e) Wo hängen die Bilder (Wand)
- f) Wo steht die Waschmaschine? (Küche)
- g) Wo stehen die Bücher? (Bücherschrank) [3]

1. das Papier. -e : *le papier*
2. *La bibliothèque (de la ville =) municipale (le bâtiment).*
3. *La bibliothèque (le meuble).*

C 2 VOCABULAIRE

Combler les blancs par la préposition ou l'article voulus (solution* en bas de page, traduction ci-contre) :

Im Restaurant.

1. Herr Schmitt geht mit seiner Frau ..... Restaurant.
2. ..... Restaurant sind alle Tische besetzt.
3. Aber ..... Garten sind noch zwei Plätze frei.
4. Herr und Frau Schmitt gehen .... Garten.
5. Sie setzen sich .... Tisch.
6. .... Tisch liegt eine Tischdecke.
7. Eine Vase mit Blumen steht .... Tischdecke.
8. Der Ober stellt Teller und Gläser .... Tisch.
9. Er bringt ... Besteck (... Messer, ... Gabel, ... Löffel).
10. Er legt es .... Tisch und bringt dann die Speise-karte.

* 1. ins 2. Im 3. Im 4. in den 5. an den 6. auf dem 7. auf der 8. auf den 9. das (das, die, den) 10. auf den

1. Traduire :

a) Er steckt seinen Schal in die Manteltasche.
b) Er hängt seinen Mantel in den (Wand-)Schrank.
c) Sie setzt sich an ihren Schreibtisch.
d) Sie stellt den Kaffee auf den Schreibtisch.
e) Sie sitzt im Wohnzimmer.
f) Die Waschmaschine in der Küche funktioniert (geht) nicht.

2. Répondre : Il pose /met .... le /la ... dans /sur /à ....

a) Er hängt das Bild an die Schlafzimmerwand.
b) Sie steckt den Brief in die Manteltasche.
c) Ich setze mich an den Schreibtisch.
d) Wir stellen die Lampe auf den Wohnzimmertisch.
e) Sie legt das Buch in den Bücherschrank.
f) Sie wirft das Papier in den Papierkorb.
g) Ich bringe die Bücher in die Stadtbibliothek.

3. Répondre : Le /La ... se trouve /est .... dans /sur /à ....

a) Die Lampe steht im (in dem) Schlafzimmer.
b) Das Notizbuch steckt in der Tasche.
c) Der Direktor sitzt hinter dem (am=an dem) Schreibtisch.
d) Der Brief liegt auf der Zeitung.
e) Die Bilder hängen an der Wand.
f) Die Waschmaschine steht in der Küche.
g) Die Bücher stehen im (in dem) Bücherschrank.

C 4 TRADUCTION

Au restaurant.

1. M. Schmitt va au restaurant avec sa femme.
2. Au restaurant, toutes les tables sont occupées.
3. Mais il y a encore deux places libres dans le jardin.
4. M. et Mme Schmitt vont dans le jardin.
5. Ils s'assoient à la table.
6. Il y a une nappe sur la table.
7. Il y a un vase de fleurs [1] sur la table.
8. Le garçon pose les assiettes [2] et les verres sur la table.
9. Il apporte le couvert [3] (le couteau [4], la fourchette [5], la cuiller [6]).
10. Il le pose sur la table et apporte ensuite la carte.

1. die Blume. -n	4. das Messer, -
2. der Teller, -	5. die Gabel, -n
3. das Besteck, -e	6. der Löffel, -

30 ■ Herr Braun war auf dem Oktoberfest

A 1 PRÉSENTATION

woher ...?	*d'où...?* (cf. ci-dessous)	
ich war	*j'étais* (cf. 30 A 3)	

das Fest, -e		*la fête*
(der) Oktober	[oktô:ber]	*(le mois d') octobre*
das Oktoberfest		*la Fête d'Octobre : la Fête de la Bière à Munich*
Wie war's?		*Comment était-ce?*
die Stimmung		*l'atmosphère, l'ambiance*
nie		*jamais*
noch nie		*jamais encore*
komisch	[kô:mis^{ch}]	*comique; bizarre, drôle*
Prima!	[pri:ma]	*Remarquable! Sensationnel!*

■ Nous avons vu (cf. 26 A 3) que l'allemand distingue le **directif** (lieu où l'on va) et le **locatif** (lieu où l'on est); il distingue (comme en français) le lieu d'où l'on vient par les prépositions **aus** ou **von** (qui gouvernent le datif — le choix du cas ne se pose donc pas). Selon le point de vue, l'allemand distingue donc trois questions :

	origine	locatif	directif
all.	**woher?**	**wo?**	**wohin?**
fr.	*d'où?*	*où?*	

A 2 APPLICATION

Herr Braun (B) kommt vom Oktoberfest. Er spricht mit seinem Kollegen (K) :

1. K : Woher kommen Sie, Herr Braun?
2. B : Ich komme direkt aus München.
3.   Ich war auf dem Oktoberfest.
4. K : Sie waren auf dem Oktoberfest!
5.   : Komisch! Jetzt im September?
6. B : Das Oktoberfest ist immer im September!
7.   Es ist vom 20. September bis zum 4. Oktober.
8. K : Und wie war's?
9. B : Das Oktoberfest war prima!
10.   Es waren viele Leute da!
11.   Und die Stimmung war große Klasse!
12.   Aber das Bier war sehr teuer.
13.   Waren Sie schon mal auf dem Oktoberfest?
14. K : Nein, ich war noch nie in München.

A 3 REMARQUES

■ Le **prétérit** est le temps du passé ; il correspond en français à « l'imparfait » ou au « passé composé » (cf. la traduction des phrases de 30 A 2). Le tableau suivant donne la conjugaison du verbe **sein** au prétérit (= prét.) :

singulier	pluriel	singulier	pluriel
ich ⎫ **war** **er** ⎭	**wir** ⎫ **waren** **Sie/sie** ⎭	j'étais il était	nous étions ils étaient
du warst	**ihr wart**	tu étais	vous étiez

d'où il ressort que :
1) les 1re et 3e personnes du singulier et du pluriel sont identiques,
2) les marques **-st** de la 2e personne du singulier et **-en** et **-t** du pluriel, dégagées pour le présent, se retrouvent au prétérit.

A 4 TRADUCTION

Monsieur Braun (B) revient de la Fête d'Octobre. Il parle avec son collègue (C).
1. C : D'où venez-vous, Monsieur Braun?
2. B : J'arrive directement de Munich.
3.   J'étais à la Fête d'Octobre.
4. C : Vous étiez à la Fête d'Octobre?
5.   Comment donc? Maintenant? En septembre!
6. B : La Fête d'Octobre a toujours lieu en septembre!
7.   Du 20 septembre au 4 octobre.
8. C : Et comment était-ce?
9. B : La Fête d'Octobre était remarquable!
10.   Il y avait beaucoup de monde!
11.   Et l'ambiance était formidable!
12.   Mais la bière était très chère.
13.   Avez-vous déjà été à la Fête de la Bière?
14. C : Non, je n'ai encore jamais été à Munich.

30 ■ Ich hatte heute viel Ärger

B 1 PRÉSENTATION

ich hatte	*j'avais, j'ai eu* (cf. 30 B 3)
die Autopanne, -n	*la panne de voiture*
deshalb	*c'est pourquoi*
die Vertretung, -en	*le remplacement = le (la) rempla-* *çant(e)*
die Entschuldigung, -en	*l'excuse*
Ich bitte Sie um Ent- **schuldigung**	*Je vous prie de m'excuser* *Excusez-moi*
die Nase, -n	*le nez*
Ich habe die Nase voll!	*J'en ai plein le dos!* *J'en ai par-dessus la tête!*
nichts Besonderes	*rien de particulier* (cf. 30 B 3)
der Ärger, ø	*la contrariété, l' (les) ennui(s)*
Ich habe Ärger.	*J'ai des ennuis.*
die Verspätung, ø	*le retard*
Ich habe Verspätung.	*J'ai du retard. = Je suis en retard.*
die Laune, -n	*l'humeur*
Ich habe schlechte/ **gute Laune.**	*Je suis de mauvaise/bonne humeur.*
die Ahnung, -en	*l'idée, le soupçon*
Ich habe keine Ahnung.	*Je n'en ai pas la moindre idée.* *Je ne suis pas au courant.*
gleich	*tout de suite*
Ich komme gleich.	*J'arrive tout de suite.*

B 2 APPLICATION

Herr Schmitt (S) hatte heute viel Ärger. Er spricht mit Herrn
Braun (B) :

1. B : Was ist mit Ihnen los?
2. S : Nichts Besonderes.
3.   Ich hatte heute nur viel Ärger.
4.   Zuerst hatte ich heute morgen eine Autopanne.
5.   Deshalb hatte ich 20 Minuten Verspätung.
6.   Mein Chef hatte schlechte Laune.
7. B : Aber Sie hatten eine Entschuldigung!
8. S : Ja, aber meine Sekretärin hatte Urlaub,
9.   und die Vertretung hatte keine Ahnung.
10.   Ich hatte viele Probleme!
11.   Um fünf hatte ich die Nase wirklich voll!
12.   Jetzt fahre ich nach Haus
13.   und lege mich gleich ins Bett!
14.   Vielleicht hat der Chef morgen gute Laune!

B 3   REMARQUES

■ La conjugaison du verbe **haben** « avoir » au prétérit est la suivante :

singulier	pluriel	sg.	pl.
ich / er } **hatte**	**wir** / **Sie/sie** } **hatten**	j'avais / il avait	nous avions / ils avaient
du hattest	**ihr hattet**	tu avais	vous aviez

● Comme le prétérit de **sein** (cf. 30 A 3), on constate que la 1ᵉʳ personne est identique à celle de la 3ᵉ pers. au singulier et au pluriel : seul le pronom sujet permet de les distinguer.

■ **nichts** / **etwas** } **Besonderes**   rien de / quelque chose de } particulier

L'adjectif qui suit **nichts** (« rien de ») et **etwas** (« quelque chose de ») s'écrit avec une majuscule et se termine (au nominatif et à l'accusatif) par **-es** :

Nichts Neues?   Rien de neuf?
Etwas Neues?   Quelque chose de nouveau?

B 4   TRADUCTION

M. Schmitt (S) a eu beaucoup de soucis. Il parle avec M. Braun (B) :

1. B : Qu'est-ce qu'il vous arrive?
2. S : Rien de particulier.
3.   J'ai eu seulement beaucoup de soucis aujourd'hui.
4.   Pour commencer, j'ai eu ce matin une panne de voiture.
5.   C'est pourquoi je suis arrivé avec vingt minutes de retard.
6.   Mon chef était de mauvaise humeur.
7. B : Mais vous aviez une excuse!
8. S : Oui, mais ma secrétaire avait congé,
9.   et la remplaçante n'était pas au courant.
10.   J'ai eu beaucoup de problèmes.
11.   A cinq heures, j'en avais vraiment plein le dos!
12.   Maintenant, je rentre chez moi
13.   et je me couche tout de suite!
14.   Peut-être que le chef sera de bonne humeur demain!

1. Übersetzen:

a) J'ai eu beaucoup de soucis aujourd'hui.
b) Mon chef était de très mauvaise humeur.
c) Je suis arrivé avec 20 minutes de retard.
d) J'étais à Munich. L'ambiance était formidable.
b) Avez-vous déjà été à Munich?

2. Umformen: Gestern war/hatte ... ich/er ... nicht ...

a) Heute bin ich bis sieben Uhr im Büro.
b) Heute haben wir sehr viel Arbeit.
c) Heute ist die Stimmung prima.
d) Heute hast du sehr viel Zeit.
e) Heute sind wir auf dem Land.

3. Umformen: Aber heute bin/habe ich...

a) Gestern hatten wir keine Konferenz.
b) Gestern waren wir nicht am Meer.
c) Gestern hatte meine Sekretärin keinen Urlaub.
d) Gestern war das Wetter nicht sehr schön.
e) Gestern hatte mein Chef keine schlechte Laune.

4. Fragen: Wohin ...? Wo ...? Woher ...?

a) Herr Braun kommt direkt aus München.
b) Ich war gestern im Restaurant.
c) Wir fahren morgen in die Schweiz.
d) Herr Müller nimmt die Zigaretten aus der Tasche.
e) Der Direktor war gestern in der Fabrik.

C 2 VOCABULAIRE

Einige Ausdrücke [1] mit « haben » und « sein » :

Ich habe Glück,	Er ist 20 Jahre alt.
Er hat es eilig.	Ich bin's.
Ich habe nichts dagegen.	Dir ist nicht zu helfen.
Sie hat recht/unrecht.	Er ist hinter mir her.
Ich habe keine Wahl.	Das ist nichts für Sie.
Wir haben Sommer.	Es ist lange her.
Wir haben den dreizehnten.	Es ist kalt/warm.
Das hat keine Eile.	Es ist schönes Wetter.
Er hat mich zum besten.	Was ist mit Ihnen los?
Welche Schuhgröße haben Sie?	Einmal ist keinmal.

Setzen Sie die Ausdrücke ins Präteritum!

Ich hatte Glück. Er war 20 Jahre alt.

Und so weiter (usw)

1: der Ausdruck, ∵e.

1. Traduire :

a) Ich hatte heute viel Ärger.
b) Mein Chef hatte sehr schlechte Laune.
c) Ich hatte zwanzig Minuten Verspätung.
d) Ich war in München. Die Stimmung war prima.
e) Waren Sie schon (einmal) in München?

2. Transformer : Hier, je n'étais / il n'était pas ...

a) Gestern war ich nicht bis sieben Uhr im Büro.
b) Gestern hatten wir nicht sehr viel Arbeit.
c) Gestern war die Stimmung nicht prima.
d) Gestern hattest du nicht sehr viel Zeit.
e) Gestern waren wir nicht auf dem Land.

3. Transformer : Mais aujourd'hui, je suis / j'ai ....

a) Aber heute haben wir eine Konferenz.
b) Aber heute sind wir am Meer.
c) Aber heute hat meine Sekretärin Urlaub.
d) Aber heute ist das Wetter sehr schön.
e) Aber heute hat mein Chef schlechte Laune.

4. Poser une question : Où / D'où...?

a) Woher kommt Herr Braun?
b) Wo waren Sie gestern?
c) Wohin fahren Sie morgen?
d) Woher nimmt Herr Müller die Zigaretten?
e) Wo war der Direktor gestern?

C 4 TRADUCTION

Quelques expressions avec « avoir » et « être » :

J'ai de la chance.	Il a vingt ans.
Il est pressé.	C'est moi.
Je n'ai rien contre.	On ne peut pas t'aider.
Elle a raison / tort.	Il est à mes trousses.
Je n'ai pas le choix.	Ce n'est rien pour vous.
Nous sommes en été.	Il y a longtemps.
Nous sommes le 13.	Il fait froid / chaud.
Cela / Ça ne presse pas.	Il fait beau.
Il se moque de moi.	Qu'est-ce qu'il vous arrive?
Combien chaussez-vous?	Une fois n'est pas coutume.

Transposez les expressions au prétérit!

J'ai eu de la chance.   Il avait vingt ans.

« Et ainsi de suite » (etc.) ...

A 1 PRÉSENTATION

wie...	*comme...*
so... wie...	*aussi... que* (cf. 31 A 3)
so gut wie gestern	*aussi bon / bien qu'hier*
nicht so schön wie heute	*pas aussi beau qu'aujourd'hui*
so viel Zeit wie...	*autant de temps que...*
wie immer	*comme toujours*

der Nachbar, -n	*le voisin*	Hallo!	*Hello!*
das Ende,-n	*la fin*	das Wochenende	*la fin de semaine, le week-end*

am Wochenende *pendant le week-end*

bleiben	*rester*	darum	*c'est pourquoi*
frei	*libre*	die Freizeit, ø	*les loisirs*

Ich habe frei.	*Je suis libre. / Je ne travaille pas.*
Was ist los?	*Que se passe-t-il?*

Rappel : ø = pas de pluriel.

A 2 APPLICATION

Herr Müller (M) spricht mit einem Nachbarn (N) :

1. M : Hallo! Wie geht's?
2. N : Danke. Nicht so gut wie gestern.
3. M : Was war gestern los?
4. N : Nichts Besonderes. Aber gestern war Sonntag.
5.   Ich war auf dem Land.
6. M : Wie war das Wetter? So schön wie heute?
7. N : Am Samstag war es so schön wie heute.
8.   Aber am Sonntag war es nicht so schön.
9.   Wo waren Sie am Wochenende?
10. M : Ich war zu Haus, wie immer.
11.   Ich arbeite auch am Samstag. Leider!
12.   Darum habe ich nicht so viel Freizeit wie Sie.
13.   Ich habe nur am Sonntag frei.
14.   Und darum bleibe ich lieber zu Haus.

31 ■ Hier, il ne faisait pas aussi beau qu'aujourd'hui

■ Le même adverbe **wie** peut être :
    1) interrogatif : **Wie geht's dir?**   Comment vas-tu?
    2) comparatif : **wie immer** comme toujours.

■ **La comparaison.**
— Le comparatif d'égalité s'exprime par :
    so... wie... aussi... que...
    Er ist so groß wie ich. Il est aussi grand que moi.
— L'inégalité s'exprime par :
    nicht so... wie... pas aussi... que...
    Heute ist es nicht so schön wie gestern.
    Aujourd'hui, il ne fait pas aussi beau qu'hier.

■ Les jours de la semaine employés comme compléments de temps (cf. p. 266,3 N.B. 3) sont précédés de la préposition **am** (= **an** + **dem** devant un nom masculin ou neutre).
    Le samedi, M. Braun ne va pas au bureau.
    Am Samstag geht Herr Braun nicht ins Büro.

■ **der Nachbar** (le voisin) prend un **-n** à l'Acc. et au datif **(mit dem Nachbarn)** comme **der Herr** : ces deux mots sont des masculins dits « faibles ».

M. Müller (M) parle avec un voisin (V) :
1. M : Hello! Comment ça va?
2. V : Merci. Pas aussi bien qu'hier.
3. M : Que s'est-il passé hier?
4. V : Rien de particulier. Mais hier, c'était dimanche.
5.   J'étais à la campagne.
6. M : Quel temps a-t-il fait? Aussi beau qu'aujourd'hui?
7. V : Samedi, il faisait aussi beau qu'aujourd'hui.
8.   Mais dimanche, il n'a pas pas fait aussi beau.
9.   Où étiez-vous pendant le week-end?
10. M : J'étais à la maison comme toujours.
11.   Je travaille aussi le samedi. Malheureusement!
12.   Je n'ai donc (« c'est pourquoi je n'ai ») pas autant de loisirs que vous.
13.   Je n'ai que le dimanche./Je ne suis libre que le dimanche.
14.   (Et) C'est pourquoi je préfère rester à la maison.

31 ■ Ich fahre lieber langsamer

B 1 PRÉSENTATION

viel → mehr als...	*beaucoup* → *plus que...*
gut → besser als...	*bon* → *meilleur que...*
gern → lieber als...	*volontiers* → *plus volontiers que...*
spät → später als...	*tard* → *plus tard que...*
bekannt	*connu*
der Bekannte ⎱	*la connaissance = la personne que*
die Bekannte ⎰	*l'on connaît, au masc. ou au fém.*
der Verkehr, ø	*le trafic, la circulation*
der Stadtverkehr	*la circulation en ville*
die Landstraße, -n	*la route (de campagne)*
gewöhnlich	*habituel(lement)*
vernünftig	*raisonnable*
ziemlich (... gut/schön)	*devant un adj. : assez (... bon)*
billig	*bon marché*
das Benzin, ø	*l'essence*
ungefähr	*environ, à peu près*
entschuldigen	*excuser, pardonner*
Entschuldigen Sie, bitte!	*Excusez-moi, je vous prie!*
treffen	*rencontrer (cf. 31 B 3)*
brauchen	*consommer (pour une voiture)*
der Regen, ø	*la pluie*
bei Regen	*par temps de pluie = quand il pleut*

B 2 APPLICATION

Herr Schmitt (S) trifft einen Bekannten (B) :

1. S : Ich komme zu spät! Entschuldigen Sie, bitte!
2. B : Besser zu spät als gar nicht! War viel Verkehr?
3. S : Nicht mehr als gewöhnlich.
4.   Aber bei Regen fahre ich lieber langsamer.
5. B : Ich fahre gar nicht gern langsam.
6.   Aber es ist sicher vernünftiger.
7. S : Ja, es ist vernünftiger und auch billiger.
8.   Man braucht weniger Benzin.
9. B : Wieviel braucht denn Ihr Wagen auf 100 Kilometer?
10. S : Ziemlich viel. 12 Liter auf der Landstraße.
11.   Auf der Autobahn fahre ich etwas schneller.
12.   Da braucht der Wagen natürlich auch mehr.
13.   Und im Stadtverkehr noch viel mehr.
14.   Wieviel braucht denn Ihr Wagen?
15. B : Ungefähr so viel wie Ihr Wagen.

B 3   REMARQUES

■ Le comparatif de supériorité se forme en ajoutant **-er** à l'adj. :
schnell   vite, rapidement → **schneller**   plus vite /rapidement
klein   petit   → **kleiner**   plus petit
wenig   peu   → **weniger**   moins
Le deuxième terme de la comparaison est introduit par **als**
(que...) :
   Er ist kleiner als ich   Il est plus petit que moi.
● N.B. 1 :L'adjectif **gut** et les adverbes **viel** et **mehr** ont un
comparatif irrégulier : **gut** → **besser, viel** → **mehr, gern** → **lieber**
(cf. en fr. le comparatif irrégulier **meilleur** pour **bon**).
N.B. 2 : Pour quelques adjectifs (voir liste p. 262) comme **alt** et
groß, la marque **-er** du comparatif s'accompagne de l'inflexion
de la voyelle : **alt** → **älter** [èlter], **groß** → **größer** [grö:ser].
■ **treffen** est un verbe fort pour lequel **e** devient **i** aux 2ᵉ et
3ᵉ personnes du singulier :
   treffen → **ich treffe** → **du triffst** → **er trifft**
■ **gewöhnlich,** comme la plupart des adjectifs, peut être
employé comme adverbe
■ **Entschuldigen Sie, bitte!** « Excusez-moi, je vous prie! »
Noter l'absence de pronom personnel objet en allemand.

B 4   TRADUCTION

M. Schmitt (S) rencontre une connaissance (C) :

1. S : Je suis en retard! (« Je viens trop tard! ») Excusez-
   moi, je vous prie!
2. C : Mieux vaut tard que jamais! (m. à m. : « Mieux (vaut) trop
   tard que pas du tout. ») Il y avait beaucoup de circulation?
3. S : Pas plus que d'habitude.
4.   Mais quand il pleut je préfère rouler plus lentement.
5. C : Je n'aime vraiment pas (« pas du tout ») rouler lentement.
6.   Mais c'est certainement plus raisonnable.
7. S : Oui, c'est plus raisonnable et ça coûte également
   moins cher (Litt. « C'est meilleur marché ».)
8.   On consomme moins d'essence.
9. C : Combien consommez-vous donc aux cent (kilomètres)?
10. S : Pas mal (litt. : « assez beaucoup »). Douze litres sur route.
11.   Sur l'autoroute, je roule un peu plus vite.
12.   Je consomme naturellement davantage.
13.   Et en ville, beaucoup plus encore.
14.   Combien consommez-vous donc? (Litt. : « Combien
   consomme votre voiture? »)
15. C : A peu près autant que vous (votre voiture).

1. Übersetzen:

a) Je n'ai pas autant de loisirs que vous.
b) Hier, il faisait aussi beau qu'aujourd'hui.
c) Il pleut. C'est pourquoi je préfère rester à la maison.
d) Quand il pleut, je préfère rouler plus lentement.
e) Combien consommez-vous aux cent kilomètres?
f) Mieux vaut tard que jamais

2. Antworten: Ja, er/sie/es ist/arbeitet so ... wie ....

a) Ist das Wetter heute so schlecht wie gestern?
b) Fährt Ihr Auto so schnell wie mein Auto?
c) Arbeitet er so viel wie Sie?
d) Kommt sie so spät wie ich?
e) Ist Ihre Wohnung so klein wie meine Wohnung?
f) Ist der Kaffee so teuer wie der Tee?
g) Ist der Film so interessant wie das Buch?

3. Antworten: Nein, er/sie/es ist besser/mehr als ...

a) Ist das Wetter so angenehm wie im Sommer?
b) Spricht er so schlecht Deutsch wie Sie?
c) Arbeitet er so schnell wie ich?
d) Essen die Kinder so spät wie die Eltern?
e) Braucht Ihr Wagen so viel wie mein Wagen?
f) Ist die Stadt Bonn so groß wie Berlin?
g) Ist der Zug so teuer wie das Flugzeug?

C 2 GRAMMAIRE

Gut, besser, am besten :	Er spricht gut Deutsch. Er spricht besser Deutsch. Er spricht am besten Deutsch.
Viel, mehr, am meisten :	Er arbeitet viel....
Gern, lieber, am liebsten :	Er trinkt gern Wein...
Alt, älter, am ältesten :	Er ist alt...
Kalt, kälter, am kältesten :	Es ist kalt...
Warm, wärmer, am wärmsten :	Es ist warm...
Lang, länger, am längsten :	Die Fahrt ist lang...
Lange, länger, am längsten :	Das dauert lange...
Teuer, teurer, am teuersten :	Das ist teuer...
Hoch, höher, am höchsten :	Das ist hoch...
Nah, näher, am nächsten :	Das ist nah....

1. Traduire :

a) Ich habe nicht so viel Freizeit wie Sie.
b) Gestern war das Wetter so schön wie heute.
c) Es regnet. Darum bleibe ich lieber zu Haus.
d) Bei Regen fahre ich lieber langsam.
e) Wieviel braucht Ihr Wagen (brauchen Sie) auf hundert Kilometer?
f) Besser zu spät als gar nicht!

2. Répondre : Oui, il /elle est /travaille aussi /autant ... que...

a) Ja, es ist heute so schlecht wie gestern.
b) Ja, es fährt so schnell wie Ihr Auto.
c) Ja, er arbeitet so viel wie ich.
d) Ja, sie kommt so spät wie Sie.
e) Ja, sie ist so klein wie Ihre Wohnung.
f) Ja, er ist so teuer wie der Tee.
g) Ja, er ist so interessant wie das Buch.

3. Répondre : Non, il /elle est mieux /plus ... que ...

a) Nein, es ist unangenehmer als im Sommer.
b) Nein, er spricht besser Deutsch als ich.
c) Nein, er arbeitet langsamer als Sie.
d) Nein, sie essen früher als die Eltern.
e) Nein, er braucht weniger als Ihr Wagen.
f) Nein, sie ist kleiner als Berlin.
g) Nein, er ist billiger als das Flugzeug.

C 4 TRADUCTION

Bon, mieux, le mieux : Il parle bien allemand.
Il parle mieux allemand.
Il parle le mieux allemand.

Beaucoup, davantage, le plus :	Il travaille beaucoup...
Volontiers, plus volontiers, de préférence :	Il aime le vin...
Vieux, plus vieux, le plus vieux :	Il est vieux /âgé...
Froid, plus froid, le plus froid :	Il fait froid...
Chaud, plus chaud, le plus chaud :	Il fait chaud...
Long, plus long, le plus long :	Le voyage est long...
Longtemps, plus longtemps, le plus longtemps :	Cela dure longtemps.
Cher, plus cher, le plus cher :	C'est cher...
Haut, plus haut, le plus haut :	C'est haut...
Près, plus près, le plus près :	C'est près...

(cf. p. 262 pour les comparatifs irréguliers).

32 ■ Können Sie mir ein Restaurant empfehlen?

A 1 PRÉSENTATION

ich kann → Sie können	je peux → *vous pouvez*
ich will → Sie wollen	je veux → *vous voulez*
ich mag → Mögen Sie...?	J'aime → *Aimez-vous...?*
der Portier, -s *le portier*	der Gast, ¨e *le client, l'hôte*
das Zimmer, - *la chambre*	das Bad, ¨er *le bain*
der Koffer, - *la valise*	die Küche, -n *la cuisine*
das Rathaus, ¨er *l'Hôtel de Ville*	der Keller, - *la cave*
der Rathauskeller	*la Cave de l'Hôtel de Ville*
die französische Küche	*la cuisine française*
die deutsche Küche	*la cuisine allemande*
Darf ich...	*Puis-je...*
bitten (um + Acc.)	*demander (qch.)*
empfangen [1]	*recevoir, accueillir*
lassen (+ infinitif) [1]	*faire faire (qch.) (cf. 32 A 3)*
empfehlen [1]	*recommander*
probieren	*essayer*
Wie heißen Sie?	*Comment vous appelez-vous?*
Ich heiße...	*Je m'appelle...*

[1] Verbes forts, cf. p. 278.

A 2 APPLICATION

Der Portier (P) empfängt den Gast (G) im Hotel.

1. G : Ich möchte ein Zimmer mit Bad.
2. P : Ich kann Ihnen Nummer acht geben.
3.   Wollen Sie das Zimmer sehen?
4. G : Nein, danke, ich kenne das Hotel.
5. P : Darf ich Sie um Ihren Namen bitten?
6. G : Ich heiße Braun, Hans Braun.
7.   Können Sie meine Koffer ins Zimmer bringen?
8.   Ich will gleich essen.
9. P : Ich lasse Ihre Koffer sofort ins Zimmer bringen.
10.   Ich kann Ihnen ein Restaurant empfehlen.
11.   Mögen Sie die französische Küche?
12. G : Ich mag die französische Küche sehr gern.
13.   Aber hier will ich doch lieber deutsch essen.
14. P : Dann kann ich Ihnen den Rathauskeller empfehlen.
15. G : Geben Sie mir die Adresse. Ich will's (*contraction* de Ich will es...) **probieren.**

32 ■ Pouvez-vous me recommander un restaurant?

A 3 REMARQUES

■ Les verbes **wollen**, « vouloir » et **können**, « pouvoir ».
La 1ʳᵉ et la 3ᵉ pers. du singulier (et du pluriel comme pour les autres verbes) sont identiques : il n'y a pas de -t à la 3ᵉ pers. du singulier :

wollen	**können**
ich er } **will**	wir sie } **wollen**	ich er } **kann**	wir sie } **können**
du **willst**	ihr **wollt**	du **kannst**	ihr **könnt**

— **wollen** signifie « vouloir ». Il peut aussi avoir le sens de futur immédiat : « je vais »... (cf. phrase 15).

■ L'infinitif sans **zu** : les verbes **wollen** et **können**, ainsi que les verbes **mögen** et **lassen** sont suivis de l'infinitif sans zu :

Ich lasse den Koffer bringen. Je fais apporter la valise.

■ L'adjectif épithète se place toujours devant le nom ; il prend un -e final :

deutsch → die deutsche Küche → la cuisine allemande

A 4 TRADUCTION

Le portier (P) reçoit le client (C) à l'hôtel :

1. C : Je voudrais une chambre avec salle de bain.
2. P : Je peux vous donner le 8 (litt. : « numéro 8 », sans article).
3. Voulez-vous voir la chambre?
4. C : Non, merci, je connais l'hôtel.
5. P : Puis-je vous demander votre nom?
6. C : Je m'appelle Braun, Jean Braun.
7. Pouvez-vous porter mes valises dans ma chambre?
8. Je veux (aller) manger tout de suite.
9. P : Je fais tout de suite porter vos valises dans (la =) votre chambre.
10. Je peux vous recommander un restaurant.
11. Aimez-vous la cuisine française?
12. C : J'aime beaucoup (litt. : « très volontiers ») la cuisine française.
13. Mais, ici, je préfère quand même manger à l'allemande.
14. P : Dans ce cas, je peux vous recommander la Cave de l'Hôtel de Ville.
15. C : Donnez-moi l'adresse. Je vais (l')essayer.

32 ■ Sie müssen sofort weiterfahren!

B 1 PRÉSENTATION

ich muß → Sie müssen	*je dois → vous devez*
ich soll → Sie sollen	(cf. 32 B 3)
ich darf → Sie dürfen	*je peux →* vous pouvez
	(cf. 32 B 3)

weit → weiter	*loin → plus loin*
weiterfahren (weiter = fahren)	« *rouler plus loin* » = *continuer (en voiture)*
stehen lassen	*laisser (être debout)*
parken	*stationner, garer*
halten (du hältst, er hält)	*s'arrêter*
das Schild, -er	*le panneau*
das Verbot, -e	*l'interdiction*
das Verbotsschild	*le panneau d'interdiction*
die Kreuzung, -en	*le carrefour*
die Zelle, -n	*la cellule, la cabine*
die Telefonzelle	*la cabine téléphonique, le*
der Polizist, -en	*le policier*
die Strafe, -n	*l'amende*
die Quittung, -en	*la quittance, le reçu*
Das ist verboten.	*C'est interdit.*
Auf der Straße	*Dans la rue / Sur la route (chaussée)*

B 2 APPLICATION

Auf der Straße : Ein Polizist (P), Herr Weiß (W) :

1. P : Sie müssen weiterfahren!
2. W : Was ist los? Kann ich hier nicht bleiben?
3. P : Sie können, aber Sie dürfen nicht! Sie müssen weiterfahren.
4. W : Ich soll weiterfahren? Ich sehe aber kein Schild.
5. P : Hier ist auch kein Schild.
6.   Sie stehen aber direkt an der Kreuzung.
7.   Und da dürfen Sie nicht parken. Das ist verboten.
8. W : Ich will ja nicht parken. Ich muß telefonieren.
9.   Da ist eine Telefonzelle.
10.   Kann ich den Wagen nicht drei Minuten hier stehen lassen?
11. P : Das können Sie machen, wie Sie wollen.
12.   Das kostet aber 20 Mark Strafe.
13.   Soll ich Ihnen die Quittung gleich geben?
14. W : Das ist teuer! Ich fahre lieber weiter.

B 3 REMARQUES

■ Conjugaison des verbes **müssen** et **sollen**, « devoir », et **können** et **dürfen** « pouvoir » :
ich/er muß — du mußt — wir/sie/ müssen — ihr müßt
(Rappel : -ss- s'écrit -ß- devant une consonne)

ich/er $\left\{ \begin{array}{l} \text{soll} \\ \text{darf} \end{array} \right.$ — du $\left\{ \begin{array}{l} \text{sollst} \\ \text{darfst} \end{array} \right.$ — wir/sie $\left\{ \begin{array}{l} \text{sollen} \\ \text{dürfen} \end{array} \right.$ — ihr $\left\{ \begin{array}{l} \text{sollt} \\ \text{dürft} \end{array} \right.$

können (cf. 32 A 3) et **müssen** notent respectivement la possibilité et l'obligation « matérielles » alors que **dürfen** et **sollen** expriment les mêmes notions, mais avec une valeur « morale » :

	« matérielle »	« morale »
possibilité	**können**	**dürfen**
obligation	**müssen**	**sollen**

Er kann nicht kommen.	Il ne peut pas venir (parce que, p. ex., il n'a pas le temps),
Er darf nicht rauchen.	Il ne peut pas fumer (parce que, p. ex., le médecin le lui interdit),
Er muß arbeiten.	Il doit travailler (p. ex. pour gagner sa vie),
Er soll telefonieren.	Il doit téléphoner (par politesse, p. ex., mais il n'est pas obligé).

B 4 TRADUCTION

Dans la rue : un policier (P), M. Weiss (W) :
1. P : Vous devez circuler (« continuer »)!
2. W : Qu'est-ce qu'il y a? Je ne peux pas rester ici?
3. P : Vous pouvez, mais vous n'avez pas le droit! Vous devez circuler.
4. W : Je dois circuler? Mais je ne vois aucun panneau.
5. P : Il n'y a en effet (« aussi ») aucun panneau.
6.   Mais vous êtes en plein carrefour.
7.   Et vous ne devez pas stationner ici (« là »). C'est interdit.
8. W : Mais je ne veux pas stationner. Je dois donner un coup de fil.
9.   Il y a là une cabine téléphonique.
10.   Je ne peux pas laisser ma voiture ici trois minutes?
11. P : Vous pouvez (le) faire comme vous voulez.
12.   Mais (cela coûte) l'amende coûte 20 marks.
13.   Dois-je vous donner le reçu tout de suite?
14. W : C'est cher! Je préfère aller plus loin.

1. Übersetzen:

   a) Puis-je vous demander votre nom?
   b) Il doit faire réparer sa voiture.
   c) Je n'aime pas la cuisine allemande.
   d) Pouvez-vous me recommander un hôtel?
   e) Vous ne devez pas stationner ici. C'est interdit.
   f) Vous pouvez (le) faire comme vous voulez.

2. Ergänzen: Benutzen Sie das angegebene Verb!

   a) (müssen) Ich ...... morgen ein Examen machen.
   b) (sollen) Du ...... nicht so viel essen.
   c) (dürfen) Er ...... keinen Wein trinken.
   d) (wollen) Sie ...... aufs Land fahren.
   e) (können) Es ...... morgen regnen.
   f) (mögen) Wir .... die Bretagne sehr gern.
   g) (müssen) Die Kinder .... in die Schule gehen.
   h) (sollen) Sie .... nicht so viel arbeiten.

3. Antworten: Ich kann/muß ... noch mehr/besser ... als Sie.

   a) Müssen Sie auch so viel arbeiten wie ich?
   b) Mögen Sie Champagner auch so gern wie ich?
   c) Können Sie auch so gut Deutsch sprechen wie ich?
   d) Dürfen Sie auch so lange Ferien machen wie ich?
   e) Wollen Sie auch so früh kommen wie ich?
   f) Sollen Sie auch so oft Postkarten schreiben wie ich?

C 2 GRAMMAIRE

Choix de l'auxiliaire : **wollen, können, sollen, dürfen** ou **mögen?**

Er hat die Absicht, ins Kino zu gehen.
● Er will ins Kino gehen.
Es ist nicht möglich, nach England zu gehen.
● Man kann nicht nach England gehen.
Es ist nötig zu essen.
● Man muß essen.
Es ist besser, nicht so viel zu rauchen.
● Man soll nicht so viel rauchen.
Es ist verboten, in der U-Bahn zu rauchen.
● Man darf in der U-Bahn nicht rauchen.
Er trinkt gern Wein.
● Er mag Wein.

1. Traduire :

  a) Darf ich Sie um Ihren Namen bitten?
  b) Er muß seinen Wagen (sein Auto) reparieren lassen.
  c) Ich mag die deutsche Küche nicht.
  d) Können Sie mir ein Hotel empfehlen?
  e) Sie dürfen hier nicht parken. Das ist verboten.
  f) Das können Sie machen, wie Sie wollen.

2. Compléter : Utilisez le verbe indiqué!

  a) Ich muß morgen ein Examen machen.
  b) Du sollst nicht so viel essen.
  c) Er darf keinen Wein trinken.
  d) Sie will aufs Land fahren. (ou pluriel : Sie wollen).
  e) Es kann morgen regnen.
  f) Wir mögen die Bretagne sehr gern.
  g) Die Kinder müssen in die Schule gehen.
  h) Sie sollen nicht so viel arbeiten (ou singulier féminin : sie soll).

3. Répondre : je peux/dois ... encore davantage/mieux ... que vous?

  a) Ich muß noch mehr arbeiten als Sie.
  b) Ich mag Champagner noch lieber als Sie.
  c) Ich kann noch besser Deutsch sprechen als Sie.
  d) Ich darf noch längere Ferien machen als Sie.
  e) Ich will noch früher kommen als Sie.
  f) Ich soll noch öfter Postkarten schreiben als Sie.

C 4 TRADUCTION

Il a l'intention d'aller au cinéma.
● Il veut aller au cinéma.

Il n'est pas possible d'aller à pied en Angleterre.
● On ne peut pas aller à pied en Angleterre.

Il est nécessaire de manger.
● On doit manger.

Il vaut mieux ne pas tant fumer.
● On ne doit pas tant fumer.

Il est interdit de fumer dans le métro.
● On ne peut pas fumer dans le métro.

Il boit volontiers du vin.
● Il aime le vin.

33 ■ Warum kommt er nicht? — Weil er nicht will

A 1 PRÉSENTATION

Warum...?	*Pourquoi...?*
weil...	*parce que...*
Warum ist er nicht da?	*Pourquoi n'est-il pas là?*
Weil er arbeitet.	*Parce qu'il travaille.*
Weil er arbeiten muß.	*Parce qu'il doit travailler.*
Weil er nicht kann.	*Parce qu'il ne peut pas.*
Weil er nicht da sein kann.	*Parce qu'il ne peut pas être là.*
Weil er nicht kommen darf.	*Parce qu'il ne peut pas (n'a pas le droit de) venir.*
Weil er heute arbeiten will.	*Parce qu'il veut travailler aujourd'hui*
(Geld) verdienen	*gagner (de l'argent)*
schreien	*crier, pleurer (sans larmes, comme un bébé)*
sonst	*sinon, dans le cas contraire*

A 2 APPLICATION

Die Tochter (T) fragt ihre Mutter (M) :

1. T : Warum spielt Papa heute nicht mit mir?
2. M : Weil er nicht mit dir spielen kann.
3. T : Warum kann er nicht mit mir spielen?
4. M : Weil er im Büro ist.
5. T : Warum ist er im Büro?
6. M : Weil er arbeiten muß.
7. T : Warum muß er arbeiten?
8. M : Weil er Geld verdienen muß.
9. T : Warum muß er Geld verdienen?
10. M : Weil wir Geld brauchen.
11. T : Warum brauchen wir Geld?
12. M : Weil du essen mußt.
13. T : Warum muß ich essen?
14. M : Weil du sonst Hunger hast und schreist.
15. T : Ich habe aber gar keinen Hunger!

33 ■ Pourquoi ne vient-il pas? — Parce qu'il ne veut pas

A 3 REMARQUES

● Nous avons vu (cf. 23 B 3) que l'infinitif complément se place à la fin de la phrase. Il en est de même pour le verbe de la proposition subordonnée introduite par **weil**, « parce que » (cf. p. 272) :

> **Warum spielt Papa nicht mit mir?**
> Pourquoi Papa ne joue-t-il pas avec moi?

Indépendante	Subordonnée
Er ist nicht da.	..., weil er **nicht da ist**
Il n'est pas là,	parce qu'il n'est pas là.

> **Dans une subordonnée, le verbe est placé en dernière position**

N.B. : La principale est toujours séparée de la subordonnée par une virgule : ..., weil....

> **Une virgule sépare toujours la principale de la subordonnée**

A 4 TRADUCTION

La fille (F) interroge sa mère (M) :

1. F : Pourquoi Papa ne joue-t-il pas avec moi aujourd'hui?
2. M : Parce qu'il ne peut pas jouer avec toi.
3. F : Pourquoi ne peut-il pas jouer avec moi?
4. M : Parce qu'il est au bureau.
5. F : Pourquoi est-il au bureau?
6. M : Parce qu'il doit travailler.
7. F : Pourquoi doit-il travailler?
8. M : Parce qu'il doit gagner de l'argent.
9. F : Pourquoi doit-il gagner de l'argent?
10. M : Parce que nous avons besoin d'argent.
11. F : Pourquoi avons-nous besoin d'argent?
12. M : Parce que tu dois manger.
13. F : Pourquoi dois-je manger?
14. M : Parce que, autrement, tu auras faim et tu pleureras (crieras).
15. F : Mais, je n'ai pas (du tout) faim!

33 ■ Wann kommst du? — Wenn ich kann

Wann...? *Quand...?* **Wenn...** *Quand...* (cf. 33 B 3)

Wann steigen die Preise?	*Quand les prix augmentent-ils?*
Wenn die Kosten steigen.	*Quand les frais augmentent.*
Wenn die Löhne steigen.	*Quand les salaires augmentent.*
steigen	*monter, augmenter*
werden, es wird...	*devenir, cela devient...*
verlangen	*demander, exiger, revendiquer*
erhöhen	*élever, relever, augmenter*
der Streik, -s — streiken	*la grève — faire grève*
der Preis, -e	*le prix*
der Lohn, ⁻e	*le salaire*
das Mittel, -, das Lebensmittel	*le moyen, le produit alimentaire*
die Miete, -n	*le loyer*
der Arbeitnehmer, —	*l'ouvrier, le salarié, l'employé* (m. à m. « le preneur de travail »)
der Arbeitgeber, —	*l'employeur, le patron* (m. à m. « le donneur de travail »)
der Kompromiß, -misse	*le compromis*
die Kosten, die Produktionskosten	*les frais (de production)*
das Produkt, -e	*le produit*
immer + comparatif	*de plus en plus*

B 2 APPLICATION

Wann steigen die Preise?
1. Alles wird immer teurer : Lebensmittel, Autos, Mieten, ...
2. Darum verlangen die Arbeitnehmer mehr Geld.
3. Wenn die Arbeitnehmer Geld verlangen,
4. dann wollen die Arbeitgeber zuerst nichts geben.
5. Wenn die Arbeitgeber die Löhne nicht erhöhen wollen,
6. dann können die Arbeiter streiken.
7. Doch das ist teuer für Arbeitnehmer und Arbeitgeber.
8. Darum macht man lieber einen Kompromiß.
9. Die Arbeitgeber erhöhen also die Löhne ein wenig.
10. Die Löhne steigen, aber wenn sie steigen,
11. dann steigen auch die Produktionskosten.
12. Und wenn die Produktionskosten steigen,
13. dann verlangen die Fabriken mehr für ihre Produkte.
14. Dann wird alles teurer : Lebensmittel, Autos, Mieten, ...
15. Und wenn alles teurer wird...

33 ■ Quand viendras-tu? — Quand je pourrai

B 3 REMARQUES

■ **wann?** — **wenn**, « quand » :

● Ne pas confondre le mot interrogatif **wann** (avec un **a**) et la conjonction de subordination **wenn** (avec un **e**) qui correspondent tous deux à **quand** en français :

> **Wann kommst du?**   Quand viens-/viendras-tu?
> **— Wenn ich kann.**   — Quand je pourrai.

(sur l'emploi du présent avec valeur de futur en allemand, cf. 12 B 3).

■ **werden**, « devenir », est un verbe fort pour lequel **e** devient **i** :

> **werden → ich werde → du wirst → er wird**

(Noter l'orthographe de la 2ᵉ personne du singulier, sans **-d-**.)

> **Das Wetter wird schön**   Le temps se met au beau.

● **werden** + un adjectif = devenir... se traduira le plus souvent en français par un verbe spécifique : **Das Kind wird groß.** (L'enfant « devient grand ») = L'enfant grandit.

L'adjectif peut être au comparatif en **-er** :

> **Die Mieten werden teuer.**   Les loyers deviennent chers.
> Les loyers augmentent.

> **Alles wird immer teurer.**   Tout devient de plus en plus cher.
> Tout augmente de plus en plus.

■ **immer** (toujours) + un adjectif au comparatif se traduira en général par « de plus en plus... » (N.B. : un adj. en **-er** perd ce **-e-** devant la terminaison **-er** du comparatif : **teuer+er** = « teuerer » = **teurer**).

B 4 TRADUCTION

Quand les prix augmentent-ils?

1. Tout augmente de plus en plus : les produits alimentaires, les voitures, les loyers, ...
2. C'est pourquoi les salariés exigent davantage d'argent.
3. Quand les salariés demandent de l'argent,
4. (alors) les patrons ne veulent, tout d'abord, rien donner.
5. Quand les patrons ne veulent pas relever les salaires,
6. (alors) il se peut que les travailleurs fassent grève.
7. Mais cela coûte cher aux patrons et aux ouvriers.
8. Aussi préfère-t-on (faire=) aboutir à un compromis.
9. Les patrons relèvent ainsi un peu les salaires.
10. Les salaires augmentent, mais quand ils augmentent,
11. les frais de production augmentent aussi.
12. Et quand les frais de production augmentent,
13. les usines exigent davantage pour leurs produits.
14. Alors tout enchérit : les produits alimentaires, les voitures, les loyers, ...
15. Et quand tout augmente de plus en plus...

1. Umformen : Er ißt nicht, denn ...   Er ißt nicht, weil ...

a) Er ißt nicht, denn er hat keinen Hunger.
b) Du arbeitest nicht, denn du hast Ferien.
c) Ich arbeite, denn ich muß Geld verdienen.
d) Sie trinkt Bier, denn sie hat Durst.
e) Wir müssen laufen, denn wir kommen sonst zu spät.
f) Sie gehen zur Bank, denn Sie brauchen Geld.
g) Ich komme nicht mit, denn ich kann nicht.
h) Er hat schlechte Laune, denn er hatte viel Ärger.

2. Antworten : Weil er/sie (nicht) ...... kann/will.

a) Warum arbeitet er heute? (müssen)
b) Warum parkt sie hier nicht? (dürfen)
c) Warum spricht er nicht Deutsch? (können)
d) Warum geht sie ins Kino? (wollen)
e) Warum schreibt er den Brief? (sollen)
f) Warum trinkt sie kein Bier? (mögen)

3. Antworten : Wenn ich essen/trinken/lesen ... will.

a) Wann gehen Sie ins Restaurant? (essen)
b) Wann kaufen Sie eine Zeitung? (lesen)
c) Wann gehen Sie ins Café? (etwas trinken)
d) Wann bleiben Sie zu Haus? (nicht arbeiten)
e) Wann gehen Sie ins Kino? (einen Film sehen)
f) Wann fahren Sie in die Stadt? (etwas kaufen)

C 2 GRAMMAIRE

Répondre aux questions (réponses en bas de page ; traduction ci-contre, 33 C 4) ;
Was brauchen Sie, ...

1. wenn Sie die Tür zuschließen wollen?
2. wenn Sie bezahlen müssen?
3. wenn Sie eine Zigarette rauchen wollen?
4. wenn Sie krank sind?
5. wenn Sie ins Theater gehen wollen?

Wenn ich .... will,...

1. dann brauche ich einen Schlüssel.
2. dann brauche ich Geld.
3. dann brauche ich Feuer.
4. dann brauche ich einen Arzt.
5. dann brauche ich eine Eintrittskarte.

1. Transformer : Il ne mange pas car ... Il ne mange pas parce que ...

a) Er ißt nicht, weil er keinen Hunger hat.
b) Du arbeitest nicht, weil du Ferien hast.
c) Ich arbeite, weil ich Geld verdienen muß.
d) Sie trinkt Bier, weil sie Durst hat.
e) Wir müssen laufen, weil wir sonst zu spät kommen.
f) Sie gehen zur Bank, weil Sie Geld brauchen.
g) Ich komme nicht mit, weil ich nicht kann.
h) Er hat schlechte Laune, weil er viel Ärger hatte.

2. Répondre : Parce qu'il/elle (ne) peut/veut pas ...

a) Weil er heute arbeiten muß.
b) Weil sie hier nicht parken darf.
c) Weil er nicht Deutsch sprechen kann.
d) Weil sie ins Kino gehen will.
e) Weil er den Brief schreiben soll.
f) Weil sie kein Bier (trinken) mag.

3. Répondre : Quand je veux manger/boire/lire...

a) Wenn ich essen will.
b) Wenn ich lesen will.
c) Wenn ich etwas trinken will.
d) Wenn ich nicht arbeiten will.
e) Wenn ich einen Film sehen will.
f) Wenn ich etwas kaufen will.

C 4 TRADUCTION

De quoi avez vous besoin...

1. quand vous voulez fermer la porte (à clé)?
2. quand vous devez payer?
3. quand vous voulez fumer une cigarette?
4. quand vous êtes malade?
5. quand vous voulez aller au théâtre?

Quand je veux....................

1. j'ai besoin d'une clé.
2. j'ai besoin d'argent.
3. j'ai besoin de feu.
4. j'ai besoin d'un médecin.
5. j'ai besoin d'un billet d'entrée.

34 ■ In der Zeitung steht, daß es morgen regnet

A 1 PRÉSENTATION

Man sagt, daß...	*On dit que...*
Es ist möglich, daß...	*Il est possible que...*
glauben *croire*	hoffen *espérer*
denken *penser*	heißen *signifier*
scheinen *briller*	regnen *pleuvoir*
sprechen (du sprichst, er spricht)	*parler* (über + acc. = *de*)
■ **Das heißt, daß...**	*Cela veut dire /signifie que...*
die Zeitung, -en	*le journal*
■ **In der Zeitung steht, daß...**	*Il est écrit dans le journal que...*
der Wetterbericht, -e	*le bulletin météo(rologique)*
das Radio [ra:dyo]	*la radio*
die Sonne, -n	*le soleil*
der Optimist [optimist]	*l'optimiste*
der Regenschirm	*le parapluie*
Ich nehme meinen Regenschirm mit.	*je prends mon parapluie.*
die Wolke, -n	*le nuage*
bewölkt	*nuageux*
wechselnd	*changeant*
wechselnd bewölkt	« *alternativement nuageux* » : *temps instable*
sogar	*même*

A 2 APPLICATION

Hans (H) und Peter (P) sprechen über das Wetter.

1. H : Was sagt der Wetterbericht?
2. P : In der Zeitung steht : Wechselnd bewölkt.
3. H : Das sagt man auch im Radio. Was heißt das?
4. P : Das heißt, daß alles möglich ist.
5.   Es ist möglich, daß die Sonne scheint.
6.   Es kann aber auch regnen.
7.   Sicher ist nur, daß der Himmel nicht ganz blau ist,
8.   und daß es Wolken am Himmel gibt.
9. H : Glaubst du, daß es morgen regnet?
10. P : Nein! Ich bin Optimist und hoffe,
11.   daß das Wetter morgen schön ist,
12.   und daß vielleicht sogar die Sonne scheint.
13.   Was denkst denn du?
14. H : Ich glaube, daß es morgen regnet
15.   und daß es besser ist, einen Regenschirm mitzunehmen.

A 3 REMARQUES

■ La subordonnée (suite).
La conjonction de subordination par excellence est **daß** → que :
Indépendante : **Er ist nicht da.**
Subordonnée : **Ich sage, daß er** nicht da **ist**

Rappel : dans une subordonnée le verbe se trouve en dernière position.
■ Ne pas confondre (cf. 32 A 2) :
heißen 1 = s'appeler : **Ich heiße Braun** Je m'appelle Braun
heißen 2 = signifier : **Das heißt, daß...** Cela signifie que...
■ La particule **zu** de l'infinitif complément se place, pour les verbes à particule séparable (cf. 25 A 3) entre la particule et le verbe : **mit=nehmen mitzunehmen**
Exemple :
Ich nehme meinen Regenschirm mit, wenn es regnet.
Je prends mon parapluie quand il pleut.
Ich muß meinen Regenschirm mitnehmen, weil es regnet.
Je dois prendre mon parapluie parce qu'il pleut.
Es ist besser, einen Regenschirm mitzunehmen, wenn es regnet.
Il vaut mieux prendre un parapluie quand il pleut.

A 4 TRADUCTION

Jean (J) et Pierre (P) parlent du temps.
1. J : Que dit le bulletin météo(rologique)?
2. P : Selon le journal : temps instable.
3. J : C'est ce que l'on dit aussi à la radio. Qu'est-ce que cela veut dire?
4. P : Cela signifie que tout est possible.
5. Il est possible que le soleil brille.
6. Mais il peut également pleuvoir.
7. Une seule certitude (Litt. : « (Il) est seulement certain que... ».) : le ciel ne sera pas parfaitement bleu,
8. et il y aura des nuages dans le ciel (le ciel sera couvert).
9. J : Crois-tu qu'il pleuvra demain?
10. P : Non! Je suis optimiste et j'espère
11. qu'il fera beau demain (que le temps sera beau demain),
12. et qu'il y aura même du soleil peut-être.
13. Qu'en penses-tu (donc)?
14. J : Je crois que, demain, il pleuvra
15. et qu'il vaut mieux prendre un parapluie.

34 ■ Ich weiß nicht, ob der Bus gleich kommt

..., ob ... (?)	... si... (?)

Wissen Sie, ob...	Savez-vous si...?
Ich weiß nicht, ob...	Je ne sais pas si...
Können Sie mir sagen, ob...?	Pouvez-vous me dire si...
Ich kann nicht sagen, ob...	Je ne peux pas dire si...?

der Passant, -en	le passant	das Glück, ø le bonheur
warten	attendre	irgendwo quelque part, n'importe où
bald	bientôt	gleich tout de suite
geöffnet [geœfnet] ouvert		finden trouver
in der Nähe		dans les environs
die Bushaltestelle		la station (d'arrêt) de bus
an der Bushaltestelle		à l'arrêt du bus
der Taxistand		la station de taxi
die Uhr, -en		la montre, la pendule
Die Uhr geht richtig.		La montre marche bien (« va justement »).
Die Uhr geht falsch.		La montre marche mal (« faussement »).
Sie haben Glück		Vous avez de la chance,
Ich glaube schon, daß		je crois bien (**schon** = déjà n'a pas ici son sens propre) que...
halten		s'arrêter

B 2 APPLICATION

Herr Weiß (W) und ein Passant (P) warten an der Bushaltestelle.

1. W : Glauben Sie, daß die Uhr da richtig geht?
2. P : Ich glaube schon, daß sie richtig geht.
3.   Ich weiß aber nicht, ob sie richtig geht oder falsch.
4. W : Wissen Sie, ob hier bald ein Bus kommt?
5. P : Ich weiß nur, daß der Bus hier hält.
6.   Ich weiß aber nicht, ob er gleich kommt.
7. W : Wissen Sie, ob hier irgendwo ein Taxistand ist?
8. P : Ich kann Ihnen leider nicht sagen,
9.   ob hier in der Nähe ein Taxistand ist.
10.   Wollen Sie nicht lieber telefonieren?
11. W : Ja, aber dann muß ich ein Telefon finden.
        Können Sie mir sagen,
12.   ob man hier irgendwo telefonieren kann?
13. P : Ich weiß nicht, ob die Post da geöffnet ist.
14.   Ich glaube, daß hier irgendwo eine Telefonzelle ist.
15.   Ah, Sie haben Glück! Da kommt unser Bus!

B 3 REMARQUES

■ L'interrogation totale indirecte.

> **Ist die Post geöffnet? Ich weiß nicht.**
> La poste est-elle ouverte? Je ne sais pas.
> **Ich weiß nicht, ob die Post geöffnet ist.**
> Je ne sais pas si la poste est ouverte.

● Si l'on ne pose pas directement une interrogation totale (à laquelle on répond par **oui** ou par **non**, cf. 4 B 1), mais si on l'introduit par un verbe comme **(se) demander, ne pas savoir**, etc., l'interrogation est dite « indirecte » et se trouve dans une proposition subordonnée, avec donc le verbe en dernière position en allemand.

● L'interrogation indirecte est introduite par « si » en français, par **ob** en allemand :

> Je vous demande **si** on peut téléphoner ici.
> **Ich frage Sie, ob man hier telefonieren kann.**

■ Le verbe **müssen**, « devoir », se traduira souvent en français par **Il faut que...** :

Ich muß telefonieren.	Je dois téléphoner = Il faut que je téléphone.
Er muß arbeiten.	Il faut qu'il travaille.
Wir müssen warten.	Il faut que nous attendions.

B 4 TRADUCTION

M. Weiss (W) et un passant (P) attendent à la station de bus.

1. W : Croyez-vous que cette horloge marche bien?
2. P : Je crois bien qu'elle est juste.
3.   Mais je ne sais pas si elle marche bien ou mal.
4. W : Savez-vous si un bus passera bientôt ici?
5. P : Je sais seulement que le bus s'arrête ici.
6.   Mais je ne sais pas s'il arrive tout de suite.
7. W : Savez-vous s'il y a une station de taxi par ici (quelque part ici)?
8. P : Je ne peux malheureusement pas vous dire
9.   s'il y a une station de taxi dans les environs.
10.   Ne préférez-vous pas téléphoner?
11. W : Oui, mais alors il faut que je trouve un téléphone. Pouvez-vous me dire
12.   si l'on peut téléphoner par ici (quelque part ici)?
13. P : Je ne sais pas si la poste, là, est ouverte.
14.   Je crois qu'il y a une cabine téléphonique quelque part.
15.   Ah, vous avez de la chance! Voilà notre bus!

1. Umformen : Ich glaube, daß er kommt.

   a) Ich glaube, er kommt nicht mehr.
   b) Du glaubst, das Wetter bleibt schön.
   c) Er glaubt, morgen scheint die Sonne.
   d) Sie glaubt, es ist besser, einen Regenschirm mitzunehmen.
   e) Wir glauben, der Himmel bleibt bewölkt.
   f) Sie glauben, der Bus hält hier.

2. Antworten : Ich denke /glaube, daß ...

   a) Regnet es morgen? Was denken Sie?
   b) Müssen Sie morgen arbeiten? Was sagt Ihr Chef?
   c) Bleibt das Wetter schön? Was steht in der Zeitung?
   d) Ist der Film gut? Was sagt die Kritik [1]?

3. Antworten : Ich weiß nicht, ob ....

   a) Wissen Sie, ob er heute noch kommt?
   b) Wissen Sie, ob sie morgen im Büro ist?
   c) Wissen Sie, ob der Bus hier hält?
   d) Wissen Sie, ob die Zeitung von heute ist?

4. Umformen : Er fragt, ob ... Ich antworte, daß ...

   a) Er fragt : Müssen Sie morgen arbeiten? »
     Ich antworte : Ich muß morgen leider arbeiten. »
   b) Sie fragt : Ist die Zeitung von heute? »
     Ich antworte : Die Zeitung ist nicht von heute. »
   c) Du fragst : Hast du eine Zigarette für mich? »
     Ich antworte : Ich habe leider keine Zigarette für dich.»

1. die Kritik, -en [kriti:k], la critique

C 2   GRAMMAIRE

Combler les blancs par **ob** ou **daß** (traduction ci-contre, solution en bas de page) :

1. Er fragt, ... sie mit ihm ausgehen will.
2. Sie antwortet, ... sie heute keine Zeit hat.
3. Er fragt, ... sie Freitag Zeit hat.
4. Sie antwortet, ... sie Freitag ein Examen hat.
5. Er fragt, ... sie Samstag auch ein Examen hat.
6. Sie antwortet, ... sie Samstag zu Haus bleiben muß.
7. Er fragt, ... sie Sonntag auch zu Haus bleiben muß.
8. Sie antwortet, ... sie es sich überlegen [1] will.

1. ob. 2. daß 3. ob. 4. daß 5. ob 6. daß 7. ob 8 daß.

1. **sich etwas überlegen**, *réfléchir à :* **ich überlege es mir** = *j'y réfléchis*

1. Transformer : Je crois, que ....

a) Ich glaube, daß er nicht mehr kommt.
b) Du glaubst, daß das Wetter schön bleibt.
c) Er glaubt, daß morgen die Sonne scheint.
d) Sie glaubt, daß es besser ist, einen Regenschirm mitzunehmen.
e) Wir glauben, daß der Himmel bewölkt bleibt.

2. Répondre : Je pense /crois que ...

a) Ich denke, daß es morgen regnet.
b) Mein Chef sagt, daß ich morgen arbeiten muß.
c) In der Zeitung steht, daß das Wetter schön bleibt.
d) Die Kritik sagt, daß der Film gut ist.

3. Répondre : Je ne sais pas si ...

a) Ich weiß nicht, ob er heute noch kommt.
b) Ich weiß nicht, ob sie morgen im Büro ist.
c) Ich weiß nicht, ob der Bus hier hält.
d) Ich weiß nicht, ob die Zeitung von heute ist [1].

4. Transformer : Il demande si ... Je réponds que ...

a) Er fragt, ob ich morgen arbeiten muß.
   Ich antworte, daß ich morgen leider arbeiten muß.
b) Sie fragt, ob die Zeitung von heute ist [1].
   Ich antworte, daß die Zeitung nicht von heute ist [2].
c) Du fragst, ob ich eine Zigarette für dich habe.
   Ich antworte, daß ich leider keine Zigarette für dich
   habe.

1. ... si c'est le journal d'aujourd'hui.
2. ... que ce n'est pas le journal d'aujourd'hui.

C 4   TRADUCTION

Traduction de l'exercice ci-contre (**ob** = *si*, s'emploie, notamment, après un verbe interrogatif ; **daß** = *que*) :

1. Il demande si elle veut sortir avec lui.
2. Elle répond qu'elle n'a pas le temps aujourd'hui.
3. Il demande si a le temps vendredi.
4. Elle répond qu'elle a un examen vendredi.
5. Il demande si elle a aussi un examen samedi.
6. Elle répond que, samedi, elle doit rester à la maison.
7. Il demande si elle doit aussi rester à la maison dimanche.
8. Elle répond qu'elle va y réfléchir.

35 ■ Können Sie mir sagen, was los ist?

A 1 PRÉSENTATION

	wo...?		*où...?*
Können Sie mir	**was...?**	*Pouvez-vous me*	*ce que...?*
sagen,	**wieviel...?**	*dire*	*combien...?*
	wie...?		*comment...?*

tanken	*prendre de l'essence*
anspringen (an=springen)	*démarrer*
abschleppen (ab=schleppen)	*remorquer*
die (Auto-) panne, -n	*la panne (de voiture)*
die Werkstatt, ⁴e	*l'atelier → le garage*
die Tankstelle, -n	*la station d'essence,*
	la station-service
die Reparatur, -en	*la réparation*
die Batterie, -n	*la batterie*
Wie komme ich...?	*Comment (dois-je) faire pour*
	aller...?
Das wäre nett von Ihnen	*Ce serait aimable à vous*

A 2 APPLICATION

Herr Braun (B) hat eine Autopanne. Er fragt einen Passanten (P) :
1. B : Entschuldigen Sie, ich habe eine Panne.
2.   Können Sie mir sagen, wo eine Werkstatt ist?
3. P : Ich weiß, daß nicht weit von hier eine Tankstelle ist.
4.   Ich glaube, daß sie auch Reparaturen machen.
5.   Wissen Sie, was mit Ihrem Wagen los ist?
6. B : Ich weiß nur, daß er nicht anspringt.
7. P : Haben Sie Benzin?
8. B : Ja! Ich weiß auch, daß die Batterie in Ordnung ist.
9.   Ich hoffe, der Mechaniker findet sofort,
10.   was mit dem Wagen los ist.
11.   Sonst muß ich ihn abschleppen lassen.
12.   Wissen Sie, wieviel das kostet?
13. P : Ich weiß nur, daß das nicht billig ist.
14.   Soll ich Ihnen zeigen, wie Sie zur Tankstelle kommen?
15. B : Das wäre sehr nett von Ihnen! Vielen Dank!

A 3 REMARQUES

■ L'interrogation « partielle indirecte ».

Was ist mit Ihrem Wagen los?

Que se passe-t-il avec votre voiture?

Können Sie mir sagen, was mit Ihrem Wagen los **ist?**

Pouvez-vous me dire ce qui se passe avec votre voiture?

● A l'interrogation partielle directe (cf. 11 A 3) avec le verbe en 2ᵉ position, correspond une interrogation indirecte, introduite par le **même mot interrogatif** mais **avec le verbe en fin de phrase.**

■ La subordonnée sans **daß** :

Ich glaube, **daß** er morgen kommt   Je crois qu'il

Ich glaube, er kommt morgen   viendra demain.

● Une subordonnée peut être simplement juxtaposée à la principale, sans la conjonction **daß,** après les verbes exprimant de façon générale une opinion comme **sagen** dire, **glauben** croire, **hoffen** espérer, etc.

■ Le verbe **fragen,** « demander » (cf. 16 A 1) régit l'Acc. alors que le verbe français le plus proche, **« demander »,** se construit avec la préposition « à » :

Die Sekretärin fragt den Direktor...

La secrétaire demande au directeur...

On dit que **fragen** est un verbe « transitif » et **demander** un verbe « intransitif » (cf. p. 277).

A 4 TRADUCTION

M. Braun (B) a une panne de voiture. Il demande à un passant (P) :

1. B : Excusez-moi, j'ai une panne de voiture.
2.   Pouvez-vous me dire où il y a un garage?
3. P : Je sais qu'il y a une station-service pas loin d'ici.
4.   Je crois qu'ils font aussi les réparations.
5.   Savez-vous ce qu'elle a, votre voiture?
6. B : Je sais seulement qu'elle ne démarre pas.
7. P : Avez-vous de l'essence?
8. B : Oui! Je sais aussi que la batterie est en bon état.
9.   J'espère que le mécanicien trouvera tout de suite
10.   ce qu'a (la=) ma voiture.
11.   Autrement, il faudra que je la fasse remorquer.
12.   Savez-vous combien cela coûte?
13. P : Je sais seulement que ce n'est pas bon marché.
14.   Dois-je vous indiquer comment aller à la station-service?
15. B : Ce serait très aimable à vous! Merci beaucoup!

35 ■ Wissen Sie, wann der Wagen fertig ist?

B 1 PRÉSENTATION

Wissen Sie, wann...?	*Savez-vous quand...?*
Wissen Sie, warum...?	*Savez-vous pourquoi...?*
Wissen Sie, wie alt...?	*Savez-vous quel âge...?*
die Reparaturwerkstatt, ⁓e	*l'atelier de réparations (le garage où l'on fait les réparations)*
die Zündung	*l'allumage*
die Zündkerze, -n	*la bougie (d'allumage)*
der Zündkontakt, -e	*le contact*
der Kabel, -	*le câble, le fil*
der Motor, -en	*le moteur*
[mo:tor]/[moto:ren]	
abholen (ab=holen)	*passer/aller chercher*
fertig	*prêt, terminé*
früh	*tôt*
morgen früh	*demain matin*
genau	*exact(ement)*

B 2 APPLICATION

Herr Braun (B) ist in der Reparaturwerkstatt.
Er spricht mit dem Mechaniker (M) :

1. B : Wissen Sie, warum der Motor nicht anspringt?
2. M : Ich weiß noch nicht, warum er nicht anspringt.
3.   Ich glaube aber, daß er nicht anspringt,
4.   weil die Zündung nicht in Ordnung ist.
5.   Wissen Sie, wie alt die Zündkerzen sind?
6. B : Ich glaube, daß sie ganz neu sind.
7. M : Dann ist es vielleicht ein Kabel.
8.   Es können auch die Zündkontakte sein.
9. B : Können Sie mir sagen, wann der Wagen fertig ist?
10. M : Das kann ich noch nicht sagen.
11.   Rufen Sie morgen früh an!
12.   Dann kann ich Ihnen genau sagen,
13.   wann Sie den Wagen abholen können,
14.   und wieviel die Reparatur kostet.

B 3 REMARQUES

■ L'interrogation « partielle indirecte » (suite) :
Aux interrogations directes partielles introduites par un mot
commençant par un **w-** (on les appelle en all. des **W-Fragen**
« questions avec un **w-** ») correspondent des questions introduites par le même mot interrogatif en **w-**, mais **avec le verbe
en dernière position :**

Interrogation directe	Interrogation indirecte
Wann kommt er zu dir?	**Weißt du, wann er zu dir kommt?**
Quand vient-il chez toi?	Sais-tu quand il vient chez toi?
Warum ist er nicht da?	**Wissen Sie, warum er nicht da ist?**
Pourquoi n'est-il pas là?	Savez-vous pourquoi il n'est pas là?
Wie alt sind Ihre Kinder?	**Ich frage, wie alt Ihre Kinder sind.**
Quel âge ont vos enfants?	Je demande quel âge ont vos enfants.
Was wollen sie morgen machen?	**Ich weiß nicht, was sie morgen machen wollen.**
Que veulent-ils faire demain?	Je ne sais pas ce qu'ils veulent faire demain

B 4 TRADUCTION

M. Braun (B) est au garage. Il parle avec le mécanicien (M) :

1. B : Savez-vous pourquoi le moteur ne démarre pas?
2. M : Je ne sais pas encore pourquoi il ne démarre pas.
3.   Mais je crois qu'il ne démarre pas
4.   parce que quelque chose ne va pas dans l'allumage
    (« parce que l'allumage n'est pas en bon état »).
5.   Savez-vous si les bougies sont vieilles (« quel âge
    ont les bougies »)?
6. B : Je crois qu'elles sont toutes neuves.
7. M : C'est (alors) peut-être un fil.
8.   Ça peut être également le contact.
9. B : Pouvez-vous me dire quand la voiture sera prête?
10. M : Ça, je ne peux pas le dire encore.
11.   Téléphonez demain matin!
12.   Je pourrai (alors) vous dire exactement
13.   quand vous pourrez prendre (la=) votre voiture
14.   et combien coûtera la réparation.

1. Transformer: Sagen Sie mir bitte, wo/was/wie ....

a) Was ist mit dem Wagen los?
b) Wo ist die Sekretärin?
c) Wie komme ich zur Tankstelle?
d) Wieviel kostet ein Liter[1] Benzin?
e) Warum springt das Auto nicht an?
f) Wann kommt der Bus?
g) Wie alt sind Ihre Kinder?
h) Wer ist hier der Chef?
i) Wie lange muß ich noch warten?
j) Wohin wollen Sie fahren?

2. Antworten: Ich weiß auch nicht, mit wem ...

a) Mit wem fährt er nach Bonn?
b) Wo verbringt er seinen Urlaub?
c) Woher kommt er?
d) Wann hatte er im Sommer Ferien?
e) Was macht er im August?
f) Wie teuer war sein Wagen?
g) Warum spricht er nicht Deutsch?
h) Wer arbeitet mit ihm?
i) Um wieviel Uhr kommt er morgen?
j) Gegen wen spielt er?

1. das Liter, -, *le litre*.

C 2 GRAMMAIRE

Combler les blancs par un mot (une expression) interrogatif (solution en bas de page, traduction ci-contre):

1. Meine Uhr steht. Wissen Sie, ... es ist?

2. Ich finde meinen Regenschirm nicht. Wissen Sie .... er ist?

3. Ich habe meinen Bus verpaßt. Wissen Sie, ... der nächste kommt?

4. Ich kenne die Preise nicht. Wissen Sie, ... das kostet?

5. Das verstehe ich nicht. Wissen Sie, ... er nicht kommt?

6. Ich kenne den Fahrplan nicht. Wissen Sie, ... der Zug kommt?

7. Ich habe den Namen vergessen. Wissen Sie, ... er heißt?

8. Ich kenne ihre Adresse nicht. Wissen Sie, ... sie wohnt?

1. wie spät/wieviel Uhr 2. wo 3. wann. 4. wieviel 5. warum
6. wann 7. wie 8. wo

1. Transformer : Dites-moi, s'il vous plaît, où/quoi/comment ...

a) Sagen Sie mir bitte, was mit dem Wagen los ist.
b) Sagen Sie mir bitte, wo die Sekretärin ist.
c) Sagen Sie mir bitte, wie ich zur Tankstelle komme.
d) Sagen Sie mir bitte, wieviel ein Liter Benzin kostet.
e) Sagen Sie mir bitte, warum das Auto nicht anspringt.
f) Sagen Sie mir bitte, wann der Bus kommt.
g) Sagen Sie mir bitte, wie alt Ihre Kinder sind.
h) Sagen Sie mir bitte, wer hier der Chef ist.
i) Sagen Sie mir bitte, wie lange ich noch warten muß.
j) Sagen Sie mir bitte, wohin Sie fahren wollen.

2. Répondre : Je ne sais pas non plus, avec qui ...

a) Ich weiß auch nicht, mit wem er nach Bonn fährt.
b) Ich weiß auch nicht, wo er seinen Urlaub verbringt.
c) Ich weiß auch nicht, woher er kommt.
d) Ich weiß auch nicht, wann er im Sommer Ferien hatte.
e) Ich weiß auch nicht, was er im August macht.
f) Ich weiß auch nicht, wie teuer sein Wagen war.
g) Ich weiß auch nicht, warum er nicht Deutsch spricht.
h) Ich weiß auch nicht, wer mit ihm arbeitet.
i) Ich weiß auch nicht, um wieviel Uhr er morgen kommt.
j) Ich weiß auch nicht, gegen wen er spielt.

C 4 TRADUCTION

Traduction (avec solution) de l'exercice 35 C 2. Cachez l'ex. 35 C 2 et retraduisez en allemand :

1. Ma montre est arrêtée. Savez-vous quelle heure il est?
2. Je ne trouve plus mon parapluie. Savez-vous où il est?
3. J'ai manqué le bus. Savez-vous quand passe le suivant?
4. Je ne connais pas les prix. Savez-vous combien cela coûte?
5. Je ne comprends pas ça. Savez-vous pourquoi il ne vient pas?
6. Je ne connais pas l'horaire. Savez-vous quand le train arrive?
7. J'ai oublié le nom. Savez-vous comment il s'appelle?
8. Je ne connais pas son adresse. Savez-vous où elle habite?

A 1 PRÉSENTATION

kaufen	**er kauft**	**er hat gekauft**
acheter	*il achète*	*il a acheté*
ein=kaufen	**er kauft ein**	**er hat eingekauft**
faire des achats	*il fait des achats*	*il a fait des achats*
verkaufen	**er verkauft**	**er hat verkauft**
vendre	*il vend*	*il a vendu*
kontrollieren	**er kontrolliert**	**er hat kontrolliert**
contrôler	*il contrôle*	*il a contrôlé*

erklären (hat erklärt)	*expliquer*
zahlen (hat gezahlt)	*payer*
vor=haben (hat vorgehabt)	*avoir l'intention*
funktionieren (hat funktioniert)	*fonctionner*
der Händler, -	*le marchand, le commerçant*
die Farbe, -n	*la couleur*
der Fernseher, -	*le téléviseur*
der Farbfernseher, -	*le téléviseur couleur*
das Gerät, -e	*l'instrument, l'appareil*
Ich habe Schwarzweiß	*J'ai la télé en noir et blanc.*
zwar... (aber...)	*certes/sans doute... (mais...)*
froh (,daß...)	*heureux (que...)*
Ich bin froh, daß du da bist.	*Je suis heureux que tu sois là.*
Ich bin froh, daß ich da bin.	*Je suis heureux d'être là.*
dafür	*(en échange) = pour cela*

A 2 APPLICATION

Herr Schmitt (S) trifft einen Bekannten (B) :

1. B : Was haben Sie gestern gemacht, Herr Schmitt?
2. S : Ich war in der Stadt und habe eingekauft.
3. B : Was haben Sie denn gekauft?
4. S : Ich habe einen Farbfernseher gekauft.
5. B : Haben Sie noch keinen Fernseher gehabt?
6. S : Ich habe nur Schwarzweiß gehabt.
7.   Ich habe schon lange vorgehabt, ein Farbfernsehgerät zu kaufen.
8.   Es hat zwar ziemlich viel Geld gekostet,
9.   aber ich habe dem Händler den alten Apparat verkauft.
10.   Er hat mir noch 150 Mark dafür gezahlt.
11.   Ich glaube, er war sehr froh,
12.   daß er einen Apparat verkauft hat.
13.   Er hat ihn noch kontrolliert
14.   und dann hat er mir erklärt,
15.   wie das Gerät funktioniert.

A 3 REMARQUES

Le passé composé (I) : verbes réguliers, dits « faibles ».

Nous avons vu (30 A) que le « prétérit » est un temps du passé qui correspond en général à l'imparfait en fr. L'all. comme le fr. possède un passé composé (P.C.) formé avec l'auxiliaire **haben**, « avoir » + le participe passé (P.P.) du verbe.

■ Le participe passé se forme en ajoutant **ge-** devant la racine du verbe (la forme de l'infinitif sans la terminaison **-en**) et **-t** à la fin :

   kaufen → P.P. : **gekauft**, P.C. : **ich habe gekauft** (j'ai acheté)

Le participe passé se place à la fin de la phrase.

■ Pour les verbes à particules séparables, la particule se place devant le participe du verbe simple :

   ein = kaufen → P.P. : **eingekauft**, P.C. : **ich habe eingekauft**

■ Les verbes présentant les préfixes **be-, emp-, ent-, er-, ver-**, dits particules inséparables, (cf. lexique, p. 275) ne prennent pas le préfixe **ge-** :

   verkaufen → P.P. : **verkauft**, P.C. : **ich habe verkauft**

● Le passé composé all. se traduit le plus souvent par « le passé composé » en fr., mais aussi parfois par « l'imparfait ».

● N.B. : Les verbes en **-ieren** ne prennent pas le préfixe **ge-** :
fotografieren → P.P. : **fotografiert**, P.C. : **er hat fotografiert.**

A 4 TRADUCTION

M. Schmitt (S) rencontre une connaissance (C) :
1. C : Qu'avez-vous fait hier, Monsieur Schmitt?
2. S : (J'étais =) Je suis allé en ville et (j') ai fait des courses.
3. C : Qu'avez-vous donc acheté?
4. S : J'ai acheté un téléviseur couleur.
5. C : Vous n'aviez pas encore de téléviseur?
6. S : Je n'avais que la télé en noir et blanc.
7.   J'avais depuis longtemps l'intention d'acheter un téléviseur couleur.
8.   Cela m'a sans doute coûté pas mal d'argent,
9.   mais j'ai vendu le vieil appareil au marchand.
10.   Il m'en a donné 150 marks (« m'a payé 150 marks en échange »).
11.   Je crois qu'il était très heureux.
12.   (« qu'il ait » =) d'avoir vendu un appareil.
13.   Il l'a encore vérifié (contrôlé)
14.   et ensuite il m'a expliqué
15.   comment marche (fonctionne) l'appareil.

B 1 PRÉSENTATION

waschen	**er wäscht**	**er hat gewaschen**
laver	*il lave*	*il a lavé*
sich waschen	**er wäscht sich**	**er hat sich gewaschen**
se laver	*il se lave*	*il s'est lavé*
ab=waschen	**er wäscht ab**	**er hat abgewaschen**
faire la vaisselle	*il fait la vaisselle*	*il a fait la vaisselle*

bekommen (hat bekommen)   *recevoir, obtenir*
verlassen (hat verlassen)*   *quitter, abandonner*
helfen (hat geholfen)*   *aider (cf. 36 B 3)*
sich an=ziehen (hat sich ange-   *s'habiller*
zogen)
tun (hat getan)   *faire*
frühstücken (hat gefrühstückt)   *prendre le petit déjeuner*
auf=räumen (hat aufgeräumt)   *ranger, faire du rangement*
verbringen (hat verbracht)   *passer (le temps)*
lachen (hat gelacht)   *rire*
schlafen (hat geschlafen)*   *dormir*
das Abendessen, -   *le dîner (repas du soir)*
der Vormittag, -e   *la matinée*
der Besuch, -e   *la visite*
abends (adv. de temps)   *le soir / dans la soirée*

*Sur les 2e et 3e pers. du sing. cf. pp. 278-280.

B 2 APPLICATION

Wie haben Sie das Wochenende verbracht?

1. Wir haben nichts Besonderes getan.
2. Am Samstag habe ich lange geschlafen.
3. Dann habe ich mich gewaschen und mich angezogen.
4. Ich habe nicht gefrühstückt, weil es schon zu spät war.
5. Ich habe nur eine Tasse Kaffee getrunken
6. und dann haben wir gleich Mittag gegessen.
7. Nach dem Mittagessen habe ich meiner Frau geholfen.
8. Wir haben zusammen abgewaschen und aufgeräumt.
9. Dann haben wir gelesen und Briefe geschrieben.
10. Nach dem Abendessen haben wir ein wenig ferngesehen.
11. Sonntag vormittag haben wir Besuch von Freunden bekommen.
12. Sie haben den ganzen Tag bei uns verbracht.
13. Wir haben zusammen gegessen und getrunken,
14. viel gesprochen und viel gelacht.
15. Unsere Freunde haben uns sehr spät abends verlassen,
16. und so haben wir nur wenig geschlafen.

B 3 REMARQUES

Le passé composé (II) : les verbes irréguliers, dits « forts ».
Les verbes forts forment leur participe passé (P.P.) avec le préfixe **ge-**, mais ils se terminent toujours par **-en** :
waschen = P.P. : **gewaschen** P.C. : **er hat gewaschen** (il a lavé)
■ La plupart des verbes forts présentent au P.P. une voyelle autre que celle de l'infinitif (cf. liste des verbes forts p. 278) :
trinken → P.P. : **getrunken** — P.C. : **er hat getrunken** (il a bu)
sprechen → P.P. : **gesprochen** — P.C. : **er hat gesprochen** (il a parlé)
■ Les verbes à particule, séparable ou inséparable, subissent le même traitement que les verbes faibles (cf. 36 A 3) : cf. 36 B 1 pour **ab**=**waschen** et **bekommen** ou **verlassen**.
■ Quelques verbes dits « mixtes » ont un P.P. tout à fait différent du radical de l'infinitif : **verbringen** — **er hat verbracht,** « il a passé ».
■ Les verbes pronominaux se construisent *toujours* avec l'auxiliaire **haben** alors que ces verbes présentent en fr. l'auxiliaire « être » :
sich waschen — P.C. : **er hat sich gewaschen** (il **s'est** lavé)
■ Le verbe **helfen** régit le datif :
             Er hat mir geholfen.   Il m'a aidé.

B 4 TRADUCTION

Qu'avez-vous fait pendant (« Comment avez-vous passé ») le week-end?
1. Nous n'avons rien fait de particulier.
2. Le samedi, j'ai dormi longtemps.
3. Ensuite, je me suis lavé et (je) me suis habillé.
4. Je n'ai pas pris de petit déjeuner parce qu'il était déjà trop tard.
5. Je n'ai bu qu'une tasse de café.
6. et ensuite nous avons tout de suite déjeuné.
7. Après le déjeuner, j'ai aidé ma femme.
8. Nous avons fait la vaisselle et du rangement ensemble.
9. Ensuite, nous avons lu et écrit des lettres.
10. Après le dîner, nous avons un peu regardé la télévision.
11. Dimanche matin, des amis nous ont rendu visite.
12. Ils ont passé toute la journée (chez =) avec nous.
13. Nous avons mangé et bu ensemble,
14. (et nous avons) beaucoup parlé et ri.
15. Nos amis nous ont quittés très tard dans la soirée,
16. (« et comme ça » =) de sorte que nous n'avons pas beaucoup dormi (que peu dormi).

1. Ins Perfekt setzen:

a) Sie kauft für eine ganze Woche ein.
b) Er verkauft seinen Wagen nicht.
c) Ich habe im Sommer drei Wochen Urlaub.
d) Wir haben am Sonntag nichts Besonderes vor.
e) Sie erklären mir den Fernsehapparat.
f) Du räumst am Samstag dein Zimmer auf.

2. Ins Perfekt setzen:

a) Ich bekomme viel Post aus Amerika.
b) Du verläßt das Büro um halb sechs.
c) Er sieht am Abend oft fern.
d) Sie ißt mit ihren Kollegen in der Kantine.
e) Wir schlafen am Sonntag immer sehr lange.
f) Die Kinder waschen sich nicht gern.
g) Sie lesen am Morgen zwei Zeitungen.

3. Ins Perfekt setzen:

a) Warum helfen Sie mir nicht?
b) Wo verbringen Sie Ihren Urlaub?
c) Wann trinken Sie eine Tasse Tee?
d) Was bringen Sie Ihren Eltern mit?
e) Warum schreiben Sie keine Postkarte?
f) Was zieht Fräulein Müller am Sonntag an?
g) Warum tun Sie am Wochenende nichts?

C 2   GRAMMAIRE

Donnez et apprenez par cœur le passé composé des verbes
forts suivants (cf. liste pp. 278-280); solution en 36 C 4;

unterschreiben	signer	treffen	rencontrer
heißen	s'appeler	werfen	jeter
schreien	crier	empfehlen	recommander
scheinen	briller	bitten	prier
bringen	apporter	sitzen	être (assis)
verbringen	passer	liegen	être (couché)
kennen	connaître	stehen	être (debout)
denken	penser	verstehen	comprendre
wissen	savoir	finden	trouver

1. Mettre au passé composé :

a) Sie hat für eine ganze Woche eingekauft.
b) Er hat seinen Wagen nicht verkauft.
c) Ich habe im Sommer drei Wochen Urlaub gehabt.
d) Wir haben am Sonntag nichts Besonderes vorgehabt.
e) Sie haben mir den Fernsehapparat erklärt.
f) Du hast am Samstag dein Zimmer aufgeräumt.

2. Mettre au passé composé :

a) Ich habe viel Post aus Amerika bekommen.
b) Du hast das Büro um halb sechs verlassen.
c) Er hat am Abend oft ferngesehen.
d) Sie hat mit ihren Kollegen in der Kantine gegessen.
e) Wir haben am Sonntag immer sehr lange geschlafen.
f) Die Kinder haben sich nicht gern gewaschen.
g) Sie haben am Morgen zwei Zeitungen gelesen.

3. Mettre au passé composé :

a) Warum haben Sie mir nicht geholfen?
b) Wo haben Sie Ihren Urlaub verbracht?
c) Wann haben Sie eine Tasse Tee getrunken?
d) Was haben Sie Ihren Eltern mitgebracht?
e) Warum haben Sie keine Postkarte geschrieben?
f) Was hat Fräulein Müller am Sonntag angezogen?
g) Warum haben Sie am Wochenende nichts getan?

C 4 GRAMMAIRE

Passé composé des verbes forts de 36 C 2 (à apprendre par cœur) :

hat unterschrieben	hat getroffen
hat geheißen	hat geworfen
hat geschrien	hat empfohlen
hat geschienen	hat gebeten
hat gebracht	hat gesessen
hat verbracht	hat gelegen
hat gekannt	hat gestanden
hat gedacht	hat verstanden
hat gewußt	hat gefunden

37 ■ Die Ferien sind zu schnell vergangen

A 1 PRÉSENTATION

kommen — er ist gekommen   *venir — il est venu*
fahren — er ist gefahren   *aller — il est allé (en*
                                                    voiture)

gehen — er ist gegangen   *aller — il est allé (à pied)*
fliegen — er ist geflogen   *aller — il est allé (en avion)*
sein — er ist gewesen   *être — il a été*
bleiben — er ist geblieben   *rester — il est resté*

zurück=kommen   *revenir*
            (ist zurückgekommen)
weg=fahren (ist weggefahren)   *partir*
aus=gehen (ist ausgegangen)   *sortir*
vergehen (ist vergangen)   *(se) passer, s'écouler*
                                                    (pour le temps)
auf=passen (hat aufgepaßt)   *faire attention à, surveiller*
            auf + Acc.   *s'occuper de*
Spanien [sᶜʰpa:nyen]   *l'Espagne*
das Theater, — [téa:ter]   *le théâtre*

■ Quelques verbes forts ajoutent une (ou des) consonne(s)
au radical de l'infinitif (cf.liste des verbes forts p. 278) :
    essen, manger — P.C. : **er hat gegessen** (il a mangé)
    gehen, aller — P.C. : **er ist gegangen** (il est allé)

A 2 APPLICATION

Herr Schmitt (S) ist aus dem Urlaub zurückgekommen.
Ein Nachbar (N) fragt ihn :

1. N : Wo waren Sie in den Ferien?
2. S : Wir sind in Spanien gewesen.
3. N : Sind Sie mit dem Auto gefahren?
4. S : Nein, wir sind von Frankfurt nach Barcelona geflogen.
5.   Und dann sind wir mit dem Zug ans Meer gefahren.
6. N : Wie lange sind Sie geblieben?
7. S : Wir sind dort drei Wochen geblieben.
8.   Leider ist die Zeit viel zu schnell vergangen.
9.   Und Sie, wo sind Sie gewesen?
10. N : Wir sind nicht weggefahren.
11.   Unsere Eltern sind gekommen
12.   und haben auf die Kinder aufgepaßt.
13.   Wir sind oft ausgegangen
14.   und im Theater, im Kino und im Restaurant gewesen.

A 3   REMARQUES

■ Le choix de l'auxiliaire : **haben** ou **sein?**

L'auxiliaire est un verbe qui **sert**, **aide** à conjuguer un verbe. « J'ai » dans « j'ai mangé » est un auxiliaire qui sert à former le passé composé, car il n'a plus son sens propre de « posséder » comme dans la phrase « j'ai de l'argent ».

Er hat geschlafen.	Il a dormi
Er hat gekauft.	Il a acheté.
Er ist gekommen.	Il est venu.

On conviendra que l'on emploie en règle générale l'auxiliaire **haben**, « avoir », pour former le passé composé en allemand pour tous les verbes, sauf pour :

1) **sein** et **bleiben** (cf. ex. en 37 A 1),

2) les verbes qui désignent un mouvement et peuvent être, en général, suivis d'un complément de lieu :

> **fahren : Er ist ans Meer gefahren.**
> Il est allé (en voiture) à la mer.

> **fliegen : Er ist nach Amerika geflogen.**
> Il est allé (en avion) en Amérique.

Rappel : Les verbes pronominaux se conjuguent avec l'auxiliaire **haben** :

> **Er hat sich gewaschen.**   Il s'**est** lavé.

A 4   TRADUCTION

M. Schmitt (S) est revenu de congé. Un voisin (V) lui demande :

1. V : Où (étiez-vous en =) avez-vous passé (les=) vos vacances?
2. S : Nous (avons été =) sommes allés en Espagne.
3. V : Y êtes-vous allés en voiture?
4. S : Non, nous avons pris l'avion de Francfort à Barcelone.
5.   Et ensuite, nous sommes allés en train au bord de la mer.
6. V : Combien de temps (y) êtes-vous restés?
7. S : Nous y sommes restés trois semaines.
8.   Le temps a malheureusement passé beaucoup trop vite.
9.   Et vous, où avez-vous été?
10. V : Nous ne sommes pas partis.
11.   Nos parents sont venus
12.   et ils se sont occupés des enfants.
13.   Nous sommes sortis souvent
14.   et (avons été =) sommes allés au théâtre, au cinéma et au restaurant.

B 1 PRÉSENTATION

auf=wachen, er ist aufgewacht	*s'éveiller, il s'est éveillé*
auf=stehen, er ist aufgestanden	*se lever, il s'est levé*
ein=steigen, er ist eingestiegen	*monter, il est monté*
aus=steigen, er ist ausgestiegen	*descendre, il est descendu*
weiter=gehen, er ist weitergegangen	*continuer, il a continué*
laufen, er ist gelaufen *	*courir, il a couru*
werden, er ist geworden *	*devenir, il est devenu*
an=fangen, er hat angefangen *	*commencer, il a commencé*
nehmen, er hat genommen *	*prendre, il a pris*
bringen, er hat gebracht *	*(ap)porter, il a (ap)porté*
warten, er hat gewartet	*attendre, il a attendu*
regnen, es hat geregnet	*pleuvoir, il a plu*
begrüßen, er hat begrüßt	*saluer, il a salué*
sich rasieren, er hat sich rasiert	*se raser, il s'est rasé*
putzen, er hat geputzt	*nettoyer, il a nettoyé*
der Zahn, ⸚e	*la dent*
sich die Zähne putzen	*se laver les dents*
naß	*mouillé*
das Badezimmer, -	*la salle de bain*
die Dusche, -n	*la douche*
Punkt 8.	*A 8 heures précises / sonnantes.*

* Verbe fort, cf. pp. 278-280

B 2 APPLICATION

Heute morgen ist Herr Weiß ins Büro gegangen.
1. Herr Weiß ist heute um halb sieben aufgewacht.
2. Bis zwanzig vor sieben ist er im Bett geblieben.
3. Dann ist er aufgestanden und ins Badezimmer gegangen.
4. Er hat eine Dusche genommen, sich rasiert,
5. sich die Zähne geputzt und sich angezogen.
6. Dann hat ihm seine Frau das Frühstück gebracht.
7. Er ist etwas zu spät fertig gewesen, um 25 vor 8.
8. Darum ist er zur Bushaltestelle gelaufen.
9. Dort hat er auf den Bus gewartet
10. Es hat geregnet und er ist ein wenig naß geworden.
11. Um 3 Viertel 8 ist der Bus gekommen, Herr Weiß ist eingestiegen.
12. Er ist in die Stadt gefahren. Da ist er ausgestiegen.
13. Er ist zu Fuß weitergegangen.
14. Er ist in sein Büro gegangen, hat die Kollegen begrüßt.
15. Dann hat er sich an seinen Schreibtisch gesetzt.
16. Punkt 8 hat er angefangen zu arbeiten.

B 3 REMARQUES

■ **sein** ou **haben**?

      Er ist gekommen.   **Er ist gelaufen.**
      Il est venu.   Il a couru.

On emploie l'auxiliaire **sein** pour former le P.P. des verbes qui désignent un mouvement : il faut veiller à ne pas se laisser influencer par le français qui utilise soit « **être** » soit « **avoir** » pour les verbes correspondants les plus proches.

● N.B. : **werden** comme **sein** se conjugue avec **sein** :
      werden — er ist geworden : il est devenu

■ **Er hat angefangen zu arbeiten.**

Rappel : Sauf après les verbes **können**/**dürfen**, **müssen**/**sollen**, **wollen**, **mögen** et **lassen** (cf. 32 A/B), l'infinitif est précédé de **zu**.

■ **L'heure** (cf. 25 C 2 et 27 B 3)

— l'heure juste	: **um 8**	à 8 heures.
	Punkt 8	à 8 heures précises.
— les minutes	: **um 20 vor 8**	à 8 heures moins 20.
	um 20 nach 8	à 8 heures 20.
— les quarts d'heure	: **um Viertel 8**	à 7 heures et quart.
	um Viertel vor 8	à 8 heures moins le quart.
— la demi-heure	: **um halb 8**	à 7 heures et demie.

B 4 TRADUCTION

M. Weiss est allé au bureau ce matin.
1. M. Weiss s'est réveillé aujourd'hui à six heures et demie.
2. Il est resté au lit jusqu'à sept heures moins vingt.
3. Il s'est levé ensuite et est allé dans la salle de bain.
4. Il a pris une douche, s'est rasé,
5. (il) s'est lavé les dents et s'est habillé.
6. Sa femme lui a ensuite apporté son petit déjeuner.
7. Quand il fut prêt, à huit heures moins vingt-cinq, il avait un peu de retard (« il a été prêt un peu trop tard »).
8. Aussi a-t-il couru jusqu'à la station du bus.
9. (Là) Il a attendu le bus.
10. Il a plu et il (« est devenu ») a été un peu mouillé.
11. Le bus est arrivé à huit heures moins le quart. M. Weiss est monté.
12. Il a gagné (« est allé en ») la ville. (Là) Il est descendu.
13. Il a continué à pied.
14. Il est entré dans son bureau, a salué (les=) ses collègues.
15. Puis il s'est assis à son bureau.
16. Il a commencé à travailler à huit heures précises.

1. Ins Perfekt setzen:

a) Die Kinder kommen um eins aus der Schule.
b) Er fährt mit dem Auto in die Stadt.
c) Wir gehen nicht oft ins Kino.
d) Er fliegt im Oktober in die Schweiz.
e) Er ist am Wochenende auf dem Land.
f) Sie bleibt eine Woche im Krankenhaus.

2. Ins Perfekt setzen:

a) Er kommt um vier Uhr zurück.
b) Sie geht mit ihrem Freund aus.
c) Die Sommerferien vergehen sehr schnell.
d) Er steht am Morgen früh auf.
e) Sie steigt an der Kirche in den Bus ein.
f) Sie wird im Regen [1] naß.
g) Er kommt nicht mit.

3. Ins Perfekt setzen:

a) Warum nehmen Sie nicht den Bus?
b) Wohin laufen denn die Kinder?
c) Um wieviel Uhr fängt das Theater an?
d) Wer paßt am Abend auf die Kinder auf?
e) Wann wachen Sie am Morgen auf?
f) Warum warten Sie nicht auf den Bus?
g) Wo steigen Sie aus dem Zug aus?

1. im Regen = « dans » = sous = à cause de la pluie.

C 2 GRAMMAIRE

Donnez et apprenez par cœur le passé composé des verbes forts suivants (cf. liste pp. 278-280); solution en 37 C 4 :

fahren	aller, « rouler »	steigen	monter /grimper
weiterfahren	continuer (en voiture)	einsteigen	monter (voiture)
fliegen	aller, « voler »	aussteigen	descendre
weiterfliegen	continuer (en avion)	anspringen	démarrer
gehen	aller, « marcher »	werden	devenir
weitergehen	continuer (à pied)	sein	être
kommen	venir	bleiben	rester
mitkommen	venir (avec qn.)		

1. Mettre au passé composé :

a) Die Kinder sind um eins aus der Schule gekommen.
b) Er ist mit dem Auto in die Stadt gefahren.
c) Wir sind nicht oft ins Kino gegangen.
d) Er ist im Oktober in die Schweiz geflogen.
e) Er ist am Wochenende auf dem Land gewesen.
f) Sie ist eine Woche im Krankenhaus geblieben.

2. Mettre au passé composé :

a) Er ist um vier Uhr zurückgekommen.
b) Sie ist mit ihrem Freund[1] ausgegangen.
c) Die Sommerferien sind sehr schnell vergangen.
d) Er ist am Morgen früh aufgestanden.
e) Sie ist an der Kirche in den Bus eingestiegen.
f) Sie ist im Regen naß geworden.
g) Er ist nicht mitgekommen.

3. Mettre au passé composé :

a) Warum haben Sie nicht den Bus genommen?
b) Wohin sind denn die Kinder gelaufen?
c) Um wieviel Uhr hat das Theater angefangen?
d) Wer hat am Abend auf die Kinder aufgepaßt?
e) Wann sind Sie am Morgen aufgewacht?
f) Warum haben Sie nicht auf den Bus gewartet?
g) Wo sind Sie aus dem Zug ausgestiegen?

1. der Freund = le « petit » ami (cf. 38 B 1).

C 4 GRAMMAIRE

Passé composé des verbes forts de 37 C 2 (à apprendre par cœur) :

ist gefahren	ist gestiegen
ist weitergefahren	ist eingestiegen
ist geflogen	ist ausgestiegen
ist weitergeflogen	ist angesprungen
ist gegangen	ist geworden
ist weitergegangen	ist gewesen
ist gekommen	ist geblieben
ist mitgekommen	

38 ■ Er hat das deutsche Bier probiert

A 1 PRÉSENTATION

Das ist die deutsche Küche.	*C'est la cuisine allemande*
das deutsche Bier.	*la bière allemande.*
der deutsche Wein.	*le vin allemand.*
Das sind die deutschen Produkte.	*Ce sont les produits allemands.*
Wir unterhalten uns über:	*Nous nous entretenons:*
die deutsche Küche.	*de la cuisine allemande*
das deutsche Bier.	*de la bière allemande.*
den deutschen Wein.	*du vin allemand.*
die deutschen Produkte.	*des produits allemands.*
Wir sprechen von:	*Nous parlons:*
der deutschen Küche.	*de la cuisine allemande.*
dem deutschen Bier.	*de la bière allemande.*
dem deutschen Wein.	*du vin allemand.*
den deutschen Produkten.	*des produits allemands.*
probieren	*essayer, goûter*
schmecken	*être bon (à manger, à boire)*
sich unterhalten über + Acc.	*s'entretenir de*
der Mann, ⸚er	*1) l'homme, 2) le mari*
die Technik, ∅ [tèçʰnik]	*la technique*
der Ingenieur, -e [inʒényö:r]	*l'ingénieur*

A 2 APPLICATION

Der deutsche Ingenieur Karl Weiß (K.W.)
hat den französischen Ingenieur J.-P. Dupont getroffen.
Frau Weiß (F. W.) fragt ihren Mann :

1. F. W. : Wie war's mit dem französischen Kollegen?
2. K.W. : Sehr nett. Herr Dupont spricht sehr gut deutsch.
3. F. W. : Worüber habt ihr euch unterhalten?
4. K.W. : Über die moderne Technik natürlich.
5. F. W. : Habt ihr nur von der modernen Technik gesprochen?
6. K.W. : Nein, auch von der deutschen Küche.
7. F. W. : Wie findet er die deutsche Küche?
8. K.W. : Er findet die französische Küche besser.
9. F. W. : Ich hoffe, er mag das deutsche Bier.
10. K.W. : Er hat das deutsche Bier probiert
11. und auch den deutschen Schnaps.
12. Dann hat er gesagt : Das deutsche Bier ist gut.
13. Und der deutsche Schnaps ist auch nicht schlecht.
14. Aber der französische Wein schmeckt viel besser.
15. Und der französische Cognac auch.

38 ■ Il a goûté la bière allemande

A 3 REMARQUES

■ **Déclinaison de l'adjectif épithète (I)**
Nous avons vu (cf. 32 A 3) que l'adj. épithète se place entre
l'article et le nom et que l'adj. prend un **-e** final au nominatif
après l'article défini **der/das/die.**

● La terminaison est **-en** :

1) à l'accusatif masculin :
Er hat den deutschen Wein gern.   Il aime le vin allemand.

2) au datif pour les trois genres

3) au pluriel pour les trois cas

● On peut résumer cette déclinaison de l'adjectif comme suit :

	masculin	neutre	féminin	pluriel
Nom.	der deutsche W.	das deutsche B.	die deutsche K.	die deutschen P.
Acc.	den deutschen W.	das deutsche B.	die deutsche K.	die deutschen P.
Datif	dem deutschen W./B.		der deutschen K.	den deutschen P.

● L'adjectif précédé de l'article défini se termine en **-en** à
tous les cas, sauf après **der/das/die** (nom. ou acc.).

A 4 TRADUCTION

L'ingénieur allemand Karl Weiss (K. W.) a rencontré l'ingénieur
français J.-P. Dupont. Mme Weiss (Mme) demande à son mari :
1. Mme   : Comment cela s'est-il passé avec (le=) ton collègue français?
2. K. W. : Très gentil. M. Dupont parle très bien allemand.
3. Mme   : De quoi vous êtes-vous entretenus?
4. K. W. : Des techniques modernes naturellement.
5. Mme   : Vous n'avez parlé que des techniques modernes?
6. K. W. : Non, de la cuisine allemande également.
7. Mme   : Comment trouve-t-il la cuisine allemande?
8. K. W. : (Il trouve meilleure=) Il préfère la cuisine française.
9. Mme   : J'espère qu'il aime la bière allemande!
10. K. W. : Il a goûté la bière allemande
11.   et aussi l'eau-de-vie allemande.
12.   Alors, il a dit : La bière allemande est bonne.
13.   Et l'eau-de-vie allemande n'est pas mauvaise non
plus.
14.   Mais le vin français est bien meilleur.
15.   Et le cognac français également.

38 ■ Sie hat ein neues Auto

B 1 PRÉSENTATION

Das ist eine neue Wohnung.	*C'est un nouvel appartement.*
ein neues Auto.	*une nouvelle voiture*
ein neuer Freund	*un nouvel ami.*
Das sind neue Produkte.	*Ce sont de nouveaux produits.*
Wir haben :	*Nous avons :*
eine neue Wohnung.	*un nouvel appartement.*
ein neues Auto.	*une nouvelle voiture.*
einen neuen Freund.	*un nouvel ami.*
neue Produkte.	*de nouveaux produits.*
Sie spricht von :	*Elle parle de :*
einer neuen Wohnung.	*un nouvel appartement.*
einem neuen Auto.	*une nouvelle voiture.*
einem neuen Freund.	*un nouvel ami.*
neuen Produkten.	*nouveaux produits.*
erzählen (hat erzählt)	*raconter (a raconté)*
der Spaziergang, ⁀e	*la promenade*
der Freund, -e 2	*le « petit » ami*
die Medizin, ∅	*la médecine*
der Medizinstudent	*l'étudiant en médecine*
zufrieden mit [tsoufri:den]	*content / satisfait de*

B 2 APPLICATION

Karin (K) hat einen Spaziergang gemacht. Sie kommt nach
Haus. Ihr Mann Hans (H) fragt sie :

1. H : Du hast lange gebraucht! Wo warst du?
2. K : Entschuldigung! Ich habe Fräulein Müller getroffen.
3. H : Hat sie etwas Neues erzählt?
4. K : Sie hat sehr viel erzählt. Alles ist neu!
5.   Sie hat erzählt, daß sie eine neue Wohnung hat,
6.   ein neues Auto und einen neuen Freund.
7. H : Was macht der neue Freund?
8. K : Ihr neuer Freund ist Medizinstudent.
9.   Das neue Auto ist sehr schön und war sehr teuer,
10.   und für die neue Wohnung braucht sie neue Möbel.
11. H : Ist sie mit der neuen Wohnung zufrieden?
12. K : Mit der neuen Wohnung ist sie sehr zufrieden.
13.   Mit dem neuen Auto und dem neuen Freund
14.   will sie am Wochenende aufs Land fahren.

B 3 REMARQUES

■ **Déclinaison de l'adjectif épithète (II)**

L'adjectif précédé de l'article indéfini **ein(e)** indique au nominatif, et à l'accusatif pour le neutre et le féminin, le genre du nom :

dans **ein neuer Freund**   on retrouve le **r** de l'article de**r**
dans **ein neues Auto**   on retrouve le **s** de l'article da**s**
dans **eine neue Wohnung** on retrouve le **e** de l'article di**e**
dans **neue Produkte**   on retrouve le **e** de l'article di**e**

Pour les autres cas, ainsi qu'au pluriel, les terminaisons sont les mêmes qu'après l'article défini (cf. 38 A 3) :

	masculin	neutre	féminin	pluriel
Nom.	**ein neuer Freund**	**ein neues Auto**	**eine neue Wohnung**	**neue Produkte**
Acc.	**einen neuen Freund**			
Datif	**einem neuen Freund/Auto**		**einer neuen Wohnung**	**neuen Produkten**

B 4 TRADUCTION

Carine (C) a fait une promenade. Elle rentre à la maison.
Son mari, Jean (J) lui demande :

1. J : Il t'en a fallu du temps! (m. à m. : « Tu as eu besoin d'un long temps ».) Où étais-tu?
2. C : Mille excuses! J'ai rencontré Mlle Müller.
3. J : Elle (t') a raconté quelque chose de nouveau?
4. C : Elle avait beaucoup à raconter. Rien que du neuf!
5.   Elle (m') a raconté qu'elle a un nouvel appartement,
6.   une nouvelle voiture et un nouvel ami.
7. J : Et que fait (le=) ce nouvel ami?
8. C : Son nouvel ami est étudiant en médecine.
9.   La nouvelle voiture est très belle et (était=) a coûté très cher,
10.   et pour le nouvel appartement, elle a besoin (il lui faut) de nouveaux meubles.
11. J : Est-elle satisfaite (du=) de son nouvel appartement?
12. C : Elle est très contente de son nouvel appartement.
13.   Avec (la=) sa nouvelle voiture et (le=) son nouvel ami,
14.   elle veut aller en week-end à la campagne.

1. Ergänzen:

a) (neu; schön) Das ...... Auto ist sehr ......
b) (neu; interessant) Der ...... Film ist sehr ....
c) (neu; groß) Die ...... Wohnung ist sehr ....
d) (neu; nett) Die .... Kollegen sind sehr ....

2. Ergänzen:

a) (neu) Er fährt mit dem .... Wagen.
b) (interessant) Wir sprechen von dem .... Buch.
c) (nett) Er spricht mit der .... Kollegin.
d) (groß) Er geht in das .... Haus.
e) (französisch) Sie spricht über die .... Küche.
f) (deutsch) Wir trinken den .... Wein gern.

3. Ergänzen:

a) (neu; alt) Ein ...... Wagen ist schneller als ein ......
b) (groß; klein) Eine .... Wohnung ist besser als eine ....
c) (gut; schlecht) Ein ...... Wein ist teurer als ein ......
d) (warm; heiß) Ein .... Wetter ist angenehmer als ein ....

4. Ergänzen und antworten:

a) (schön) Hatten Sie ein .... Wochenende?
b) (groß) Wohnen Sie in einem .... Haus?
c) (neu) Arbeiten Sie mit einer .... Kollegin?
d) (nett) Haben Sie eine .... Sekretärin?
e) (gut) Gehen Sie gern in einen .... Film?
f) (modern) Arbeiten Sie in einem .... Büro?

C 2 GRAMMAIRE

Retenez les terminaisons de l'adjectif épithète :

nominatif	accusatif
Wie ist/sind	Er liest
das deutsche Buch?	das deutsche Buch.
der deutsche Roman?	den deutschen Roman.
die deutsche Zeitung?	die deutsche Zeitung.
die deutschen Zeitungen?	die deutschen Zeitungen.
Das ist/sind	Er liest
ein deutsches Buch.	ein deutsches Buch.
ein deutscher Roman.	einen deutschen Roman.
eine deutsche Zeitung.	eine deutsche Zeitung.
deutsche Zeitungen.	deutsche Zeitungen.

1. Compléter :

a) Das neue Auto ist sehr schön.
b) Der neue Film ist sehr interessant.
c) Die neue Wohnung ist sehr groß.
d) Die neuen Kollegen sind sehr nett.

2. Compléter :

a) Er fährt mit dem neuen Wagen.
b) Wir sprechen von dem interessanten Buch.
c) Er spricht mit der netten Kollegin.
d) Er geht in das große Haus.
e) Sie spricht über die französische Küche.
f) Wir trinken den deutschen Wein gern.

3. Compléter :

a) Ein neuer Wagen ist schneller als ein alter.
b) Eine große Wohnung ist besser als eine kleine.
c) Ein guter Wein ist teurer als ein schlechter.
d) Ein warmes Wetter ist angenehmer als ein heißes.

4. Compléter et répondre :

a) Ja, ich hatte ein schönes Wochenende.
b) Ja, ich wohne in einem großen Haus.
c) Ja, ich arbeite mit einer neuen Kollegin.
d) Ja, ich habe eine nette Sekretärin.
e) Ja, ich gehe gern in einen guten Film [1].
f) Ja, ich arbeite in einem modernen Büro.

1. Oui j'aime (« aller dans » =) aller voir un bon film.

C 4 GRAMMAIRE

nominatif	accusatif
Comment est/sont	Il lit
le livre allemand ?	le livre allemand.
le roman allemand ?	le roman allemand.
le journal allemand ?	le journal allemand.
les journaux allemands ?	les journaux allemands.
C'est/Ce sont	Il lit
un livre allemand.	un livre allemand.
un roman allemand.	un roman allemand.
un journal allemand.	un journal allemand.
des journaux allemands.	des journaux allemands.

39 ■ Wenn ich Geld hätte,...

wenn + conditionnel	si...
er hat → er hätte	il a → il aurait
er ist → er wäre	il est → il serait
er gewinnt → er würde gewinnen	il gagne → il gagnerait
Wenn er Geld hätte,...	S'il avait de l'argent,...
Wenn er reich wäre,...	S'il était riche,...
Wenn er gewinnen würde,...	S'il gagnait,...
Wenn er gewonnen hätte,...	S'il avait gagné,...
Wenn er gekommen wäre,...	S'il était venu,...
der andere — die anderen	l'autre — les autres
die Million, -en	le million
das Lotto [loto]	le loto
der Gewinn, -e	le gain, le billet gagnant
Schade, daß...!	Dommage que...!
kündigen (hat gekündigt)	remettre sa démission
gewinnen (hat gewonnen)	gagner
träumen von (hat geträumt)	rêver de
reisen (ist gereist)	voyager
ein=laden (hat eingeladen)	inviter

A 2 APPLICATION

Peter (P) und Anna (A) träumen von einem Lottogewinn.

1. P : Hast du schon gehört?
2. Herr Braun hat im Lotto gewonnen! Zwei Millionen
3. A : Schade, daß immer nur die anderen gewinnen! Mark!
4. Wenn ich Geld hätte, ...
5. P : Was würdest du denn tun, wenn du reich wärst?
6. A : Wenn ich viel Geld gewinnen würde,
7. dann würde ich natürlich nicht mehr arbeiten.
8. Ich würde sofort kündigen.
9. Ich wäre frei und hätte immer Ferien.
10. Ich würde mir ein schnelles Auto kaufen,
11. und ich würde sehr viel reisen.
12. Was würdest du denn machen, wenn...
13. P : Wenn ich wie Herr Braun im Lotto gewonnen hätte,
14. wäre ich jetzt sehr froh und würde dich einladen.
15. A : Schade, daß du nicht gewonnen hast!

39 ■ Si j'avais de l'argent,...

Le conditionnel en allemand.

■ **hätte** et **wäre** sont les formes de **haben** et **sein** au conditionnel. Pour les autres verbes, le conditionnel est formé de **würde** + l'infinitif :

kommen, « venir » : **ich würde kommen** je viendrais

N.B. 1 : L'allemand note le conditionnel dans la principale comme dans la subordonnée.

N.B. 2 : Les formes **hätte, wäre** et **würde** sont identiques aux 1re et 2e personnes du singulier.

Wenn er kommt...   Quand il vient...

Wenn er kommen würde   S'il venait

Ne pas confondre **wenn** = « quand » (cf. 33 B) et **wenn** = « si » avec un verbe au conditionnel.

subordonnée   principale

Wenn er Geld hätte,   **würde er ein Auto kaufen.**

S'il avait de l'argent,   il achèterait une voiture.

Le sujet de la principale vient après la forme conjuguée **würde** si la phrase commence par la subordonnée avec **wenn**.

■ **Wenn er gewonnen hätte,**
    S'il avait gagné,   } **hätte er dich eingeladen.**
Wenn er gekommen wäre,   il t'aurait invité(e).
    S'il était venu,

Le conditionnel passé se forme avec le participe passé du verbe et l'auxiliaire **haben** (ou **sein** avec les verbes de mouvement, cf. 37 A3 /B3) au conditionnel.

Pierre (P) et Anna (A) rêvent de gagner au loto.

1. P : Tu as (déjà) entendu?
2.   M. Braun a gagné au loto! Deux millions de marks!
3. A : Dommage que ce soit toujours les autres qui gagnent!
4.   Si j'avais de l'argent, ...
5. P : Que ferais-tu donc si tu étais riche?
6. A : Si je gagnais beaucoup d'argent,
7.   (alors) je ne travaillerais plus, naturellement.
8.   Je donnerais tout de suite mes huit jours.
9   Je serais libre et je serais toujours en vacances.
10.   Je m'achèterais une voiture rapide
11.   et je voyagerais (« très ») beaucoup.
12.   Que ferais-tu donc si...
13. P : Si j'avais gagné au loto comme M. Braun,
14.   je serais (maintenant) très heureux et (je) t'inviterais.
15. A : Dommage que tu n'aies pas gagné!

39 ■ Das ist gemacht worden

Das muß gemacht werden.	*Cela doit être fait.*
	= Il faut le faire.
Das wird gemacht.	*Cela est fait. = On le fait.*
Das ist gemacht worden.	*Cela a été fait. = On l'a fait.*
die Vertretung, -en	*l'agence*
die Konkurrenz, ø	*la concurrence*
die Liste, -n	*la liste*
die Preisliste, -n	*le barème, la liste des prix*
verbinden (hat verbunden)	*« relier » = mettre en / donner*
	la communication
drucken (hat gedruckt)	*imprimer*
verschicken (hat verschickt)	*envoyer, expédier*
an=passen (hat angepaßt)	*adapter*
verstehen (hat verstanden)	*comprendre*
rufen (hat gerufen)	*appeler*
irgendetwas	*« une chose quelconque »*
	= quelque chose
die Sache, -n	*la chose*
einfach	*simple*
Ganz einfach!	*Très simple!*
der Markt, ⸚e	*le marché*

B 2 APPLICATION

Die Sekretärin (S) wird vom Direktor (D) gerufen.

1. D : Ich möchte mit unserer französischen Vertretung sprechen.
2. Lassen Sie mich bitte gleich verbinden!
3. S : Sie können heute nicht verbunden werden.
4. Am 14. Juli wird in Frankreich nicht gearbeitet.
5. D : Heute ist der 14. Juli? Das hatte ich vergessen.
6. Ist die neue Preisliste fertig?
7. S : Die neue Preisliste ist gestern gedruckt worden.
8. Heute wird sie verschickt.
9. Eine Sache habe ich nicht verstanden, Herr Direktor :
10. Warum sind nicht alle Preise erhöht worden?
11. D : Das ist ganz einfach. Das ist eine Konkurrenzfrage.
12. Unsere Preise müssen dem Markt angepaßt werden.
13. S : Ich verstehe. Brauchen Sie noch irgendetwas?
14. D : Bringen Sie mir bitte noch die Post.
15. S : Wird sofort gemacht, Herr Direktor.

B 3 REMARQUES

■ Le passif.

Der Direktor **ruft** *die Sekretärin*.
Le directeur appelle la secrétaire

Die Sekretärin wird vom Direktor gerufen
La secrétaire est appelée par le directeur

■ Dans le passage de la forme **active** (le sujet exerce une **action** sur quelqu'un ou quelque chose) à la forme **passive** (quelqu'un ou quelque chose **subit** une action) :

1) le sujet devient complément dit d'« agent », introduit par **von** = « par »,

2) le verbe actif **(ruft)** est rendu par l'auxiliaire **werden** avec le participe passé du verbe **(wird... gerufen** = « est appelé(e) »),

3) le C.O.D. devient sujet de la phrase passive.

N.B. : Le passif est d'un emploi beaucoup plus fréquent en all. qu'en fr. où l'on préfère la forme impersonnelle « on », notamment si le complément d'agent n'est pas exprimé :

Am 14. Juli wird in Frankreich nicht gearbeitet.
Le 14 juillet, on ne travaille pas en France.

■ Le P.C. est le verbe **sein** (conjugué) + P.P. + **worden** :
Die Preise werden erhöht.
Les prix sont augmentés. = On augmente les prix.
Die Preise sind erhöht worden.
Les prix ont été augmentés. = On a augmenté les prix.

B 4 TRADUCTION

Le directeur (D) appelle la secrétaire (S).

1. D : Je voudrais parler avec notre représentant en France.
2. Donnez-moi la communication tout de suite, s'il vous plaît.
3. S : Vous ne pouvez obtenir la communication aujourd'hui.
4. On ne travaille pas en France, le 14 juillet.
5. D : C'est le 14 juillet aujourd'hui? (Je l' =) J'avais oublié.
6. Est-ce que le nouveau barème est prêt?
7. S : Le nouveau barème a été imprimé hier.
8. On l'expédie/envoie aujourd'hui.
9. Il y a une chose que je n'ai pas comprise, M. le directeur :
10. Pourquoi n'a-t-on pas relevé tous les prix?
11. D : C'est très simple. C'est une question de concurrence.
12. Nous devons adapter nos prix au marché.
13. S : Je comprends. Avez-vous encore besoin de quelque chose?
14. D : Apportez-moi encore le courrier, je vous prie.
15. S : (C'est fait) Tout de suite, monsieur le directeur!

1. Umformen: Ich wäre nicht ...

    a) Er ist müde.
    b) Er ist sehr zufrieden.
    c) Er ist am Samstag im Büro.
    d) Er ist ein guter Techniker.
    e) Er ist am Wochenende zu Haus.

2. Umformen: Ich hätte ...

    a) Sie hat keine Zeit.
    b) Sie hat es nicht eilig [1]
    c) Sie hat nicht viel Ärger.
    d) Sie hat keine gute Laune.
    e) Sie hat keine Idee.

3. Umformen: Wenn ich... hätte, würde ich...

    a) Wenn ich Zeit habe, komme ich.
    b) Wenn ich Geld habe, kaufe ich ein.
    c) Wenn ich ein Problem habe, frage ich.
    d) Wenn ich eine Idee habe, sage ich sie.
    e) Wenn ich ein Paket habe, bringe ich es.

4. Umformen: Wenn ich... wäre, würde ich...

    a) Wenn ich da bin, rufe ich an.
    b) Wenn ich im Büro bin, arbeite ich.
    c) Wenn ich auf dem Land bin, erhole ich mich.
    d) Wenn ich reich bin, mache ich eine Reise.
    e) Wenn ich müde bin, gehe ich ins Bett.

1. es eilig haben = *être pressé.*

C 2 GRAMMAIRE

Retenez les phrases conditionnelles suivantes (traduction en 39 C 4) :

a) Ich hätte nicht Tag und Nacht gearbeitet
b) Ich wäre nicht um sechs aufgestanden
c) Ich hätte die Wohnung nicht aufgeräumt
d) Ich wäre nicht naß geworden
e) Ich hätte nicht Urlaub gemacht
f) Ich wäre nicht zu spät gekommen
g) Ich hätte es nicht eilig gehabt
h) Ich wäre nicht zu Haus geblieben
i) Ich hätte den Geburtstag nicht vergessen

1. Transformer : Je ne serais pas...

a) Ich wäre nicht müde.
b) Ich wäre nicht sehr zufrieden.
c) Ich wäre am Samstag nicht im Büro.
d) Ich wäre kein guter Techniker.
e) Ich wäre am Wochenende nicht zu Haus.

2. Transformer : J'aurais...

a) Ich hätte Zeit.
b) Ich hätte es eilig.
c) Ich hätte viel Ärger.
d) Ich hätte gute Laune.
e) Ich hätte eine Idee.

3. Transformer : Si j'avais..., je...

a) Wenn ich Zeit hätte, würde ich kommen.
b) Wenn ich Geld hätte, würde ich einkaufen.
c) Wenn ich ein Problem hätte, würde ich fragen.
d) Wenn ich eine Idee hätte, würde ich sie sagen.
e) Wenn ich ein Paket hätte, würde ich es bringen.

4. Transformer : Si j'étais..., je...

a) Wenn ich da wäre, würde ich anrufen.
b) Wenn ich im Büro wäre, würde ich arbeiten.
c) Wenn ich auf dem Land wäre, würde ich mich erholen.
d) Wenn ich reich wäre, würde ich eine Reise machen.
e) Wenn ich müde wäre, würde ich ins Bett gehen.

C 4 TRADUCTION

Traduction des phrases de 39 C 2.
Essayez de les retraduire en allemand.

a) Je n'aurais pas travaillé nuit et jour.
b) Je ne me serais pas levé à six heures.
c) Je n'aurais pas rangé la maison (l'appartement).
d) Je n'aurais pas été mouillé.
e) Je n'aurais pas pris de vacances.
f) Je ne serais pas venu trop tard.
g) Je n'aurais pas été pressé.
h) Je ne serais pas resté à la maison.
i) Je n'aurais pas oublié l'anniversaire.

40 ■ Er hat nicht kommen können

A 1 PRÉSENTATION

Er hat gekonnt.	Il a pu.
Er hat kommen können.	Il a pu venir.
Sie hat gewollt.	Elle a voulu.
Sie hat ihm helfen wollen.	Elle a voulu l'aider.
Wir haben gemußt.	Nous avons dû.
Wir haben arbeiten müssen.	Nous avons dû travailler.
Du hast nicht gedurft.	Tu n'as pas pu (eu le droit)
Du hast nicht ausgehen dürfen.	Tu n'as pas pu sortir.
Er läßt sich einen Zahn ziehen.	Il se fait extraire une dent.
Er hat sich einen Zahn ziehen lassen.	Il s'est fait extraire une dent.

Dieter	Didier (prénom)
ziehen 1) er hat gezogen	1) tirer, arracher
2) er ist gezogen	2) partir, s'en aller
um=ziehen (ist umgezogen)	déménager
aus=ziehen (ist ausgezogen)	déménager (partir de)
ein=ziehen (ist eingezogen)	emménager
vor=bereiten (hat vorbereitet)	préparer
erreichen (hat erreicht)	atteindre, joindre
letzte Woche	la semaine dernière (compl. de temps)

A 2 APPLICATION

Anna hat allein umziehen müssen.

1. Letzte Woche habe ich umziehen müssen.
2. Ich bin aus meiner alten Wohnung ausgezogen
3. und in meine neue Wohnung eingezogen.
4. Leider haben meine Freunde mir nicht helfen können.
5. Vielleicht haben sie aber auch nur nicht gewollt!
6. Peter hat nicht gekonnt,
7. weil er ein Examen hat vorbereiten müssen.
8. Hans hat nicht kommen dürfen,
9. weil er sich einen Zahn hat ziehen lassen
10. und das Haus nicht hat verlassen dürfen.
11. Karl hat lieber mit Karin ausgehen wollen.
12. Dieter habe ich nicht erreichen können.

A 3 REMARQUES

■ Le « double infinitif ».

Les verbes **können/dürfen, müssen/sollen, wollen** (et **lassen**) ont deux participes passés, le premier en **ge-t** comme pour les verbes « faibles » et un second identique à l'infinitif :

Inf.	P.P. (I)	P.P. (II)	Inf.	P.P. (I)	P.P. (II).
können	gekonnt	können	sollen	gesollt	sollen
dürfen	gedurft	dürfen	wollen	gewollt	wollen
müssen	gemußt	müssen	lassen	ø	lassen
	Er hat gekonnt.			Er hat kommen können.	
	Il a pu.			Il a pu venir.	

On emploie le P. P. **II** quand le verbe a un infinitif complément. (Il semble que l'on soit ainsi en présence de deux infinitifs, on a donc appelé, à tort, cette règle (« le participe **ge-t** est remplacé par l'infinitif en présence d'un infinitif complément ») la règle du « double infinitif ».)

N.B. : Dans une subordonnée, la forme conjuguée de **haben** n'est pas, exceptionnellement, en fin de phrase mais placée **devant** le « double infinitif » :

Er hat ein Examen vorbereiten müssen.
Il a dû préparer un examen.
Ich glaube, daß er ein Examen hat vorbereiten müssen.
Je crois qu'il a dû préparer un examen.

A 4 TRADUCTION

Anna a dû déménager toute seule.

1. J'ai dû déménager la semaine dernière.
2. J'ai déménagé de (= quitté) mon ancien appartement
3. et emménagé dans mon nouvel appartement.
4. Mes amis n'ont malheureusement pas pu m'aider.
5. Mais peut-être n'ont-ils tout simplement pas voulu!
6. Pierre n'a pas pu
7. parce qu'il a dû préparer un examen.
8. Jean n'a pas pu (eu le droit de) venir
9. parce qu'il s'est fait extraire une dent
10. et n'a pas pu (« quitter la maison » =) sortir.
11. Charles a préféré (« voulu de préférence ») sortir avec Carine.
12. Didier, je n'ai pu le joindre.

B 1 PRÉSENTATION

Warum...? — Weil...	*Pourquoi...? — Parce que...*
Wozu...? — Um.... zu...	*Pourquoi...? — Pour...*
	(+ inf.)

man	*on*
sich erholen (hat sich erholt)	*se rétablir, se reposer*
schneiden (hat geschnitten)	*couper*
spazieren = gehen	*aller se promener*
(ist spazierengegangen)	
lernen (hat gelernt)	*apprendre*
nach = sehen (hat nachgesehen)	*vérifier, examiner*

das Haar, -e	*le cheveu*
der Park, -s	*le parc*
der Frisör, -e [frizö:r]	*le coiffeur*
das Leben, ø	*la vie*

B 2 APPLICATION

1. Warum gehen Sie ins Restaurant? Weil ich Hunger habe.
2. Wozu gehen Sie ins Restaurant? Um zu essen.
3. Wozu fährt man am Wochenende aufs Land?
4. Man fährt aufs Land, um sich zu erholen.
5. Wozu geht man zum Frisör?
6. Um sich die Haare schneiden zu lassen.
7. Wozu fährt man zur Werkstatt?
8. Um den Wagen nachsehen oder reparieren zu lassen.
9. Wozu geht man in den Park? Um spazierenzugehen.
10. Wozu arbeitet man? Um Geld zu verdienen.
11. Wozu spielt man Lotto? Um Geld zu gewinnen.
12. Wozu lernt man Deutsch? Um zu verstehen und zu sprechen.

B 3 REMARQUES

■ **La proposition infinitive.**

Wir essen, um zu leben; wir leben nicht, um zu essen.
Nous mangeons pour vivre, nous ne vivons pas pour manger.

La proposition infinitive **(um zu leben** = « pour vivre ») est introduite en all. par **um** avec le verbe à l'infinitif en fin de phrase, précédé de **zu.**

■ Les interrogatifs **Warum...?** et **Wozu...?**

> **Warum ißt er? — Weil er Hunger hat.**
> Pourquoi mange-t-il? — Parce qu'il a faim.
> **Wozu ißt er? — Um zu leben.**
> Pourquoi mange-t-il? Pour vivre.

■ Si à une question « Pourquoi...? » (en fr.) on attend une réponse « parce que » = **weil,** le mot interrogatif est **Warum...?** (cf. 33 A).

Si, par contre, on attend une réponse « pour » + l'infinitif = **um... zu...,** le mot interrogatif est **Wozu...?** (où l'on retrouve le **zu** de l'infinitif).

B 4 TRADUCTION

1. Pourquoi allez-vous au restaurant? Parce que j'ai faim.
2. Pourquoi allez-vous au restaurant? Pour manger.
3. Pourquoi va-t-on à la campagne pour le week-end?
4. On va à la campagne pour se reposer.
5. Pourquoi va-t-on chez le coiffeur?
6. Pour se faire couper les cheveux
7. Pourquoi va-t-on au garage (cf. 35 A)?
8. Pour faire vérifier ou réparer la voiture.
9. Pourquoi va-t-on au parc? Pour se promener.
10. Pourquoi travaille-t-on? Pour gagner de l'argent.
11. Pourquoi joue-t-on au loto? Pour gagner de l'argent.
12. Pourquoi apprend-on l'allemand? Pour comprendre et pour parler.

1. Umformen:

a) Er geht ins Büro, weil er arbeiten will.
b) Sie fährt in die Stadt, weil sie einkaufen will.
c) Du machst ein Examen, weil du Arzt werden willst.
d) Wir gehen ins Restaurant, weil wir essen wollen.
e) Ich arbeite, weil ich Geld verdienen will.
f) Sie fahren aufs Land, weil Sie sich erholen wollen.

2. Ins Perfekt setzen:

a) Ich kann leider nicht kommen.
b) Er darf keine Zigarren rauchen.
c) Sie will das Bier nicht trinken.
d) Wir müssen sehr viel arbeiten.
e) Du sollst mir die Post bringen.
f) Ich lasse das Auto reparieren.

3. Antworten:

a) Warum ist er nicht gekommen? (können)
b) Wozu ist er ins Kino gegangen? (einen Film sehen)
c) Warum hat er nichts gegessen? (wollen)
d) Wofür hat er sich interessiert? (für Musik)
e) Warum ist er weggefahren? (müssen)
f) Wozu ist er ins Büro gegangen? (arbeiten)
g) Warum ist er nicht ausgegangen? (dürfen)
h) Wofür hat er das Geld gebraucht? (sein neues Auto)

C 2 GRAMMAIRE

Retenez les phrases suivantes, essayez de les traduire en français (traduction en 40 C 4) :

a) Wenn er nicht ins Kino gegangen wäre,
dann wäre er sicher gekommen
b) Wenn er nicht im Büro gearbeitet hätte,
dann wäre er sicher gekommen
c) Wenn er nicht im Bett geblieben wäre,
dann wäre er sicher gekommen.
d) Er hat nicht kommen können,
weil er lieber ins Kino hat gehen wollen
e) Er hat nicht kommen können,
weil er im Büro hat arbeiten müssen.
f) Er hat nicht kommen können,
weil er im Bett hat bleiben müssen.

1. Transformer :

a) Er geht ins Büro, um zu arbeiten.
b) Sie fährt in die Stadt, um einzukaufen.
c) Du machst ein Examen, um Arzt zu werden.
d) Wir gehen ins Restaurant, um zu essen.
e) Ich arbeite, um Geld zu verdienen.
f) Sie fahren aufs Land, um sich zu erholen.

2. Mettre au passé composé :

a) Ich habe leider nicht kommen können.
b) Er hat keine Zigarren rauchen dürfen.
c) Sie hat das Bier nicht trinken wollen.
d) Wir haben sehr viel arbeiten müssen.
c) Du hast mir die Post bringen sollen.
f) Ich habe das Auto reparieren lassen.

3. Répondre :

a) Weil er nicht hat kommen können.
b) Um einen Film zu sehen.
c) Weil er nichts hat essen wollen.
d) Er hat sich für Musik interessiert.
e) Weil er hat wegfahren müssen.
f) Um zu arbeiten.
g) Weil er nicht hat ausgehen dürfen.
h) Er hat es für sein neues Auto gebraucht.

C 4 TRADUCTION

Essayez de retraduire ces phrases en allemand :

a) S'il n'était pas allé au cinéma,
il serait certainement venu.
b) S'il n'avait pas travaillé au bureau,
il serait certainement venu.
c) S'il n'était pas resté au lit,
il serait certainement venu.
d) Il n'a pas pu venir,
parce qu'il a préféré aller au cinéma.
e) Il n'a pas pu venir,
parce qu'il a dû travailler au bureau.
f) Il n'a pas pu venir,
parce qu'il a dû rester au lit.

PRÉCIS GRAMMATICAL

Connaître, parler une langue, n'est pas seulement remplacer des mots par d'autres, mais aussi savoir les agencer en une phrase — il ne s'agit pas uniquement de réunir des pierres, il faut également trouver le ciment — qui est la grammaire...
La grammaire allemande passe pour complexe, mais elle ne l'est pas davantage que celle d'autres langues. Une fois admis quelques faits propres à l'allemand, il est assez aisé de construire une phrase correcte.
Le premier obstacle est la **déclinaison** de l'article, de l'adjectif et du nom.
La **conjugaison** requiert, certes, un effort de la mémoire, mais elle est bien plus simple qu'en français.
La **phrase allemande,** enfin, se caractérise avant tout par la place du verbe, bien souvent en fin de phrase.
Ces faits ont été abordés progressivement au cours des quarante leçons ; le lecteur trouvera ci-après une récapitulation pour l'aider dans son apprentissage de l'allemand.

SOMMAIRE

1. TRANSCRIPTION PHONÉTIQUE

Tableau d'équivalence entre les signes phonétiques utilisés ici et ceux de l'A.P.I. (Association Phonétique Internationale) [1]

A.P.I.	ici	exemples allemands	son proche en français
Voyelles :			
[i :]—[I]	[i :]—[i]	Wien ; ist	ville
[y :]—[Y]	[ü :]—[ü]	kühl ; fünf	tu
[u :]—[U]	[ou :]—[ou]	du ; Butter	doux
[e :]	[é :]	Peter	pépé
[ø :]—[œ]	[ö :]—[œ]	nervös ; zwölf	nerveux ; peur
[o :]—[ɔ]	[ô :]—[o]	Rom ; Bonn	gros ; bonne
[ɛ :]—[ɛ]	[è :]—[è]	Käse ; Wetter-Lärm	net(te)
[a :]—[a]	[a :]—[a]	da ; hast	pâte ; patte
[ə]	[e]	Tasse	?
[ã̃]	[ã̃]	Restaurant	restaurant
[ⁱ]	[y]	Ferien	lier
Diphtongues :			
[aI]	[aï]	bleiben	?
[aU]	[ao]	Frau	?
[ɔY]	[oö]	heute-Bäume	?
Consonnes :			
[p]—[b]	[p]—[b]	Peter-ab ; Bonn	pot ; beau
[t]—[d]	[t]—[d]	Tür-Land ; dann	tôt ; dos
[k]—[g]	[k]—[g]	Karl-Tag ; gehen	car-qui ; guider garage
[m]—[n]	[m]—[n]	Mann	mener
[ŋ]	[ŋ]	Camping, Zeitung	camping
[f]	[f]	Vater, Fest	fête
[v]	[v]	Wagen, Wien	wagon, Vienne
[s]	[s]	Haus, bist	as, sa
[z]	[z]	sie, so, lesen	zoo, caser
[ʃ]	[sch]	schön	chat
[ʒ]	[j]	Garage	garage
[ç]	[çh]	ich, Techniker	?
[j]	[y]	ja	yoyo
[x]	[hr]	Buch	?
[r]—[l]	[r]—[l]	Radio, Land	radio, lande
[h]	[h]	Herr, haben	?
[ʔ]	["]	er/ist [é :r"ist]	le|un, les|héros

1. Le point d'interrogation symbolise l'absence de son équivalent ou proche en français.

2. PRONONCIATION

Le tableau ci-contre (p. 254) donne en regard la transcription adoptée ici des sons de l'all. et celle de l'Association Phonétique Internationale (A.P.I.) avec (quand ils existent) les sons fr. proches de ceux de l'allemand.

La prononciation de l'all. présente les caractéristiques suivantes :

1. Accentuation : Tout mot d'au moins deux syllabes présente une syllabe accentuée prononcée avec plus de force que la ou les autre(s). **La voyelle est notée en gras** ici.

L'accent porte de façon générale sur la première syllabe : **leben** [lé:ben], **Antwort** [a-ntvort], **Arbeit** [arbaït], **Urlaub**, [ou:rlaop].

Les mots d'emprunt (au fr. et au latin avant tout) sont accentués sur la dernière syllabe. Quelques-uns sont toutefois accentués sur 1) l'avant dernière : les mots en **-e (der Kollege)** et 2) sur l'avant-avant-dernière : les mots en **-ika/-iker (Amerika, der Mechaniker).**

2. Voyelles longues — voyelles brèves : l'all. oppose des voyelles longues à des brèves qui permettent de distinguer des mots comme **die Väter** [fè:ter] « les pères » et **der Vetter** [fèter] « le cousin ». Les voyelles longues sont environ deux fois plus longues que les brèves.

3. En dehors de quelques exceptions comme **mit** [mit], **ob** [op], etc. l'orthographe permet de déceler les voyelles longues et brèves :

1) Une voyelle est longue devant une seule consonne **(haben, müde).**

2) Une voyelle est brève devant au moins deux consonnes **(essen, finden, morgen).**

N.B. 1 : La lettre **e** après **i** ne se prononce pas et transcrit un [i :] long **(Kiel, Wien, Bier).**

N.B. 2 : La lettre **h** après une voyelle note pareillement une voyelle longue **(Lohn, kühl, Bahn).**

N.B. 3 : Une voyelle est longue en fin de mot **(da, sie, so).**

N.B. 4 : Une voyelle redoublée est longue **(Haar, Meer, Idee).**

4. L'all. présente **trois diphtongues :** [aï] **(Ei, bleiben),** [ao] **(Haus, laufen)** et [oö]. **(Leute, teuer).** Il faut se garder de prononcer deux voyelles distinctes.

5. La voyelle [e] inaccentuée rappelle le [é] prononcé faiblement : **Tasse, Frage, Name,** etc.

6. [y] symbolise la semi-voyelle notée **i** devant [e] **(Ferien, Familie)** ou une voyelle accentuée **(Ingenieur)** (cf. « lier » en fr.).

7. -an- se prononce [ã], comme en français, pour quelques mots qui lui sont empruntés (**Restaurant, Rendez-vous,** etc.).

8. Les consonnes all. sont prononcées de façon générale plus fortement qu'en français. On retiendra notamment :

1) [b, d, g,] n'existent pas en fin de mot, les lettres **b, d,** et **g** sont prononcées [p, t, k] (cf. 6 A/B 3 et 7 A 3).

2) Les consonnes particulières à l'allemand :

a) Le **Ich-Laut** (« le son **Ich** ») [ç^h] ainsi appelé parce qu'on le rencontre dans le pronom **ich.** Il est prononcé avec les lèvres tirées en arrière et ne doit·pas être confondu avec [s^{ch}].

b) Le **Ach-Laut** (« le son **Ach** ») [h^r] que l'on rencontre dans **Ach!** (« Ah! ») est un raclement au fond de la gorge, comparable au son prononcé en fr. dans « âcre » ou « ocre » (cf. 4 A 3).

c) La consonne [ŋ] note la prononciation du groupe -ng, comme dans le fr. « ping-pong » ou « camping ».

d) La lettre **h** en début de mot transcrit l'aspiration qui accompagne la voyelle (**Haus** [haos], **haben** [ha:ben], etc.**).

e) ["] indique le « coup de glotte » qui note l'absence de liaison entre une consonne et une voyelle. Il rappelle l'absence de liaison en fr. pour « le un » ou « des héros », p. ex.

9. Orthographe et prononciation :

1) Les lettres **ä, ü** et **ö** (avec tréma) se prononcent respectivement [è] (**Lärm** [lèrm]), [ü] comme « tu » en fr. (**fünf** [fünf]) et [ö:] ou [œ] comme « eux » [ö] ou « œuf » [œf] en fr. (**zwölf** [tsvœlf]).

2) **b, d, g** se prononcent [p, t, k] en fin de mot (cf. point 8,1).

3) La lettre **z** se prononce toujours [ts] (cf. 5 B 3).

4) Les lettres **w** et **v** se prononcent respectivement [v] et [f] : (la voiture) **Volkswagen** = [folksva:gen].

5) La lettre **ß**, propre à l'all., se prononce [s]. On écrit **ß** après une voyelle longue (**Straße** [s^{ch}tra:se]) et après une diphtongue (**heißen** [haïsen]). Elle remplace -ss- en fin de mot et devant la consonne -t : **müssen — er muß — er hat gemußt.**

6) Les lettres **ch** notent le son [h^r] (cf. point 8,2,b) après **a, o, u** et **au** et [ç^h] après les autres voyelles : **i, e /ä, ü, ö,** les diphtongues **ei** et **eu /äu** et -**n** (**München** = [münç^hen]) et **r** (**Architekt** [arç^hitèkt]).

N.B. : L'inflexion entraîne une transformation de la voyelle au pluriel : **u** devient **ü, o** devient **ö** et **a** devient **ä** et donc le passage de [h^r] à [ç^h] pour ch : **Buch** [bu:h^r] → **Bücher** [bü:ç^her], **Tochter** [toh^rter] → **Töchter** [tœç^hter], etc.

7) La lettre **s** (cf. 4 A 3) se prononce [z] en début de mot (**sie** [zi:]) et entre deux voyelles (**Kusine** [kuzi:ne]) et [s] partout ailleurs : à la fin (**Haus** [haos]) et au milieu d'un mot devant une consonne (**du hast** [hast]).

N.B. : **s** se prononce [s^{ch}] en début de mot devant une consonne (**Student** [s^{ch}toudènt]).

3. LE NOM

1. Tous les noms, propres ou communs s'écrivent avec une majuscule : **Peter** — Pierre, **Wien** — Vienne, **der Vater** —, le père, **die Mutter** — la mère, **das Leben** — la vie.

2. Le genre.

L'allemand connaît trois genres :

— le masculin et le féminin qui correspondent au sexe : **der Mann** → « l'homme /le mari », **die Frau** → « la femme », **der Student** → « l'étudiant », **die Studentin** → « l'étudiante ».

— le neutre pour désigner ce qui n'est ni masculin ni féminin : **das Kind** → « l'enfant » = un garçon ou une fille.

En fait le genre est le plus souvent arbitraire et doit être appris avec le mot (cf. 10 A 1).

3. Les masculins faibles.

Quelques masculins comme **der Name** « le nom », **der Nachbar** « le voisin », **der Herr** « le monsieur » prennent la terminaison **-n** à l'accusatif et au datif singulier **(Herr Müller : Ich sehe Herrn Müller** « Je vois M. Müller », **Ich spreche mit Herrn Müller** « Je parle avec M. Müller »). Ces masculins sont dits faibles. Ils font leur pluriel en **-n** à tous les cas (toutefois : **Meine Herren!** « Messieurs! »).

4. Les marques du pluriel.

a) les féminins forment leur pluriel en **-(e)n** : on ajoute **-(e)n** à la forme du singulier : **die Frau → die Frauen, die Fabrik → die Fabriken, die Karte → die Karten.**

● N.B. 1 : Les dérivés fém. en **-in** font leur pluriel en **-innen** : **die Freundin** « l'amie » → **die Freundinnen.**

● N.B. 2 : Quelques féminins font leur pluriel en **˝e : die Wand** « paroi » → **die Wände, die Nacht** [nahʳt] → **die Nächte** [nèçʰte].

● N.B. 3 : deux féminins prennent l'inflexion seule au pluriel : **die Mutter** (« la mère ») → **die Mütter, die Tochter** (« la fille ») — **die Töchter** ([tohʳter] → [tœçʰter]).

b) les neutres forment leur pluriel en **-er** ou **˝er** si la voyelle du mot au sing. est **a, o, u** ou **au** (cf. 13 A 3) : **das Kind** « l'enfant » → **die Kinder, das Buch** « le livre » → **die Bücher, das Haus** « la maison » → **die Häuser.**

● N.B. 1 : Les mots d'emprunt **(das Telegramm, das Problem)** et quelques neutres font leur pluriel en **-e : Flugzeug** « avion », **Haar** « cheveu », **Jahr** « année », **Schiff** « bateau », **Schwein** « porc », **Spiel** « jeu », **Tor** « but ».

● N.B. 2 : Le pluriel des neutres en **-er** est identique au singulier (marque zéro) : **das Zimmer** « la pièce » → **die Zimmer.**

● N.B. 3 : Des mots d'emprunt (au fr. notamment) font leur pluriel en **-s : das Hotel** → **die Hotels, das Restaurant** → **die**

Restaurants, das Auto → die Autos, das Büro → die Büros, etc.
c) les masculins prennent en général la marque **-e** ou **⁼e** si
l'inflexion est possible (cf. ci-dessus pour les neutres) : **der
Brief** « la lettre » → **die Briefe, der Lohn** « le salaire » → **die
Löhne.**
Les exceptions à cette règle sont cependant nombreuses pour
les masculins. On notera que certains font leur pluriel en :

● **-e** : **Abend** « soir », **Apparat** « appareil », **Besuch** « visite »,
Monat « mois », **Punkt** « point », **Tag** « jour » (alors que l'inflexion
est possible).
N.B. : Le pluriel de **der Bus** est **die Busse.**

● **-en** pour les masculins faibles (cf. point 3 ci-dessus) et pour
les mots en **-aut, eut** et **-ist** : **der Passant → die Passanten, der
Student → die Studenten, der Polizist → die Polizisten.**

● **⁼** (inflexion sans terminaison) pour **der Bruder** « frère » →
die Brüder, der Garten « jardin » → **die Gärten, der Mantel**
« manteau » → **die Mäntel, der Schwager** « beau-frère » → **die
Schwäger, der Vater** « père » → **die Väter.**

● **-** (sans marque de pluriel) pour les mots en **-er** (**der Verkäufer** « vendeur ») et **-en** (**der Wagen** « voiture »).

● **⁼er** pour quelques mots comme **der Mann** « homme /mari » →
die Männer, der Wald « forêt » → **die Wälder.**

5. Quelques mots n'ont pas de pluriel (ou bien il est inusité),
ainsi pour **das Wetter** « le temps qu'il fait », **der Urlaub**
« congé » ; il en est de même en général pour les unités de
mesure : **die Mark** « mark », **das Grad** « degré », **das Kilo** « kilo »,
der Pfennig « le centime ».
N.B. : **die Ferien** « les vacances », **die Leute** « les gens », **die
Eltern** « les parents » n'ont pas de singulier.

6. Le datif pluriel présente toujours un **-n** final : **das Kind →
die Kinder → mit den Kindern** « avec les enfants » (sauf, bien
entendu, si la marque du pluriel est **-s** (**die Autos**) ou déjà
-(e)n).

7. Les mots composés (cf. 8 A 3).
— Ils se forment de la droite vers la gauche : **die Fabrik für
Möbel** « la fabrique (pour =) de meubles » — **die Möbelfabrik**
« la fabrique de meubles » : le déterminant précède le détermi-
né.
— Ils s'écrivent en un seul mot.
— Le genre est celui du dernier composant, du déterminé.
— C'est le déterminé qui prend la marque du pluriel : **die
Haustür** « la porte de la maison /d'entrée » — **die Haustüren**
« les portes d'entrée ».

4. L'ARTICLE

1. L'article défini : der — das — die.

Aux trois genres correspondent trois articles :
- — masculin : **das** : **der Mann** (l'homme)
- — neutre : **das** : **das Kind** (l'enfant)
- — féminin : **die** : **die Frau** (la femme)

Comme en fr. (le — la — les), l'opposition entre les trois genres n'existe pas au pluriel — on dit qu'elle est **neutralisée :** le seul article défini du pluriel est **die :**

der Mann			Männer	(les hommes)
das Kind	die	{	Kinder	(les enfants)
die Frau			Frauen	(les femmes)

L'article prend des désinences, on dit qu'il s'accorde, selon les cas au singulier :
- — le nom. et l'acc. sont identiques pour le féminin et le neutre.
- — l'acc. masculin est **den** : **Er fragt den Nachbarn.** = « Il interroge le voisin ».
- — le datif **dem** est identique pour le masc. et le neutre : **Er spricht mit dem Nachbarn /mit dem Kind.** = « Il parle avec le voisin /l'enfant ».
- — l'article féminin est **der** au datif : **Er spricht mit der Mutter.** = « Il parle avec la mère ».

Au pluriel, le nominatif et l'accusatif sont identiques, mais le datif est **den** : **Er spricht mit den Direktoren /Kindern /Müttern.** = « Il parle avec les directeurs /enfants /mères ».

Le tableau suivant résume la déclinaison de l'article défini en faisant ressortir les formes communes à plusieurs cas :

	masculin	neutre	féminin	pluriel
nominatif	der			
		das	die	die
accusatif	den			
datif	dem		der	den

Déclinaison de l'article défini.

2. L'article indéfini : ein — eine.

- — Le masculin et le neutre ne se distinguent pas au nominatif : **der Wagen — das Auto = ein Wagen /Auto.** Seul le féminin est distinct : **eine,** avec un **-e** final.
- — Comme pour l'article défini, le nom. et l'acc. du neutre et du féminin sont identiques, seul le masculin présente la désinence **-en,** correspondant au **-n** final de den : **den Wagen — einen Wagen : Haben Sie einen Wagen?** = « Avez-vous une voiture? ».

— Aux terminaisons **-m** du masculin et du neutre et **-r** du féminin des articles définis **dem** et **der** au singulier correspondent au datif les articles **einem** et **einer** :

$$\begin{array}{lll}
\text{der /das} & \text{— datif : dem} & \text{— einem} \\
\text{die} & \text{— datif : der} & \text{— einer}
\end{array}$$

● Le tableau suivant résume la déclinaison de l'article indéfini en réunissant les formes communes à plusieurs cas (notons que **ein(e)** n'a pas de pluriel, cf. N.B. 3 ci-dessous) :

	masculin	neutre	féminin
nominatif	ein	ein	eine
accusatif	einen		
datif	einem		einer

3. Emploi de l'article.

L'article défini s'emploie pour désigner une personne ou une chose précise, connue alors que l'article indéfini indique une personne ou une chose quelconque, non connue :

Wo ist der Wagen? — « Où est la voiture ? » (la nôtre, p. ex.)
Hast du einen Wagen? — « As-tu une voiture ? » (peu importe la marque ou à qui elle appartient p. ex.).

● N.B. 1 : Contrairement au fr., il n'y a pas d'article en all. devant les titres, professionnels en particulier :

    Herr Direktor B. — « Monsieur le directeur B. »
    Frau Doktor H. — « Madame le docteur H. »

● N.B. 2 : L'absence d'article note le partitif : **Er hat Appetit,** « Il a de l'appétit », **Er hat Ärger,** « Il a des ennuis ». Notons qu'au partitif all. peut correspondre en fr. un article défini : **Er hat Zeit,** « Il a le temps » (cf. 7 A 3).

● N.B. 3 : A l'article indéfini « un(e) » du français correspond un pluriel « des ». L'all. *n'a pas d'article indéfini pluriel* : l'absence d'article avec un mot pluriel note ainsi l'indéfini :

    Ich habe ein Kind.   **Ich habe Kinder.**
    « J'ai un enfant ».   « J'ai *des* enfants. »

(Sur l'emploi de **ein** à la forme négative : voir **La négation,** p. 273).

● N. B. 4 : Les noms de pays n'ont pas d'article en all. : **Deutschland** « l'Allemagne », **Frankreich** « la France », **England** « l'Angleterre ». Seuls quelques noms comme **die Schweiz** « la Suisse » et **der Libanon** « le Liban » ont un article, par exception. Notons que les noms de pays composés prennent un article : **die BRD** « la R.F.A. », **die DDR** « la R.D.A. », **die Vereinigten Staaten (von Amerika)** « les États-Unis (d'Amérique) », **die Niederlande** « les Pays-Bas ».

5. L'ADJECTIF

Ein neues Auto ist immer schön.

1. L'adjectif attribut (relié au sujet par le verbe être) **est invariable** en genre et en nombre en all. (cf. 3 B 1) :

Peter ist ⎞		Pierre	est grand.
Anna ist ⎬ **groß.**		Anna	est grande.
Sie sind ⎠		Ils /Elles sont grand(e)s.	

2. L'adjectif épithète (accolé directement au nom) **se place devant** le nom et s'accorde :
1) en genre :

masculin : **ein neuer Wagen** « une nouvelle voiture »
neutre : **ein neues Auto** « une nouvelle auto »
féminin : **eine neue Frage** « une nouvelle question »

N.B. : L'accord en genre ne se fait toutefois qu'après l'article indéfini (cf. ci-dessous).
2) en nombre :

singulier : **der neue Wagen**	pluriel : **die neuen Wagen**
das neue Auto	**die neuen Autos**
die neue Frage	**die neuen Fragen**

3) en cas : **ein neuer Wagen - mit einem neuen Wagen** (« avec une nouvelle voiture »).

3. Déclinaison de l'adjectif épithète.
● Principe fondamental : l'adjectif prend toujours au moins un **-e**, le groupe article + adjectif + nom *doit* indiquer le genre du nom : l'article **der-das-die** donne le genre, la désinence est donc simplement **-e;** mais l'article indéfini **ein** est masculin ou neutre, la marque du genre est reportée sur l'adjectif :
« le jeune homme » **der junge Mann - ein junger Mann** « un jeune homme »
« la nouvelle auto » **das neue Auto - ein neues Auto** « une nouvelle auto »
eine est féminin, la désinence reste **-e** : **die junge Frau - eine junge Frau** « une jeune femme ».
La marque du genre est donc **-e, -er** ou **-es** au nominatif (et à l'accusatif pour le neutre et le féminin) ; aux autres cas (acc. masc. et datif pour les trois genres) et au pluriel, la marque est **-en.**
N.B. : L'article indéfini **ein (e)** n'ayant pas de pluriel, les terminaisons virtuelles de l'article **die** au nom. et à l'acc. et **den** sont reportées sur l'adjectif :

die jungen Kinder - junge Kinder
mit den jungen Kindern - mit jungen Kindern

Les deux tableaux suivants reprennent la déclinaison de l'adjectif épithète pour les deux cas retenus :

	masculin	neutre	féminin	pluriel
Nom.	der junge Mann	das junge Kind	die junge Frau	die jungen Kinder
Acc.	den jungen Mann			
Datif	dem jungen Mann Kind		der jungen Frau	den jungen Kindern

Déclinaison de l'adjectif après l'article défini.

	masculin	neutre	féminin	pluriel
Nom.	ein junger Mann	ein junges Kind	eine junge Frau	junge Kinder
Acc.	einen jungen Mann			
Datif	einem jungen Mann Kind		einer jungen Frau	jungen Kindern

Déclinaison de l'adjectif après l'article indéfini.

4. La comparaison.

L'égalité ou l'inégalité se note par :

        ... so... wie... = « ... aussi... que... »

        ... nicht so... wie... = « ... pas aussi... que... »

        Peter ist (nicht) so groß wie Hans.

    « Pierre (n') est (pas) aussi grand que Jean. »

La supériorité s'exprime par :

adjectif + **-er als** = « plus... que... ».

        Peter ist kleiner als Hans.

    « Pierre est plus petit que Jean. »

N.B. : Un certain nombre d'adjectifs ont un comparatif irrégulier (cf. « meilleur » pour « bon » en fr.) (cf. 31 A/B/C) :

« bon »	**gut**	— **besser**	« meilleur »
« beaucoup »	**viel**	— **mehr**	« davantage »
« volontiers »	**gern**	— **lieber**	« de préférence »
« haut »	**hoch**	— **höher**	« plus haut »

D'autres adjectifs prennent l'inflexion :

« vieux /âgé »	**alt**	— **älter**	« proche »	**nah**	— **näher**
« pauvre »	**arm**	— **ärmer**	« court »	**kurz**	— **kürzer**
« grand »	**groß**	— **größer**	« long »	**lang**	— **länger**
« jeune »	**jung**	— **jünger**	« noir »	**schwarz**	— **schwärzer**
« froid »	**kalt**	— **kälter**	« fort »	**stark**	— **stärker**
« malade »	**krank**	— **kränker**	« chaud »	**warm**	— **wärmer**

6. L'ADJECTIF POSSESSIF

a) Le tableau suivant donne les adjectifs possessifs correspondant aux pronoms personnels :

singulier		pluriel	
ich	— mein	wir	— unser
du	— dein	ihr	— euer
er/es	— sein	sie/Sie	— ihr/Ihr
sie	— ihr		

On retiendra que :

1) A la troisième personne du singulier, l'adjectif possessif est **sein** si le possesseur est masculin ou neutre mais **ihr** s'il est féminin : **sein Vater** « son père à lui », **ihr Vater** « son père à elle » (cf. 23 B 3).

2) Pour la forme de politesse, on note une majuscule comme pour le pronom : **Ihr Vater** « votre père ».

3) **ihr** est l'adjectif possessif correspondant à **sie** féminin singulier et pluriel :

$$\left.\begin{array}{l}\textbf{Anna} \\ \textbf{Peter und Anna}\end{array}\right\} \textbf{Ihr Vater ist krank.} \left\{\begin{array}{l}\text{« Son père} \\ \text{« Leur père}\end{array}\right. \text{est malade.}$$

4) Ne pas confondre 1) le pronom personnel **ihr** « vous » (**Kommt ihr?** « Venez-vous? »), 2) l'adjectif possessif **ihr** « son/sa », « leur » ou « votre » (**Ihr Sohn** « son fils (à elle) », **ihre Söhne** « leurs fils », **Ihr Sohn** « votre fils ») et 3) le datif du pronom **sie** : **Ich spreche mit ihr** « Je parle avec elle ».

b) Déclinaison :

L'adjectif possessif se décline comme l'article indéfini, prend les mêmes marques que **ein**, en conséquence l'adjectif épithète (entre l'adj. possessif et le nom) se décline comme après **ein**. Au pluriel **mein, dein, ihr, unser**, etc. prennent **-e** (**-en** au datif) et l'adjectif prend la marque **-en** à tous les cas :

mein neuer Wagen   **mein neues Auto**
meine neue Wohnung   **meine neuen Bücher**

	masculin	neutre	féminin	pluriel
Nom.	mein neuer Wagen	mein neues Auto	meine neue Wohnung	meine neuen Bücher
Acc.	meinen neuen Wagen			
Datif	meinem neuen Wagen/Auto		meiner neuen Wohnung	meinen neuen Büchern

263

7. LE PRONOM PERSONNEL

A l'instar de l'allemand, le français présente une déclinaison du pronom personnel : « je » et « tu » ne peuvent être que sujets, « me » et « te » ne sont employés que comme compléments.
Les pronoms « il », « le », « lui » sont de la même façon respectivement sujet (« il vient »), complément d'objet direct (« je le vois ») et complément d'attribution (« je lui donne »).

1. Déclinaison.

Les pronoms all. ont des formes différentes selon leur emploi comme sujet (= nom.), C.O.D. (= acc.) ou complément d'attribution ou circonstanciel introduit par **mit, von**, etc. (= datif).
Si l'on prend les verbes **kommen** « venir », **sehen** « voir » et **geben** « donner », on a les pronoms suivants :

(«je viens », ...			(«il me voit », ...)		
je	**ich**	komme	Er sieht **mich**	= me
tu	**du**	kommst	— **dich**	= te
il	**er** / **es**	kommt	— **ihn**	= le
			— **es**	= le
elle	**sie**	kommt	— **sie**	= la
nous	**wir**	kommen	— **uns**	= nous
vous	**ihr**	kommt	— **euch**	= vous
ils/elles	**sie**	kommen	— **sie**	= les

(« il me donne », ...)

Er gibt **mir**	= me	(à moi)	— **uns**	= nous (à nous)
— **dir**	= te	(à toi)	— **euch**	= vous (à vous)
— **ihm**	= lui	(à lui)	— **ihnen**	= leur (à eux)
— **ihr**	= lui	(à elle)		

Le tableau suivant fait ressortir les formes identiques :

Personnes	nominatif	accusatif	datif	traduction
1re	ich	mich	mir	je — me — à moi
2e	du	dich	dir	tu — te — à toi
3e	er	ihn	**ihm**	il — le — à lui
	es			
	sie		ihr	elle — la — à elle = lui
1re	wir	uns		nous — nous — à nous
2e	ihr	euch		vous — vous — à vous
3e	sie		ihnen	ils — les — à eux = leur

Déclinaison du pronom personnel.

Aux articles définis **der, das, die** correspondent les pronoms **er, es, sie** où l'on retrouve les lettres finales :

der → er   das → es   die → sie

on retrouve de la même façon au datif (et à l'accusatif pour le masculin) la dernière lettre de l'article :

den → ihn   dem → ihm   der → ihr

N.B. : Le datif du pluriel **sie** est **ihnen**.

— comme pour les articles, les pronoms **es, sie** et le pluriel **sie** sont identiques au nominatif et à l'accusatif :
— le datif singulier est le même pour **er** et **es** : **ihm**.
— les formes de l'accusatif et du datif sont identiques pour **wir** = **uns** et ihr = **euch**.

2. La forme de politesse.

La forme de politesse est en fr. la 2e personne du pluriel : vous.
En allemand, la forme de politesse est la 3e personne du pluriel.
Pour éviter les ambiguïtés (sauf en début de phrase), le pronom sujet ou complément est écrit avec une majuscule :

Haben sie Geld? = « Ont-ils de l'argent ? »
Haben Sie Geld? = « Avez-vous de l'argent ? »

3. Le pronom réfléchi.

Ich wasche mich. « Je me lave. »

Le pronom personnel à l'acc. (et au datif pour certains verbes) peut être réfléchi : l'action s'exerce sur le sujet : « Je me lave. » = « je lave moi ».
A la 3e personne, le pronom réfléchi est **sich** pour les trois genres : **Er /Es /Sie wäscht sich.** = « Il /Elle se lave », de même qu'au pluriel : **Sie waschen sich.** = « Ils /Elles se lavent ».

---

8. LES PRÉPOSITIONS

Les prépositions sont des éléments de relation qui établissent un rapport entre un verbe et un nom (**Er geht in das Haus.** = « Il entre dans la maison. ») ou entre deux noms (**die Vase auf dem Tisch** « Le vase (qui est) sur la table »).
L'allemand introduit une distinction fondamentale, inconnue du français, dans l'emploi des prépositions entre :
— le lieu où l'on est, dit le *locatif,*
— le lieu où l'on va, dit le *directif,*
La même préposition, **in** « dans » par ex. est suivie :
— de l'accusatif si le verbe exprime un mouvement vers un lieu,
— du datif si le verbe indique qu'il n'y a pas changement de lieu.
C'est le cas pour les verbes dits de « mouvement » ou de « position » (cf. 29 A /B 3) :

Er legt den Koffer in den Schrank.
Il pose (couchée) la valise dans l'armoire.
Der Koffer liegt in dem Schrank.
La valise est (couchée) dans l'armoire.

Si certains verbes ont seulement le sens de « déplacement vers » (on dira qu'ils sont essentiellement directifs) (les verbes de mouvement et par ex. **bringen** « apporter », **einziehen** « emménager », **werfen** « lancer ») et d'autres essentiellement locatifs (les verbes de position et par ex. **arbeiten** « travailler », **wohnen** « habiter », **leben** « vivre ») d'autres verbes sont directifs *ou* locatifs (**stecken** « être fourré », **gehen** « aller », **laufen** « courir ») selon que le mouvement exprimé se fait *vers* ou à *l'intérieur* d'un lieu :

> **Er fährt nicht gern in die Stadt.**
> Il n'aime pas aller en ville en voiture.
> **Er fährt nicht gern in der Stadt.**
> Il n'aime pas (rouler =) circuler /conduire en ville.

1. Parmi les prépositions dites « mixtes » qui sont suivies du **datif** ou de l'**accusatif** on retiendra :

an « près de »	**auf** « sur »	**hinter** « derrière »
in « dans »	**neben** « à côté de »	**vor** « devant »

2. L'opposition entre directif et locatif ne joue pas pour certaines prépositions qui sont suivies automatiquement de l'accusatif ou du datif, on dit qu'elles *gouvernent* l'un ou l'autre :
— l'accusatif (entre autres prépositions) : **für** « pour », **gegen** « contre »,
— le datif : **aus** « hors de », **bei** « près de »/« chez » (locatif), **mit** « avec », **nach** « vers »/« après », **seit** « depuis », **von** « de »/ « en provenance de », **zu** « chez » (directif)/« vers ».

3. La plupart des prépositions peuvent avoir plusieurs sens, leur emploi étant consacré par l'usage : **am Meer** « au bord de la mer », **auf der Straße** « dans la rue », **im Juli** « en juillet », etc.
On retiendra avant tout l'emploi de prépositions différentes pour rendre l'opposition directif ~ locatif devant les noms employés sans article (en particulier les noms de pays, cf. N.B. : 4, p. 260) :

directif	locatif
Er fährt nach Deutschland.	**Er fährt in Deutschland.**
Il va en Allemagne.	Il circule en Allemagne.
Er geht nach Haus.	**Er ist zu Haus.**
Il va à la maison.	Il est à la maison.

N.B. 1 : « chez » se traduira par **zu** pour le directif, **bei** pour le locatif :

> **Er geht zu seinem Vater.**   **Er wohnt bei seinem Vater.**
> Il va *chez* son père.   Il habite *chez* son père.

N.B. 2 : **in, an, von** et **zu** suivis du datif (masculin ou neutre) singulier **dem** peuvent se contracter en **im, am, vom** et **zum**.

N.B. 3 : **um** est employé pour l'heure (**Um 8.** = « A 8 heures. ») et **am** pour les jours de la semaine (**am Sonntag** « le dimanche », cf. 21 A 3) et les parties de la journée (**am Morgen** « le matin », **am Abend** « le soir »).

9. L'ADVERBE

1. La plupart des adjectifs peuvent être employés comme adverbes :

Er ist langsam. « Il est lent. »
Er arbeitet langsam. « Il travaille lentement. »

2. Les adverbes s'écrivent avec des minuscules : heute « aujourd'hui », **heute abend** « ce soir », **morgen** « demain »,

3. Outre les adverbes précédents, on retiendra les :

1) adverbes de temps :

bald « bientôt »
dann « ensuite »
lange « longtemps »
oft « souvent »
früh « tôt »
sofort « tout de suite »
jetzt « maintenant »

nie « jamais »
heute früh « ce matin »
bis morgen « à demain »
bis bald « à bientôt »
übermorgen « après-demain »
heute abend « ce soir »
noch nie « jamais encore »

2) adverbes de lieu :

hier « ici »   **da** « là »   **dort** « là-bas » (cf. 2 B 1)
rechts « à droite »   **links** « à gauche »

3) adverbes interrogatifs :

wann? « quand? »
womit? « avec quoi ?»
woher? « d'où? »
warum? « pourquoi? »
wozu? « dans quel but? »

wo? « où? » (locatif)
wie? « comment? »
was? « quoi? »
wohin? « où? » (directif)

4) autres adverbes :   **leider** « malheureusement »

gern « volontiers »
immer « toujours »
nur « seulement »
sonst « sinon »
ganz « tout à fait »
sehr « très »

viel « beaucoup »
sehr viel « énormément »
gerade « justement »
mehr « davantage »
sogar « même »
vielleicht « peut-être »

LA CONJUGAISON

Le verbe allemand présente deux originalités en opposant :
1) des verbes réguliers, dit *faibles*, à des verbes irréguliers,
dits *forts*, dont la conjugaison offre parfois des particularités.
2) des verbes simples (**kommen** p. ex.) à des verbes composés
d'un verbe simple et d'une particule séparable (**mit** p. ex.
pour **mit**=**kommen** « accompagner ») ou d'une particule
inséparable (**bekommen** « recevoir »).
Les *particules séparables* sont, entre autres (cf. *Index des
mots cités*, pp. 281-287 : **ab**=, **an**=, **auf**=, **aus**=, **ein**=, **fern**=,
mit=, **nach**=, **um**=, **vor**=, **weg**=.

Les particules inséparables sont : be- (begrüßen), emp- (empfangen), er- (erklären), ge- (gewinnen), ver- (verkaufen).

1. Le présent.

a) Verbes *faibles* : les marques des personnes ressortent du tableau suivant pour **machen** « faire » (cf. 15 A/B 3) :

<table>
<tr><td colspan="2" align="center">**machen**</td><td colspan="2" align="center">t e r m i n a i s o n s</td></tr>
<tr><td>singulier</td><td>pluriel</td><td>singulier</td><td>pluriel</td></tr>
<tr><td>ich mache
er/es macht
sie</td><td>wir ⎫
sie ⎬ machen</td><td>ich — e
er/es — t
sie</td><td>wir ⎫
sie ⎬ — en</td></tr>
<tr><td>du machst</td><td>ihr macht</td><td>du — st</td><td>ihr — t</td></tr>
</table>

b) Verbes *forts* : Quelques verbes forts présentent une transformation de la voyelle de l'infinitif : **a** devient **ä (fahren, waschen)**, **e** devient **i/ie (geben — er gibt, sehen — er sieht)**, **au** devient **äu (laufen — er läuft)** aux 2e et 3e personnes du singulier (les marques de personnes restent les mêmes que pour les verbes *faibles*) (cf. la liste des verbes *forts*, pp. 278-280).
Exemple pour **treffen** :
      singulier : **ich treffe, du triffst, er/es/sie trifft**
      pluriel   : **wir/sie treffen, ihr trefft**
● N.B. 1 : Les 2e/3e pers. de **nehmen** sont **du nimmst, er nimmt**.
● N.B. 2 : Si le radical du verbe se termine par le son [s], les 2e/3e personnes sont identiques :
  — **les-en : du/er liest**   — **ess-en : du/er ißt**
  — **verlass-en : du/er verläßt**   — **sitz-en : du/er sitzt**

c) Conjugaison des verbes **haben** « avoir » et **sein** « être » :

<table>
<tr><td colspan="2" align="center">**h a b e n**</td><td colspan="2" align="center">**s e i n**</td></tr>
<tr><td>ich **habe**
er/es **hat**
sie</td><td>wir ⎫
sie ⎬ **haben**</td><td>ich **bin**
er/es **ist**
sie</td><td>wir ⎫
sie ⎬ **sind**</td></tr>
<tr><td>du **hast**</td><td>ihr **habt**</td><td>du **bist**</td><td>ihr **seid**</td></tr>
</table>

2. Le prétérit.

Ce temps correspond en français à l'imparfait, au passé simple ou, parfois, au passé composé. On ne retiendra ici que le prétérit des verbes **haben** et **sein**.

<table>
<tr><td colspan="2" align="center">**h a b e n**</td><td colspan="2" align="center">**s e i n**</td></tr>
<tr><td>ich ⎫
er/es ⎬ **hatte**
sie ⎭</td><td>wir ⎫
sie ⎬ **hatten**</td><td>ich ⎫
er/es ⎬ **war**
sie ⎭</td><td>wir ⎫
sie ⎬ **waren**</td></tr>
<tr><td>du **hattest**</td><td>ihr **hattet**</td><td>du **warst**</td><td>ihr **wart**</td></tr>
</table>

Il apparaît que les 1re et 3e personnes du singulier ET du pluriel sont identiques.

3. Le passé composé.

a) Il correspond en français au passé composé mais aussi parfois à l'imparfait. Il est *composé* de l'auxiliaire **haben** ou **sein** et du participe passé constitué pour :

— les verbes faibles de **ge-** + radical + **-t** : **mach-en** → **gemacht,**

— les verbes forts de **ge-** + radical + **-en** :**halt-en** → **gehalten**

● N.B. 1 : Un certain nombre de verbes *forts* ont un participe particulier (cf. liste des verbes *forts* p. 278), ainsi pour **essen** → **gegessen** (« mangé »), **nehmen** — **genommen** (« pris »). La voyelle est le plus souvent différente de celle de l'infinitif : **gewinnen** — **gewonnen** (« gagné »), **liegen** — **gelegen** (« couché »), **schreiben** — **geschrieben** (« écrit ») (N.P.C. **-ei-** et **-ie-**!).

● N.B. 2 : Les verbes à particule inséparable n'ont pas de **ge-** : **bekommen** → **er hat bekommen** « il a reçu ».

● N.B. 3 : Pour les verbes à particule séparable, **ge-** se place entre la particule et le P.P. : **aus=gehen** → **er ist ausgegangen** « il est sorti ».

● N.B. 4 : Les verbes en **-ieren** ne prennent pas **ge-** au P.P. : **fotografieren** → **er hat fotografiert** « il a photographié ».

b) Le choix de l'auxiliaire **haben** ou **sein** (cf. 37 A/B 3).

On emploie **haben** pour tous les verbes sauf pour ceux qui expriment un *changement d'état* (**werden** → **er ist geworden** « il est devenu ») ou un *mouvement* (**laufen** — **er ist gelaufen** « il a couru »), pour les verbes pronominaux (**sich waschen** → **er hat sich gewaschen** « il s'est lavé ») ainsi que pour **bleiben** : **er ist geblieben** « il est resté » et **sein** : **er ist gewesen**, « il a été ».

4. Les « semi-auxiliaires » **können/dürfen, müssen/sollen, wollen, mögen.**

Ces six verbes sont ainsi appelés parce qu'ils peuvent être employés seuls, avec un sens plein (**Er will nicht** « il ne veut pas ») mais le plus souvent avec un infinitif complément (**Er kann nicht kommen.** = « Il ne peut pas venir »), jouant alors le rôle d'un auxiliaire.

Sauf **sollen**, ils présentent une voyelle différente de celle de l'infinitif au singulier du présent :

können : ich /er kann, du kannst; wir /sie können, ihr könnt

dürfen :	**darf**	**darfst**	**dürfen**	**dürft**
müssen :	**muß**	**mußt**	**müssen**	**müßt**
sollen :	**soll**	**sollst**	**sollen**	**sollt**
mögen :	**mag**	**magst**	**mögen**	**mögt**
wollen :	**will**	**willst**	**wollen**	**wollt**

Les semi-auxiliaires ont deux participes passés (cf. 40 A), un premier, régulier en **ge——t** (sans inflexion toutefois quand elle existe à l'infinitif) et un second, identique à l'infinitif, quand le verbe est employé comme auxiliaire avec un infinitif complément :

Er hat nicht gewollt.	**Er hat nicht kommen wollen.**
Il n'a pas voulu.	Il n'a pas voulu venir.

● N.B. : **lassen** dans son sens de « faire faire » a pareillement un participe passé identique à la forme de l'infinitif :

Sie läßt den Doktor kommen.
« Elle fait venir le docteur. »

Sie hat den Doktor kommen lassen.
« Elle a fait venir le docteur. »

5. L'impératif.

L'impératif n'existe qu'aux 2e personnes du singulier et du pluriel et aux 1re et 3e du pluriel (pour la forme de politesse). Le sujet est placé après le verbe, en tête de phrase :

kommen : Komm! « Viens ! » **Kommt!** « Venez ! »
Kommen wir! « Venons ! » **Kommen Sie!** « Venez ! »

N.B. : Les verbes pour lesquels la voyelle de l'infinitif devient **i/ie** au singulier du présent offrent pareillement cette voyelle à l'impératif :

lesen — du liest : Lies! « Lis ! » **essen — du ißt : Iß!** « Mange ! »

6. L'infinitif.

L'infinitif se place à la fin de la phrase (cf. p. 272). Sauf exceptions exposées ci-dessous, il est précédé de **zu** :

Er hofft morgen zu kommen. « Il espère venir demain. »
Il peut être complément d'un adjectif :

Das ist interessant zu sehen. « C'est intéressant à voir. »
Es ist möglich, hier zu rauchen. « Il est possible de fumer ici. »
Es ist verboten, hier zu rauchen. « Il est interdit de fumer ici. »
ou d'un verbe :

Er hat vor, morgen zu arbeiten. « Il a l'intention de travailler demain. »
Er denkt, morgen zu kommen. « Il pense venir demain. »
On n'emploie pas **zu** :

1) après les semi-auxiliaires (cf. 32 A/B) :
Er kann/muß kommen. « Il peut/doit venir. »

2) après les verbes **hören** et **sehen** :
Sie hört/sieht ihn arbeiten. « Elle l'entend/le voit travailler. »

3) avec **lernen** et **lassen** :
Er lernt schreiben. « Il apprend à écrire. »
Er läßt seinen Sohn arbeiten. « Il fait travailler son fils. »

4) après **helfen** « aider » :
Sie hilft ihrer Mutter abwaschen. « Elle aide sa mère à faire la vaisselle. »

● N.B. : On remarque que, sauf pour **helfen** qui gouverne le datif, le sujet du verbe à l'infinitif est à l'accusatif : **Sein Sohn arbeitet.** (« Son fils travaille. ») — **Er läßt seinen Sohn arbeiten** (cf. exemple ci-dessus).

10. LA CONSTRUCTION DE LA PHRASE

La phrase allemande se distingue de la phrase française par la place des formes *conjuguées* et *non conjuguées* du verbe.

Par forme *non conjuguée* du verbe on entend le participe passé et l'infinitif. La forme *conjuguée* est celle qui prend les marques de personnes (**ich komme, er kommt,** etc.) et notamment les auxiliaires **haben** et **sein** au passé composé (**er ist gekommen** « il est venu », **er hat gegessen** « il a mangé »), **werden** (pour le passif : **Die Löhne werden erhöht.** = « Les salaires sont relevés. ») et les semi-auxiliaires (**er kann kommen** « il peut venir »).

Selon la nature de la proposition, *principale* (ou *indépendante*) ou *subordonnée*, la forme conjuguée du verbe est en *première*, *deuxième* ou *dernière* position, la forme non conjuguée est en *dernière* ou *avant-dernière* position.

1. Place du verbe.

a) La forme conjuguée du verbe.

● Dans une phrase *déclarative*, le verbe est en deuxième position :

(1) **Peter**	**kommt**	**morgen mit seinem Bruder.**
(2) **Morgen**		**Peter mit seinem Bruder.**

   (1) « Pierre vient demain avec son frère. »
   (2) « Demain, Pierre vient avec son frère. »

On retiendra donc qu'*un seul* élément (sujet ou complément) peut occuper la première place. Un début de phrase sur le modèle français « Demain, Pierre... » est impossible en allemand.

● Dans une phrase interrogative (cf. 10/11 A 3), le verbe est
— soit en première position (interrogation totale) :
(3) **Kommt Peter morgen mit seinem Bruder?**
   « Est-ce que Pierre vient demain avec son frère ? »
— soit en deuxième position (interrogation partielle) :
(4) **Wann /Mit wem kommt Peter?**
   « Quand /Avec qui vient Pierre ? »

Le sujet suit ainsi le verbe qui est toujours en première, ou deuxième position si l'interrogation commence par un pronom (**wer?, wen?, wem?**) ou un adverbe interrogatif (**wo?, womit?, wozu?,** etc., cf. p. 267).

● Dans une phrase impérative, le verbe occupe la première place, suivi du sujet à la 1re personne du pluriel (Gehen wir ! « Allons ! ») ou à la forme de politesse :
(5) **Komm morgen mit deinem** « Viens demain avec ton frère ! »
   Bruder!
(6) **Kommen Sie morgen mit** « Venez demain avec votre **Ihrem Bruder!** frère ! »

● Dans une subordonnée, le verbe est en dernière position : **Peter kommt** morgen mit seinem Bruder.

(7) **Ich glaube, daß Peter morgen mit seinem Bruder kommt.**
« Je crois que Pierre vient demain avec son frère ».

(8) **Ich frage Sie, ob Peter morgen mit seinem Bruder kommt.**
« Je vous demande si Pierre vient demain avec son frère. »

(9) **Ich bin froh, weil Peter morgen mit seinem Bruder kommt.**
« Je suis heureux parce que Pierre vient demain avec son frère ».

(10) **Ich wäre froh, wenn Peter morgen mit seinem Bruder kommen würde.**
« Je serais heureux si Pierre venait demain avec son frère. »

Les *conjonctions de subordination* sont (entre autres) **daß** « que », **weil** « parce que », **ob** « si » interrogatif et **wenn** « si » conditionnel.

N.B. : Le même « si » correspond ainsi à deux conjonctions différentes en allemand à ne pas confondre : voir les phrases (8) et (10) ci-dessus (cf. également 34 B 3 et 39 B 3).

b) La forme non conjuguée du verbe.

● Dans une principale ou indépendante, le participe passé et l'infinitif sont en dernière position :

(11) **Peter ist gestern mit seinem Bruder gekommen.**
« Pierre est venu hier avec son frère. »

(12) **Peter muß morgen mit seinem Bruder kommen.**
« Pierre doit venir demain avec son frère. »

● Dans la subordonnée, ils sont en avant-dernière position, la dernière étant occupée par la forme conjuguée (cf. ci-dessus) :

(13) **Er sagt, daß Peter gestern mit seinem Bruder gekommen ist.**

(14) **Er sagt, daß Peter morgen mit seinem Bruder kommen muß.**

N.B. : Dans une subordonnée, la forme conjuguée **haben** précède le « double infinitif » (cf. 40 A 3) :

(15) **Er sagt, daß Peter gestern mit seinem Bruder hat kommen müssen.**
« Il dit que son frère a dû venir hier avec son frère. »

2. Le premier élément de la phrase.

Dans une phrase déclarative (cf. phrases (1) et (2) ci-dessus), le sujet est en *première* ou *troisième place* — jamais en <u>deuxième place</u> — si un « complément », quel qu'il soit (adjectif, adverbe, complément de temps, de lieu, etc.) est en première place.

Le premier « complément » peut répondre à une certaine insistance : **Morgen kommt Peter...** = « C'est demain que Pierre vient... ». Ceci reste cependant assez <u>exceptionnel</u> : le premier élément est le plus souvent un événement, un fait, une chose ou une personne, etc. sur lesquels on apporte une information : **Peter kommt morgen.** = « Voici ce que Pierre va faire : il vient demain », **Morgen kommt Peter...** » = « Voici ce qui va se passer demain : Pierre va venir... ».

Le premier élément peut être plus ou moins complexe, comprendre deux noms coordonnés, sujets (**Peter und Anna sind nicht da.** = « Pierre et Anna ne sont pas là. ») ou compléments (**in Bremen und in Köln** « à Brême et à Cologne », cf. 7 B 3). Une proposition subordonnée peut jouer le rôle de premier élément, dans ce cas le verbe vient immédiatement après la subordonnée (et la virgule!) et est suivi du sujet :

(16) **Wenn du willst, gehen wir ins Kino.**

« Si tu veux, nous allons au cinéma. »

Notons que les *conjonctions de coordination* (**aber** « mais », **denn** « car », **oder** « ou (bien) », **und** « et ») ne sont pas considérées, ne comptent pas comme premiers éléments, on dit qu'ils sont *hors construction*.

---

11. LA NÉGATION

---

1. La principale négation de l'allemand est **nicht** « ne... pas... » qui se place :

1) *devant* le mot nié, nom ou adjectif attribut :

Der Wagen ist schön.	→	**Der Wagen ist nicht schön.**
« La voiture est belle. »		« La voiture n'est pas belle. »
Das ist mein Wagen.	→	**Das ist nicht mein Wagen.**
« C'est ma voiture. »		« Ce n'est pas ma voiture. »

2) *le plus souvent après* le complément à l'accusatif :
Ich finde meinen Regenschirm nicht.
« Je ne trouve pas mon parapluie. »

2. La seconde négation de l'allemand est **kein(e)** utilisée :

1) pour nier un nom précédé de l'article indéfini **ein(e) :**
Ich habe einen Bruder und eine Schwester.
« J'ai un frère et une sœur. »
Ich habe keinen Bruder und keine Schwester.
« Je n'ai ni frère ni sœur. »

2) pour nier un mot sans article, expression du partitif ou de l'indéfini au pluriel (cf. N.B. 2/3, p. 260) :

Ich habe Geld.	→	**Ich habe kein Geld.**
« J'ai de l'argent. »		« Je n'ai pas d'argent. »
Ich habe Zeit.	→	**Ich habe keine Zeit.**
« J'ai le temps. »		« Je n'ai pas le temps. »
Ich habe Appetit.	→	**Ich habe keinen Appetit.**
« J'ai de l'appétit. »		« Je n'ai pas d'appétit. »
Ich habe Bücher.	→	**Ich habe keine Bücher.**
J'ai des livres.		Je n'ai pas de livres.

N.B. : Le genre réapparaît à la forme négative et **kein** doit être décliné (sur le modèle de l'adjectif possessif, cf. p. 263).

accentuée (syllabe) : cf. syllabe.

accusatif : cas du complément d'objet direct (C.O.D.) dans la déclinaison : « voiture » dans « Il a une voiture ».

active (phrase/forme) : cf. passif.

antonyme : mot dont le sens s'oppose directement à un autre : « compréhensible » — « incompréhensible » p. ex.

attribut : nom (« Il est technicien. ») ou adjectif (« Il est malade. ») relié *(attaché — attribut)* au sujet par l'intermédiaire du verbe « être ». L'adjectif attribut est invariable, ne s'accorde pas en all. (cf. 3 B 1).

attribution (complément d') : Il est introduit par « à » en fr. et désigne le bénéficiaire d'un verbe (« donner », « apporter », etc.). Le complément d'attribution se met au datif en all. (cf. 22 A 3).

auxiliaire : verbe (avoir, être) qui n'a plus son sens propre (« avoir » = « posséder » p. ex.) mais sert (« aide ») à conjuguer un verbe, au passé composé p. ex.

comparatif : comparaison entre deux ou plusieurs êtres ou objets. On retient ici : 1) le comparatif de *supériorité* « plus... que... », 2) d'*égalité* « aussi... que... » ou d'*inégalité* « pas aussi... que... » (cf. 31 A B).

« *complément* » *:* tout élément (sujet, complément au sens traditionnel, adjectif) constituant de la phrase.

complément d'objet : terme appelé par un verbe dont il **complète** le sens (« Il mange **la** soupe. »). Le complément d'objet est **direct** s'il est introduit sans préposition, **indirect** dans le cas contraire (« Il demande **au** directeur... »).

conjonction : mot invariable qui met en relation deux mots ou deux propositions. Les **conjonctions de coordination** (**mais, ou, et, donc,** etc.) relient deux mots (« Pierre et Anna ») ou deux propositions (« Pierre vient et Anna s'en va. »). Les **conjonctions de subordination** (**quand, que,** etc.) introduisent une proposition subordonnée (cf. proposition) dépendante de la principale.

consonne : Son (p, t, k, f, s, r, etc.) qui accompagne les voyelles (v. ce mot).

coordination (conjonction) : cf. conjonction.

coup de glotte : Interruption brusque (notée [ʺ]) de la voix en début de mot, interdisant la liaison avec la dernière consonne du mot précédent, cf. en fr. « les | héros ».

datif : cas du complément d'attribution en all. Également utilisé après certaines prépositions (cf. **Précis grammatical,** p. 265).

déclarative (phrase) : Par opposition à la phrase interrogative ou impérative, la phrase déclarative (positive ou négative) sert à exposer, *déclarer* un fait : « Il est parti » / « Il n'est pas encore parti. »

déclinaison : ensemble des formes que peuvent prendre les noms, pronoms, adjectifs selon leur emploi comme sujets ou compléments dans la phrase. Le fr. connaît une déclinaison pour p. ex. le pronom personnel (cf. **Précis grammatical,** p. 264).

désinence : terminaison d'un nom, d'un adjectif ou d'un verbe : **-ai** et **-ions** p. ex. pour « chantai » et « chantions ».

déterminant : mot qui dans un mot composé détermine le mot de base : « jardin » détermine « porte » dans « la porte du jardin ».

déterminé : mot de base précisé par le déterminant dans un mot composé : « porte » est déterminé par « jardin » dans « la porte du jardin ».

diminutif (suffixe) : suffixe qui donne une idée de petitesse : -et/-ette en fr. pour p. ex. « garçonnet » = « petit garçon », « fillette » = « petite fille ».

directe (interrogation) : cf. interrogation.

directif : ce cas s'oppose au locatif et exprime le mouvement vers un lieu.

diphtongue : voyelle dont le timbre change en cours d'émission, passant de [a] à [o] p. ex. pour [ao]. Il s'agit cependant d'un son unique et non de deux voyelles successives.

épithète : par opposition à l'attribut, l'adjectif épithète est directement accolé au nom qu'il qualifie : « un petit enfant ».

faible : 1) verbe dont la conjugaison est régulière. 2) masculins qui prennent en all. la désinence **-n** (**der Herr, der Kollege,** etc.) au singulier et au pluriel.

forme : cf. passif.

fort (verbe) : verbes irréguliers par leur participe passé en **ge—en** (cf. p. 269, point 3) et parfois leurs 2e/3e personnes du singulier au présent (cf. p. 268, N.B. 1/2 du point 1).

gallicisme : Formulation propre au fr., « Est-ce que... » p. ex. pour poser une question.

hors construction (éléments) : ils n'entrent pas dans le décompte des éléments constitutifs de la phrase all. (les conjonctions de coordination en particulier).

genre : catégorie des noms (et pronoms) distinguant le masculin, le féminin et le neutre.

impératif : la phrase impérative exprime l'ordre, l'injonction : « Viens tout de suite ! »

impersonnel (pronom) : il exprime l'absence de sujet réel : « Il pleut. »

inaccentuée (syllabe) : cf. syllabe.

indépendante (proposition) : cf. proposition.

indirecte (interrogation) : cf. interrogation.

infinitif : forme d'un verbe sans les marques de temps et de personnes. L'infinitif est dit *complément* s'il est introduit par un adjectif ou un verbe (cf. **Précis grammatical,** p. 270).

inflexion : transformation d'une voyelle (a → ä, o → ö, u → ü, au → äu, e → i/ie) pour le pluriel des noms (cf. p. 257, point 4) ou dans la conjugaison (cf. p. 268, b du point 1).

inséparable (particule) : élément du verbe qui ne peut en être séparé (cf. p. 268 et 269, N. B. 2).

interrogation : une phrase interrogative sert à poser une question. Elle est dite :

1) *totale* si l'interrogation porte sur l'ensemble de la phrase : la réponse ne peut être que « oui » ou « non », ex. : « Viens-tu? ».

2) *partielle* si elle ne porte que sur une partie de la réponse attendue ; elle est introduite par un pronom ou un adverbe interrogatif : « **Qui** vient demain? », « **Quand** viens-tu? »

3) *directe* si elle est posée directement (cf. les exemples ci-dessus).

4) *indirecte* si elle constitue une proposition subordonnée dépendant d'une principale (Je demande.../Je ne sais pas...) L'interrogation totale indirecte est introduite par **si** : « Viens-tu? » → « Je te demande **si** tu viens. »

intonation : mélodie (musique) de la phrase qui permet notamment de distinguer une phrase interrogative (« Il a mangé? ») d'une phrase déclarative (« Il a mangé. »).

intransitif : cf. transitif.

locatif : par opposition au directif, ce cas désigne le lieu à l'intérieur duquel se déroule l'action exprimée par le verbe.

nasal : son (voyelle ou consonne) pour la production duquel le nez joue un rôle fondamental, c'est notamment le cas de la voyelle **a** devant **n** en fr. dans « (un) an », elle est transcrite [ã] en phonétique.

nombre : catégorie désignant le singulier et le pluriel.

nominatif : cas du sujet dans la déclinaison (les pronoms **je, tu, il,** etc. dans la déclinaison du pronom en fr.).

partielle (interrogation) : cf. interrogation.

participe (passé) : forme non conjuguée du verbe au passé composé notamment (« chanté » dans « il a chanté » p. ex.).

particule séparable : premier élément d'un verbe composé en all. : **mit** pour **mit**=**kommen** « venir avec » (sur sa place dans la phrase, cf. p. 138).

partitif : il exprime la partie d'un tout, ce qui n'est ni défini ni indéfini : « il mange **du** pain »/« Il ne mange pas de pain ».

passé composé : temps du passé **composé** d'un auxiliaire et du participe passé du verbe (« j'ai chanté »).

passif (phrase passive) : phrase dans laquelle le sujet subit l'action exprimée par le verbe (« La secrétaire est appelée par le directeur »), par opposition à la phrase active (« Le directeur appelle la secrétaire ») où le sujet (qui devient complément d'agent au passif) exerce l'action sur le complément d'objet (qui devient sujet au passif) (cf. 39 B 3).

personnel (pronom) : mot grammatical mis **pour** (« pro-nom ») une **personne** définie : « je », « tu », « il », « elle », etc.

préposition : mot grammatical établissant une relation entre un verbe et un nom (« Il va à l'école ») (cf. **Précis grammatical,** p. 265).

prétérit : temps du passé propre à l'allemand correspondant souvent à l'imparfait en français (cf. **Précis grammatical,** p. 268).

principale (proposition) : cf. proposition.

proposition : phrase simple (entière) ou membre d'une phrase comprenant un sujet et un verbe. Une proposition est dite **indépendante** si elle se suffit à elle-même : « Pierre n'est pas venu ». La même phrase peut être **principale** si elle est complétée par une proposition **subordonnée** « ... parce qu'il est malade » p. ex. :

> indépendante/principale :   « Pierre n'est pas venu (.)
> subordonnée   : ... parce qu'il est malade. »

radical : racine d'un nom et en particulier d'un verbe après retrait de la terminaison de l'infinitif : « chant- » pour « chanter », **komm-** pour **kommen** « venir » en allemand.

réfléchi : pronom personnel complément représentant le sujet qui exerce une action sur lui-même : **se** pour « il **se** lave ».

semi-auxiliaire : verbe employé tantôt avec son sens propre, tantôt pour construire, une forme verbale composée (**devoir** en fr. : « Je lui dois de l'argent ». — « Je dois venir demain. »).

semi-voyelle : voyelle qui ne peut constituer une syllabe à elle seule, **i** p. ex. dans **lier,** alors que **i** est une voyelle dans **plier** (deux syllabes).

subordination (conjonction de) : cf. conjonction.

subordonnée (proposition) : cf. proposition.

suffixe : élément qui s'ajoute à la racine d'un nom ou d'un verbe pour former un autre nom, dérivé : **-esse** pour « maîtresse », **-age** pour « démarrage », etc.

syllabe : elle est constituée par une voyelle et une ou plusieurs consonnes. Un mot allemand présente une et une seule syllabe **accentuée** prononcée avec plus de force que la ou les syllabe(s) **inaccentuées.**

totale (interrogation) : cf. interrogation.

transitif : verbe qui se construit avec un complément d'objet direct (« interroger »), par opposition aux verbes intransitifs dont le complément est introduit par une préposition (« demander à »). Un verbe **transitif** appelle un complément **direct, sans** préposition (ex. : **il mange une pomme**) alors qu'un verbe **intransitif** appelle un complément **indirect,** avec préposition (ex. : **il se souvient de sa grand-mère**).

Umlaut : traduction allemande de inflexion ; note communément le tréma sur les voyelles **a, o, u** et **au** (cf. le mot inflexion).

voyelle : son autonome (qui peut être prononcé seul) : **a e, i, o, u** en fr., par opposition aux consonnes.

13. LISTE DES VERBES FORTS

1) Seules les 2e et 3e pers. du sing. irrégulières sont indiquées.
2) Le P.C. est donné avec son auxiliaire à la 3e pers. du sing.

infinitif	présent		passé composé
anfangen *commencer*	du fängst an	er fängt an	er hat angefangen
anspringen *démarrer*			er **ist** angesprungen
bleiben *rester*			er **ist** geblieben
bringen *(ap)porter*			er hat gebracht
denken *penser*			er hat gedacht
dürfen *pouvoir*	du darfst	er darf	er hat gedurft [1]
einladen *inviter*	du lädst ein	er lädt ein	er hat eingeladen
empfangen *recevoir*	du empfängst	er empfängt	er hat empfangen
empfehlen *recommander*	du empfiehlst	er empfiehlt	er hat empfohlen
essen *manger*		du ißt/er ißt	er hat gegessen
fahren *aller (en)*	du fährst	er fährt	er **ist** gefahren
finden *trouver*			er hat gefunden
fliegen *aller (en avion)*			er **ist** geflogen
geben *donner*	du gibst	er gibt	er hat gegeben
gehen *aller (à pied)*			er **ist** gegangen
gewinnen *gagner*			er hat gewonnen
haben *avoir*	du hast	er hat	er hat gehabt
halten *s'arrêter*	du hälst	er hält	er hat gehalten
hängen *être suspendu*			er hat gehangen
helfen *aider*	du hilfst	er hilft	er hat geholfen
kennen *connaître*			er hat gekannt

infinitif	présent		passé composé
kommen			er **ist** gekommen
venir			
können	du kannst	er kann	er hat gekonnt [1]
pouvoir			
lassen	du läßt/er läßt		er hat (ihn kommen)
faire (faire)			lassen
laufen	du läufst	er läuft	er **ist** gelaufen
courir			
lesen	du liest/er liest		er hat gelesen
lire			
liegen			er hat gelegen
être couché			
mögen	du magst	er mag	er hat gemocht [1]
« *aimer* »			
müssen	du mußt	er muß	er hat gemußt [1]
devoir			
nehmen	du nimmst	er nimmt	er hat genommen
prendre			
rufen			er hat gerufen
appeler			
scheinen			er hat geschienen
briller			
schlafen	du schläfst	er schläft	er hat geschlafen
dormir			
schließen	du schließt/er schließt		er hat geschlossen
fermer			
schneiden	du schneidest	er schneidet	er hat geschnitten
couper			
schreiben			er hat geschrieben
écrire			
schreien			er hat geschrie(e)n
crier			
sehen	du siehst	er sieht	er hat gesehen
voir			
sein	du bist	er ist	er **ist** gewesen
être			
sitzen	du sitzt/er sitzt		er hat gesessen
être assis			
sollen	du sollst	er soll	er hat gesollt [1]
devoir			
sprechen	du sprichst	er spricht	er hat gesprochen
parler			
stehen			er hat gestanden
être debout			
steigen			er **ist** gestiegen
monter			
treffen	du triffst	er trifft	er hat getroffen
rencontrer			

infinitif	présent		passé composé
trinken *boire*			er hat getrunken
tun *faire*	du tust	er tut	er hat getan
unterhalten (sich) *s'entretenir*	du unterhältst dich	er unterhält sich	er hat sich unterhalten
verbinden (re)*lier*	du verbindest	er verbindet	er hat verbunden
vergessen *oublier*	du vergißt/er vergißt		er hat vergessen
verlassen *quitter*	du verläßt/er verläßt		er hat verlassen
waschen *laver*	du wäschst	er wäscht	er hat gewaschen
werden *devenir*	du wirst	er wird	er **ist** geworden
werfen *lancer*	du wirfst	er wirft	er hat geworfen
wollen *vouloir*	du willst	er will	er hat gewollt [1]
ziehen *aller*			er **ist** gezogen

1. Participe passé identique à la forme de l'infinitif (cf. 40.A.3) avec un infinitif complément.

14. RÉPERTOIRE DES MOTS CITÉS

Les chiffres renvoient au module où le mot est cité pour la première fois (ou parfois repris) avec son sens. Un mot peut renvoyer à plusieurs modules s'il présente des particularités (ainsi le participe passé p. ex.) ou a plusieurs sens (Vertretung : I, 30B, II, 39 B p. ex.).

— Les verbes forts sont précédés du signe ° (voir liste p. 278).
— La particule des verbes à particule séparable est séparée du verbe par le signe = (ex. : **ab**=**waschen**).
— Le premier composant des mots composés est repris par le signe ~ : ex. : **Telefon**, ~ **buch** (= **Telefonbuch**), ~ **zelle** (= **Telefonzelle**).

A

Abend, 6 B, 10 A, 12 C
~essen, 36 B
abends, 36 B
aber, 9 B, 12 B
ab=holen, 35 B
°ab=nehmen, 29 B
ab=schleppen, 35 A
Absicht, 32 C
°ab=waschen, 36 B
acht, 8 B
Adresse, 19 A
Afrika, 20 C
Ahnung, 30 B
allein, 26 B
als, 31 B
also, 16 B, 22 A
alt, 12 B, 31 C
Amerika, 20 A
an, 28 A
andere, 39 A
°an=fangen, 37 B
angenehm, 11 A
Angst, 15 B
Anna, 3 A
an=passen, 39 B
°an=rufen, 22 A
°an=springen, 35 A
Antwort, 10 A
°an=ziehen, 36 B
Apparat, 13 A
Appetit, 17 B
April, 24 C

Arbeit, 7 A
~geber, 33 B
~nehmer, 33 B
arbeiten, 15 B
Architekt, 6 A, 12 C
Ärger, 30 B
arm, ärmer, 31 C
Arzt, 33 C
auch, 4 A
auch nicht, 12 A
auf , I, 19 B
II 28 A
auf=passen, 37 B
auf=räumen, 36 B
°auf=stehen, 37 B
auf=wachen, 37 B
August, 24 C, 28 A
aus, 27 B
Ausdruck, 30 C
°aus=gehen, 37 A
Ausland, 28 C
°aus=steigen, 27 B, 37 B
°aus=ziehen, 40 A
Auto, 7 B, 10 A, 13 C
~bahn, 27 A
~panne, 30 B

B

Bad, 32 A
Badezimmer, 37 B
bald, 24 A, 34 B
Ball, 15 B
Bank, 26 C

Batterie, 35 A
Bayern, 21 C
begrüßen, 37 B
bei, 19 B, 27 A
Beispiel, 21 B
bekannt, 31 B
Bekannte, 31 B
°bekommen, 36 B
Benzin, 31 B
Berg, 28 A
Bericht, 34 A
Berlin, 4 A
Bescheinigung, 25 B
besetzt, 29 C
Besonderes (nichts) 30 B
besonders, 21 A, 28 A
besser, 24 A
besser als, 31 B
Besserung, 24 A
Besteck, 29 C
besten (zum / am), 30 C
Besuch, 36 B
bewölkt, 34 A
bezahlen, 33 C
Bier, 16 A
Bild, 29 B
billig, 31 B
bin, 6 A
bis bald, 24 A
bis morgen, 22 A
bist, 14 A
bitte, 8 A

IMPRIMÉ EN FRANCE PAR BRODARD ET TAUPIN
Usine de La Flèche (Sarthe), le 19-02-1987.
1506-5 - No d'Éditeur 1413, 4e trimestre 1978.

PRESSES POCKET - 8, rue Garancière - 75006 Paris
Tél. 46.34.12.80